民营企业党建工作
实务与创新手册

王建均/著

中华工商联合出版社

图书在版编目（CIP）数据

民营企业党建工作实务与创新手册 / 王建均著. -- 北京：中华工商联合出版社，2022.10

ISBN 978-7-5158-2886-2

Ⅰ. ①民… Ⅱ. ①王… Ⅲ. ①中国共产党－民营企业－党的建设－手册②中国共产党－商会－党的建设－手册 Ⅳ. ①D267.1-62

中国版本图书馆CIP数据核字(2020)第235943号

民营企业党建工作实务与创新手册

作　　者： 王建均
出 品 人： 刘　刚
责任编辑： 付丽梅　于建廷　王　欢
装帧设计： 周　源
责任审读： 傅德华
责任印制： 陈德松
出版发行： 中华工商联合出版社有限责任公司
印　　刷： 盛大（天津）印刷有限公司
版　　次： 2023年1月第1版
印　　次： 2024年1月第2次印刷
开　　本： 710mm×1000 mm　1/16
字　　数： 300千字
印　　张： 18.5
书　　号： ISBN 978-7-5158-2886-2
定　　价： 58.00元

服务热线： 010-58301130-0（前台）
销售热线： 010-58301132（发行部）
010-58302977（网络部）
010-58302837（馆配部、新媒体部）
010-58302813（团购部）
地址邮编： 北京市西城区西环广场A座
19-20层，100044
http://www.chgslcbs.cn
投稿热线： 010-58302907（总编室）
投稿邮箱： 1621239583@qq.com

凡本社图书出现印装质量问题，
请与印务部联系。
联系电话：010-58302915

前言

改革开放以来，我国民营经济持续快速发展，民营企业与商会组织党建工作不断开拓创新。特别是党的十八大以来，以习近平同志为核心的党中央，在推动中国特色社会主义伟大事业的实践中，以非凡的理论创新勇气，在民营经济发展和民营企业党建工作方面，提出一系列的新理念、新思想、新举措，为新发展阶段进一步推动民营经济健康发展和民营企业党建工作提供了根本遵循。

新发展阶段，必须从进一步解放和发展生产力的高度，深刻认识民营企业党建工作与民营企业发展的内在关系。这是民营企业党建和民营企业发展深度融合的深厚基础。生产力是社会存在和发展的物质基础和最终决定力量，是社会主义的本质要求和根本任务。执政党的政策质量好坏必须依靠社会生产力水平来检验[①]，因此，解放和发展生产力是党的先进性的最根本衡量标准。加强民营企业党的建设，目的是推动民营经济健康发展，解放和发展生产力，这正是党的先进性在民营经济发展中的体现。改革开放以来，在党推动解放和发展生产力的政策下，民营经济也从无到有、从小到大，从拾遗补阙、有益补充到重要组成部分，从基本经济制度外进入到基本经济制度之内，迅速发展起来，在推动发展、促进创新、增加就业、改善民生和扩大开放等方面发挥了不可替代的作用，成为推动经济社会发展的重要力量。习近平总书记指出，公有制为主体、多种所有制经济共同发展，按劳分配为主体、多种分

① 《毛泽东选集》第3卷，人民出版社1991年版，第1079页。

配方式并存，社会主义市场经济体制等社会主义基本经济制度，既体现了社会主义制度优越性，又同我国社会主义初级阶段社会生产力发展水平相适应，是党和人民的伟大创造。[①]民营经济是我国经济制度的内在要素，民营企业和民营企业家是我们自己人。更重要的是，民营经济是社会主义市场经济发展的重要成果，同时也是推动社会主义市场经济发展的重要力量，是推进供给侧结构性改革、推动高质量发展、建设现代化经济体系的重要主体，也是我们党长期执政、团结带领全国人民实现“两个一百年”奋斗目标和中华民族伟大复兴中国梦的重要力量。[②]

改革开放以来，我国经济发展能够创造中国奇迹，民营经济功不可没。习近平总书记一再强调，我们党在基本经济制度上的观点是明确的、一贯的，而且是不断深化的，从来没有动摇。必须毫不动摇地巩固和发展公有制经济，毫不动摇地鼓励、支持、引导非公有制经济发展。进入新发展阶段，必须站在进一步解放和发展生产力的高度，站在中国特色社会主义基本经济制度的高度，加强和完善党的建设，推动民营企业健康发展。党的建设及其先进性与民营企业发展具有内在联系，两者目标具有一致性。

新发展阶段，必须站在以人民为中心的核心价值观高度，深刻认识民营企业党建和民营企业发展的一致性。这是民营企业党建和民营企业发展深度融合的内在根据。以人民为中心，本质上就是全心全意为人民服务，就是以人为本，就是为中国人民谋幸福、为中华民族谋复兴。这是党的宗旨，是党的初心和使命。正是始终秉承这种宗旨、初心和使命，有着严密组织的中国共产党历经百年奋斗，才能带领中国人民站起来、富起来，并在强起来的征程上奋进。而作为组织形式的现代企业，民营企业的发展必须也只能立基于以客户为中心和以员工为本，考虑供应商、社区、后代、环境等利益相关者的利益，即以人为本，

① 《中共中央关于坚持和完善中国特色社会主义制度推进国家治理体系和治理能力现代化若干重大问题的决定》，人民日报2019年11月6日，第1版。

② 《习近平总书记在民营企业座谈会上的讲话》，人民日报2018年11月2日，第2版。

才能获得源源不断的发展动力，真正发展得好、发展得强。对此，喜马拉雅FM创始人兼联席CEO陈小雨指出，企业家精神的第一条是为人民服务的精神。[①]而日本经营之神稻盛和夫将企业使命定位为“追求全体员工的物质和精神幸福的同时，为人类和社会做贡献”[②]。他还强调，“没有以员工为本，就没有企业经营，就没有企业”[③]。正因为如此，稻盛和夫成功地引领两家企业进入世界500强，并领导濒于破产的日本航空起死回生，成为世界上最盈利的航空公司之一，经营业绩连续6年在全世界航空业遥遥领先。[④]

事实上，在充分竞争的市场经济中，不是说你愿不愿意为人民服务，而是你为了企业的生存发展必须为人民服务，必须以人为本、以人民为中心。相反，假冒伪劣、坑蒙拐骗者，得到的只能是短期的眼前利益，无法获得长期的长远利益，最终会被市场淘汰出局。当然，从经济社会健康发展的角度看，必须加快完善社会主义市场经济体制，依法严惩假冒伪劣、坑蒙拐骗、官商勾结者。社会主义市场经济是信用经济，更是法治经济。依法严惩是底线，是基础，绝不能让劣币驱逐良币。正如2500多年前的管仲所说：非诚贾不得食于贾。[⑤]所以，从以人为本的核心价值观看，民营企业的党建工作与民营企业发展具有高度的一致性。更重要的是，除了价值目标的契合，加强民营企业党建工作，能将党的政治优势、组织优势、群众工作优势转化为民营企业的管理优势、竞争优势和发展优势，促进民营经济“两个健康”。事实上，叶青大厦、红豆集团、圆方集团等民营企业已经开始了这种探索，并取得了很好的效果。从这个意义上说，民营企业党建工作和民营企业发展不存

① 秦朔：《文明寻思录 · 第一辑，我们这个时代的企业家精神和商业文明》，广西大学出版社2017年版，第1页。

② ［日］稻盛和夫：《企业家精神》，叶瑜译，机械工业出版社2018年版，第120、209页。

③ ［日］稻盛和夫：《企业家精神》，叶瑜译，机械工业出版社2018年版，第296页。

④ ［日］稻盛和夫：《企业家精神》，叶瑜译，机械工业出版社2018年版，推荐序VI。

⑤ 吴慧：《中国古代商业》，中国国际广播出版社2010年版，第149~150页。

在“两张皮”的问题。

新发展阶段，必须站在党的建设全局高度，深刻认识民营企业党建工作的重要性。这是民营企业党建和民营企业发展深度融合的现实需要。鉴于民营经济的地位和作用，特别是解放和发展生产力的重要作用，习近平总书记指出，非公有制企业的数量与作用决定了民营企业党建工作在整个党建工作中越来越重要，必须以更大的力度把非公有制企业党建工作扎扎实实抓好。因为，加强和改进非公有制企业党的建设工作，是坚持和完善我国基本经济制度、引导非公有制经济健康发展、推动经济社会发展的需要，是加强和创新社会管理、构建和谐劳动关系、促进社会和谐的需要，是增强党的阶级基础、扩大党的群众基础、夯实党的执政基础的需要，是以改革创新精神提高党的基层组织建设科学化水平、全面推进党的建设新的伟大工程的需要。民营企业党建工作在党的建设全局工作中越来越重要。党的二十大再次强调，要加强非公有制企业党建工作，理顺行业协会、学会、商会党建工作管理体制,坚持大抓基层的鲜明导向，把基层党组织建设成为有效实现党的领导的坚强战斗堡垒。[①]对于如何加强民营企业党建工作，习近平总书记深刻地指出，要着重抓好“两个覆盖”，发挥“两个作用”，加强“两支队伍”建设，注重分类指导，坚持“一把钥匙开一把锁”，增强工作的针对性和实效性；要加强领导、明确责任、健全机构、配强力量，为民营企业开展党建工作积极创造条件。

新发展阶段，我们既面对世界百年未有之大变局下错综复杂的国际环境带来的新矛盾新挑战；同时，也面对中华民族伟大复兴战略全局下我国社会主要矛盾发展变化带来的新特征新要求，以及与之相应的纷繁复杂的思潮和变化。这就更需要我们深化对习近平总书记关于自己人新理念、“两个健康”

① 习近平：《高举中国特色社会主义伟大旗帜为全面建设社会主义现代化国家而团结奋斗：在中国共产党第二十次全国代表大会上的报告》，人民出版社，2022年版，第67~68页。

新思想、“十字”新方针和“亲清政商关系”新举措的认识，加强民营企业党建工作，充分发挥政治核心作用和政治引领作用，更好地凝聚起职工群众的主体性作用和民营经济人士的智慧与力量，进一步促进非公经济健康发展和非公经济人士健康成长，为推动全面建设社会主义现代化国家进程、实现中华民族伟大复兴做出新的更大贡献。

基于上述认识，为进一步推动民营经济党建工作，我们编写了这本书，主要包括基本理论、实践探索、基本建设、党务工作、互联网（智慧）党建、疑难问题、典型案例等内容，希望能对民营经济党建工作有所助益。在编写过程中我们参考和借鉴了相关专家学者和政府网站的一些观点、数据和案例，并列出了参考文献，但可能挂一漏万，在此一并致谢。

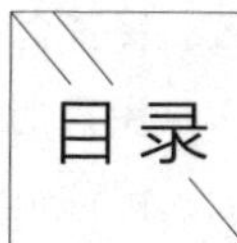

第一编　基本理论篇

第二编　实践探索篇

第三编　基本建设篇

第四编　党务工作篇

第五编　互联网（智慧）党建篇

第六编　疑难问题篇

第七编 典型案例篇

企业篇

商会篇

第　一　编 ▶▷

基本理论篇

所有制理论是马克思主义理论的重要组成部分。按照马克思、恩格斯对未来社会的设想，生产力高度发达的社会主义建立在生产资料公有制基础之上，私有制及与之相联系的商品货币关系和市场机制都将不复存在。马克思、恩格斯关于未来理想社会的设想及其非公有制经济的理论，建立在生产力和生产关系辩证发展的基础之上，具有严密的逻辑，是科学的结论。

但是，现实社会主义是在经济文化落后的条件下建立的，这与马克思、恩格斯所设想的社会主义存在着巨大差距，使得马克思主义者对于如何对待非公有制经济及非公有制经济人士、如何对待商品货币和市场经济问题经历了一个长期的探索。列宁的“新经济政策”具有开创性的理论和实践意义，中国特色社会主义建设深化和推进了这一探索，形成了社会主义市场经济理论和社会主义所有制理论，这是我们党关于所有制理论的最新发展，在民营经济发展史上具有划时代的意义。对此，习近平总书记强调指出，社会主义基本制度和市场经济的有机结合、公有制经济和非公有制经济的共同发展，这是马克思主义中国化的伟大实践，是我们党推动解放和发展社会生产力的伟大创举。①

为了便于分析，这里有必要对民营经济概念进行界定。民营经济概念有三层基本含义：首先，民营经济是生产资料私人所有的经济。生产资料的归属最终只有两种结果：个人或私人所有就是私有，集体或全民所有就是公有。民营经济最根本的特征就是生产资料最终归属于私人所有。在现代市场经济中，个体经济、私营经济中的私人资本虽然已经社会化，但无论怎么发达的

① 中共中央文献研究室编：《习近平关于社会主义经济建设论述摘编》，中央文献出版社2017年版，第62页。

社会化资本以及多长的委托代理链条，资本的归属都有一个终极所有者。[①]其次，民营经济中，个体经济是以劳动为基础的私有制，而私营经济内部存在雇佣劳动关系。在私营经济内部，生产资料所有者及其家庭成员可能直接参加经营和劳动，但劳动的基础是雇用他人。最后，民营经济是以盈利为目标的经济。私营经济生产经营的目标不仅是生产资料所有者和家庭成员的消费需求，而最主要的是实现价值增值，具有强烈的资本积累和获取最大利润的动力。根据这三层含义，民营经济是指生产资料私人所有、以自己劳动为主或以雇用劳动为基础、以追求利润为目标的经济组织。这是广义的民营经济，等同于非公有制经济。在我国实践中，民营经济概念通常指国内的个体、私营经济以及各种混合经济中的个体、私营经济成分。这是狭义上的民营经济，或狭义的非公有制经济，可以用公式界定如下：

民营经济（广义）=个体经济+私营经济+港澳台投资企业+外商投资企业=非公有制经济（广义）

民营经济（狭义）=个体经济+私营经济=非公有制经济（狭义）

本书以狭义的民营经济概念作为分析对象，在此意义上，民营经济与非公有制经济是同一事物。

一、马克思、恩格斯关于非公有制经济的基本观点

马克思、恩格斯以辩证唯物主义和历史唯物主义的世界观和方法论科学地看待资本主义私有制，他们科学地阐述了资本主义私有制的历史进步性和历史暂时性，指明了其被社会主义公有制所取代的历史必然性。

1.辩证地看待资本主义私有制。首先，马克思、恩格斯认为，资本主义

① 杨小凯等：《新兴古典经济学与超边际分析》，社会科学文献出版社1999年版，第173页。

私有制经济的出现，在历史上确实极大地促进了社会生产力的发展，具有重大的进步意义。马克思、恩格斯在《共产党宣言》中明确指出，资本主义私有制不仅在战胜封建制度过程中起了决定性的作用，而且还创造了巨大的社会生产力。他们指出："资产阶级在它的不到一百年的阶级统治中所创造的生产力，比过去一切时代创造的全部生产力还要多，还要大。"①

其次，马克思、恩格斯也揭示了这种生产关系的历史局限性和暂时性，指出它必将被社会主义公有制所取代的历史发展趋势。马克思在《资本论》中明确地指出："生产资料的集中和劳动的社会化，达到了同它们的资本主义外壳不能相容的地步。这个外壳就要炸毁了。资本主义私有制的丧钟就要敲响了。剥夺者就要被剥夺了。"②而"在一个集体的、以生产资料公有为基础的社会中，生产者不交换自己的产品；用在产品上的劳动，在这里也不表现为这些产品的价值……"，③这就是说，公有制下商品经济已经消亡，与商品经济相联系的交换价值、货币等也随之消失。对此，恩格斯明确提出："一旦社会占有了生产资料，商品生产就将被消除，而产品对生产者的统治也将随之消除。"④由此可见，马克思、恩格斯对资本主义私有制的评价是辩证的，既看到了它的历史作用，也分析了它的历史局限性和暂时性，指出了它发展的客观必然性，即必然被社会主义公有制所取代的历史趋势。

第三，在未来社会的经济运行形式上，计划取代市场成为调节方式。在生产资料公有制这一既定前提下，"社会生产内部的无政府状态将为有计划的自觉的组织所代替"，"劳动时间的社会的有计划的分配，调节着各种职能同各种需要的适当的比例"。⑤也就是说，未来社会将以劳动时间为尺度，通过

---

① 《马克思恩格斯选集》第1卷，人民出版社1995年版，第272页。

② 《马克思恩格斯选集》第2卷，人民出版社1995年版，第269页。

③ 《马克思恩格斯选集》第3卷，人民出版社1995年版，第303页。

④ 《马克思恩格斯选集》第3卷，人民出版社1995年版，第633页。

⑤ 《马克思恩格斯选集》第3卷，人民出版社1995年版，第633页。

有计划地分配社会劳动时间，来实现整个社会生产的按比例发展。总的来看，在马克思、恩格斯的设想中，生产力高度发达的未来社会实行公有制和计划经济，私有制、商品经济、市场、货币等都将不复存在。

2. 利用资本主义私有制为社会主义服务。既然资本主义私有制创造了巨大的社会生产力，那么无产阶级在取得政权后就应该利用资本主义的文明成果和社会生产力为社会主义建设事业服务。在晚年马克思、恩格斯提出了一个重要论点，即吸收包括资本主义私有制在内的“一切肯定成果”来为社会主义服务。这就在科学社会主义发展史上首次提出了利用资本主义私有制建设社会主义的构想。譬如，马克思、恩格斯在提出著名的“卡夫丁峡谷”理论时，指出“俄国可以不通过资本主义制度的卡夫丁峡谷，而把资本主义制度所创造的一切积极的成果用到公社中来。”[①]这对于经济文化落后的国家真正跨越资本主义的“卡夫丁峡谷”和建设社会主义，具有重要的指导性意义。

3. 消灭私有制必须具备一定的物质条件，而且要经历一个长期的渐进的过程。恩格斯明确指出：“由社会占有全部生产资料……这种占有只存在实现它的物质条件已经具备的时候才能成为可能，才能成为历史的必然性。”[②]显然，马克思、恩格斯所说的“物质条件”指的是社会化大生产。也就是说，他们认为，只有在社会化大生产的条件下才有可能消灭私有制。由此可见，能否消灭私有制取决于社会生产力的发展水平。在生产力发展水平还没达到消灭私有制的条件下私有制经济的存在将是不可避免的。一定社会的生产关系必须同生产力发展水平相适应，这是历史唯物主义最基本的观点。因此，正如马克思所指出的那样，任何一种特定的经济形式，都有一个自然发展过程，其存在和发展只取决于生产力发展的需要，而不以人的主观意志为转移。社会形态可以有一定的跳跃性，但经济形态则是既不能跳过也不能用法令取

① 《马克思恩格斯选集》第3卷，人民出版社1995年版，第765页。

② 《马克思恩格斯选集》第3卷，人民出版社1995年版，第321页。

消的自然发展阶段。对此，马克思在《政治经济学批判》序言中明确指出："无论哪一个社会形态，在它们所能容纳的全部生产力发挥出来以前，是决不会灭亡的，而新的更高的生产关系，在它的物质存在条件在旧社会的胎胞里成熟以前，是决不会出现的。"[①]马克思还强调说："如果我们在现在这样的社会中没有发现隐蔽地存在着无产阶级社会所必需的物质生产条件和与之相适应的交往关系，那么一切炸毁的尝试都是堂·吉诃德的荒唐行为。"[②]

而且，消灭私有制绝不是简单的一次性的行动，而是需要经历一个长期的渐进的过程。尤其是在那些经济文化发展相对落后的国度里，更需要一个相当长的"过渡时期"。恩格斯在《共产主义原理》中就曾指出："能不能一下子就把私有制废除呢？""不，不能，正像不能一下子就把现有的生产力扩大到为实行财产公有所必要的程度一样。因此，很可能就要来临的无产阶级革命，只能逐步改造现社会，只有创造了所必需的大量生产资料之后，才能废除私有制。"[③]

需要指出的是，恩格斯对待个人私有制的科学态度。恩格斯认为，对于小资产阶级私有制，不能采取强制措施和干预措施。"我们预见到了小农必然灭亡，但我们无论如何不要以自己的干预去加速其灭亡。……我们决不会用暴力去剥夺小农（无论有无报偿，都是一样）"。[④]

资本主义私有制的灭亡，是一个相当长的自然历史过程，绝非短时期所能达到的，因为消灭它所必需的物质条件的创造需要较长的历史时期。以往，人们对资本主义私有制历史命运的理解，缺乏辩证唯物主义的科学态度，总是企图超越客观物质条件，尽快消灭私有制。事实证明，不管正义、平等的理想与观念是多么美好、多么崇高，不具备充足的客观物质条件，私有制还是不会灭亡的。

---

① 《马克思恩格斯选集》第2卷，人民出版社1995年版，第33页。

② 《马克思恩格斯全集》第30卷，人民出版社1972年版，第109页。

③ 《马克思恩格斯选集》第1卷，人民出版社1995年版，第239页。

④ 《马克思恩格斯选集》第4卷，人民出版社1995年版，第498页。

另外，还要强调的是，马克思、恩格斯只是根据资本主义社会化大生产的发展趋势，预测了未来理想社会的公有制，但并没有设计什么具体模式。恩格斯指出："当我们把生产资料转交到整个社会的手里时，我们就会心满意足了；至于未来社会组织方面详细情况的预定看法吗？在我们这里连它们的影子也找不到。"[①]这充分反映了马克思、恩格斯对待共产主义、对待公有制的科学态度。

总之，马克思主义私有制理论是最严正、最科学的理论，至今仍是我们对待和认识社会主义初级阶段私营经济的光辉指南。但随着时代的发展变化，我们也不能墨守成规，教条地理解马克思、恩格斯的某些具体结论，而应当与时俱进，准确理解和全面把握马克思主义私有制理论。具体说来，应当把握以下原则：第一，私有制的消亡是一个相当长的自然历史过程，公有制取代私有制将是一个长期的渐进的过程。第二，对于一切所有制关系的判断标准，要以生产力的发展为依据。脱离生产力实际发展水平，急于消灭私有制无疑是对马克思主义私有制理论认识的偏差。以公有制代替私有制既是生产力发展的客观要求，又要以社会生产力的充分发展为前提，受生产力发展程度的制约。从这个意义上来说，公有制和私有制并没有高低之分，只有适应不适应之别。第三，各个国家和民族必须根据自身的经济发展状况和具体条件，决定未来社会的所有制模式和发展道路，绝不能盲目追求生产关系形式上的先进性，而忽视了发展生产力这一重要环节，忽视了生产关系必须同生产力发展水平相适应这一马克思主义的基本原理。

二、列宁关于非公有制经济的基本观点

列宁领导"十月革命"胜利后，创立了第一个社会主义国家，实现了社

① 《马克思恩格斯全集》第22卷，人民出版社1972年版，第629页。

会主义从理论到现实的飞跃。但是，不同于马克思、恩格斯的设想，现实的社会主义建立在经济文化比较落后的基础上。关于落后国家如何建设社会主义的问题，苏联作为第一个社会主义国家进行了探索。十月革命后，在对抗国内外武装干涉的战时共产主义时期，列宁按照马克思、恩格斯的公有制及计划经济思想推行战时共产主义政策，实行余粮收集制、工业和商业国有化、取消商品货币关系等，但战争结束后这一政策的延续引发了农民不满甚至地方暴动等严重的政治经济危机。这使得列宁认识到一个小农占优势的落后国家直接过渡到社会主义是不现实的，“用‘强攻’办法即用最简单、迅速、直接的办法来实行社会主义的生产和分配原则的尝试已告失败”，[①]因此转而实行“新经济政策”，利用商品、货币、市场和资本主义“走向”或“过渡到”社会主义。“新经济政策”的核心就是允许非公有制经济和市场经济在一定范围内发展，推动经济进步。

1. 利用商品货币关系促进城乡经济结合

列宁认识到，在一个小农占优势的落后国家中无法直接过渡而只能“迂回过渡”到社会主义，这需要一个相当长的时期。在此过程中，为了巩固工农联盟、保证农民利益、巩固工农业之间的商品交换这一社会主义的经济基础，必须给小农恢复贸易自由。在新经济政策中，列宁以粮食税代替战时共产主义时期的余粮收集制，将商品交换提到首位并将其作为新经济政策的主要杠杆，提出“试图完全禁止、堵塞一切私人的非国营的交换的发展，即商业的发展，即资本主义的发展，而这种发展在有千百万小生产者存在的条件下是不可避免的。一个政党要是试行这样的政策，那它就是在干蠢事，就是自杀。”[②]随着余粮收集制过渡到粮食税，国家垄断的产品交换制也随之为国家资本主义的商品交换制所取代，当观察到商品交换和以货币为媒介的私人商

---

① 《列宁全集》第42卷，人民出版社1987年版，第225页。

② 《列宁全集》第41卷，人民出版社1986年版，第210页。

品买卖进一步发展后，列宁进一步提出由国家资本主义转到国家调节商业和货币流通，在国家调节的基础上给私人商业以充分的活动自由。为此他强调，“商业正是我们无产阶级国家政权、我们居于领导地位的共产党‘必须全力抓住的环节’”，[①]并提出了无产阶级国家在经济领域的一系列新职能，引导商业为发展社会主义经济服务。

2.利用国家资本主义向社会主义过渡

战时共产主义政策在战争结束后的延续所造成的危机使得列宁认识到，现有条件下“向纯社会主义形式和纯社会主义分配直接过渡，是我们力所不及的”。[②]在客观分析俄国过渡时期存在宗法式、小商品生产、私人资本主义、国家资本主义和社会主义等多种经济成分并存的特点后，列宁提出在这五种经济成分中，尽管资本主义相对于社会主义是祸害，但相对于小生产则是进步，是小农经济占优势的国家走向社会主义的中间环节。“既然我们还不能实现从小生产到社会主义的直接过渡，作为小生产和交换自发产物的资本主义在一定程度上是不可避免的，所以我们应该利用资本主义（特别是要把它纳入国家资本主义的轨道），作为小生产和社会主义之间的中间环节，作为提高生产力的手段、途径、方法和方式。”[③]新经济政策改变了战时共产主义时期工业国有化的做法，允许私人经营企业，支持私人小工业企业发展：发展国家资本主义的租让制、合作制、代购代售制、租借制，通过与外资的联营来获取管理经验和恢复经济，活跃商业和促进工农品流转，促进和引导小农经济向集体经济过渡。

在利用资本主义发展生产力的同时，列宁提出要尽可能将其纳入国家资本主义轨道。列宁认为，国家资本主义是通向社会主义的“最可靠道路”，其性质取决于国家政权性质，苏联的国家资本主义是无产阶级国家政权能够加

① 《列宁全集》第42卷，人民出版社1987年版，第248页。

② 《列宁全集》第43卷，人民出版社1987年版，第278页。

③ 《列宁全集》第41卷，人民出版社1986年版，第217页。

以监督调节并规定其活动范围的资本主义，要大力发展和充分利用国家资本主义来走向社会主义。具体来说，一是国家资本主义必须处在工人阶级的国家政权监督下，无产阶级掌握土地和一切经济命脉，这是区别于资产阶级政权下的国家资本主义的根本，也是确保其为社会主义服务的根本。“既然工人国家掌握了工厂和铁路，那么这种资本主义对于我们就是不可怕的。”“只要我们掌握着所有国营企业……那么租让是没有什么可怕的”。[①]二是规定其发展限度和活动范围，发展国家资本主义“必须对此加以控制，规定这样做的限度”，要“精确而严格地权衡轻重，我们能把什么租出去，在什么条件下、在什么限度内可以出租”，如果把自己的大部分工厂拿去租让，就是复辟资本主义。[②]三是加强监管和法律约束，私人资本主义和国家资本主义的经营活动必须在国家监管之下，包括监察、监督、规定形式和规章，并要严格遵守国家法律。就此列宁提出：“做生意吧，发财吧！我们允许你这样做，但是我们将加倍严格地要求你做老实人，呈送真实准确的表报……不得有一丝一毫违背我们的法律。”[③]通过这些原则，发挥国家资本主义的积极作用，限制其消极作用，为走向社会主义进行充分的物质准备。总之，苏维埃政权对各种带有资本主义性质的经济成分的存在和发展有不同程度的限制。

3. 必须利用资本主义文明成果

列宁认为，经济文化落后的俄国在进行社会主义建设时，必须充分吸取和利用资本主义的一切积极成果和文化遗产。他反对抽象地认为资本主义是祸害，社会主义是幸福的观点，指出：“必须取得资本主义遗留下来的全部文化，用它来建设社会主义”，工人阶级政权单靠专政、暴力、强制是坚持不住的，“唯有掌握了文明的、技术先进的、进步的资本主义的全部经验，

① 《列宁全集》第41卷，人民出版社1986年版，第150~151页。

② 《列宁全集》第41卷，人民出版社1986年版，第150~151页。

③ 《列宁全集》第42卷，人民出版社1987年版，第428页。

使用一切有这种经验的人，才能坚持得住”。[①]针对当时党内反对利用资本主义的“左”倾错误，列宁进行了严厉地批判。他指出：“我们不能设想，除了建立在庞大的资本主义文化所获得的一切经验教训的基础上的社会主义，还有别的什么社会主义。”[②]他还强调指出：“如果你们不能利用资本主义留给我们的材料来建设大厦，你们就根本建不成它，你们也就不是共产党人，而是空谈家。”[③]

那么，要向资本主义学习些什么呢？结合俄国实际，列宁强调，一是要利用资本主义的全部文化。列宁指出，夺取政权的工人阶级的重要任务，就是要把资本主义的全部文化和知识学过来，使之由资本主义的工具变成社会主义的工具。他说：“没有资本主义文化的遗产我们建不成社会主义。除了用资本主义遗留给我们的东西之外，没有别的东西可以用来建设共产主义。”二是要利用资本主义的科学技术成果。要进行社会主义建设，就“必须充分利用科学、技术和资本主义俄国给我们留下来的一切东西”。要建设共产主义“就必须掌握技术，掌握科学，并为了更广大的群众而运用它们，而这种技术和科学只有从资产阶级那里才能获得”。三是要利用资本主义的管理经验。列宁认为，工人阶级在管理现代化大生产、发展商品经济、市场经济的知识和经验，远不如捷足先登的资产阶级。所以，他大声疾呼，要“向资产阶级学习”，不但要学习他们先进的科学技术，而且要学习他们现代化的管理经验。他指出，“社会主义能否实现，就取决于我们把苏维埃政权和苏维埃管理组织同资本主义最新的进步的东西结合得好坏。”[④]对于什么是社会主义，列宁提出了一个著名的公式：“苏维埃政权+普鲁士的铁路秩序+美国的技术和托拉斯

---

① 《列宁全集》第38卷，人民出版社1986年版，第241页。

② 《列宁全集》第34卷，人民出版社1985年版，第252页。

③ 《列宁全集》第42卷，人民出版社1987年版，第428页。

④ 《列宁选集》第3卷，人民出版社1995年版，第492页。

组织+美国的国民教育+…+…=总和=社会主义”。[①]总之，建设社会主义，就是要充分利用资本主义遗留下来的一切肯定成果。

列宁根据俄国经济文化相对落后的国情，克服了对马克思主义私有制理论教条式理解的认识误区，丰富和发展了马克思主义私有制理论，对后来各国尤其是经济文化相对落后国家的社会主义实践，无疑具有重要的指导意义。但是，我们也应该看到，列宁对利用资本主义私有制的探索还有一定的局限性，当时苏俄政府允许存在和发展的个体经济、私营经济等经济成分主要还是局限于流通领域，而在国民经济的其他部门则发展有限。列宁关于利用外资的思想可以被视为社会主义国家实行对外开放的最早尝试，但由于种种原因，在具体运作中成效不大。另外，他对各种非公有制经济将来可能存留的时间也估计得过于短暂。这显然是对向社会主义过渡的长期性和艰巨性的估计过于乐观。因而，这些探索和举措后来被视为临时性的应急措施也就不足为怪了。

列宁对经济文化相对落后国家社会主义建设道路的探索及其理论成果，被理论界称为“新经济政策模式”。令人遗憾的是，列宁这一思想此后未能得到坚持和发展。在列宁去世后不久，由于对资本主义私有制经济存在的长期性估计不足，对消灭私有制这一过程又理解得过于短暂，斯大林放弃了由列宁确立的以公有制为主体、多种经济成分并存的社会主义所有制模式，消灭了资本主义私有制经济等非公有制经济成分并逐步在全国确立了一种后来对社会主义各国影响深远的高度集中的计划经济模式和单一的所有制结构模式。理论界称之为“斯大林模式”。“斯大林模式”在所有制问题上严重存在着对马克思主义僵化和教条式理解的倾向。事实证明，这种所有制模式不利于生产力的发展，也不利于发挥包括资本主义私有制经济在内的多种经济成分的积极作用。“斯大林模式”的缺陷和僵化是日后许多社会主义国家经济体制僵

① 《列宁全集》第34卷，人民出版社1985年版，第520页。

化和经济建设相继出现诸多失误乃至整个社会主义运动出现严重曲折的深层动因之一。这也从另一个方面证明了列宁对于马克思主义私有制理论丰富和发展的重要意义。

三、毛泽东关于非公有制经济的重要论述

在中国革命和新中国建设中，以毛泽东同志为核心的第一代中央领导集体就如何在半殖民地半封建的中国经由新民主主义向社会主义过渡、进行社会主义建设等问题进行了创造性的思考与实践，在此过程中，在如何对待资本主义和民族工商业者、如何对待商品经济的问题上进行了深入探索。

1.利用、限制和改造私人资本主义经济

毛泽东深刻地认识到，在半殖民地半封建社会的废墟上无法直接建成社会主义，必须经由新民主主义进入社会主义，这期间要发挥私人资本主义经济有利于国计民生的作用，同时对其消极作用进行限制。毛泽东提出，由于中国经济十分落后，在没收大银行、大工业、大商业归共和国国家所有的同时，并不禁止“不能操纵国民生计”的资本主义生产的发展。针对有些人不了解共产党人为什么不但不怕资本主义，反而在一定的条件下提倡它的发展的疑问，他指出：“拿资本主义的某种发展去代替外国帝国主义和本国封建主义的压迫，不但是一个进步，而且是一个不可避免的过程。它不但有利于资产阶级，同时也有利于无产阶级，或者说更有利于无产阶级。”[①] 在中共七届二中全会上，毛泽东再次强调，“在革命胜利以后一个相当长的时期内，还需要尽可能地利用城乡私人资本主义的积极性，以利于国民经济的向前发展”，[②]

① 《毛泽东选集》第3卷，人民出版社1991年版，第1060页。

② 《毛泽东选集》第4卷，人民出版社1991年版，第1321页。

与此同时，也要对其消极作用进行限制，使之“有益于国计民生”，因此要依各地、各业及各个时期的具体情况而采取恰如其分的有伸缩性的限制政策。1949年9月在《中国人民政治协商会议共同纲领》中，将“以公私兼顾、劳资两利、城乡互助、内外交流政策，达到发展生产、繁荣经济之目的”作为国家经济建设根本方针，把包括私人资本主义经济在内的各种经济成分纳入国营经济领导，分工合作，各得其所。

中华人民共和国成立后，随着国民经济全面恢复，毛泽东开始酝酿并提出了过渡时期总路线，即要在一个相当长的时期内，基本上实现国家工业化和对农业、手工业、资本主义工商业的社会主义改造。①期间，通过国家资本主义完成了对资本主义工商业的改造，实现了私人资本主义所有制向社会主义公有制的变革，成功建立起社会主义的经济基础。但三大改造期间也存在过粗过急的现象，中共八大前后就此进行了一些调整，如允许一部分小手工业和小商业分散经营、农村增加社员自留地和允许副业生产等。针对当时重新出现的地下工厂、私营工厂等现象，毛泽东提出只要社会需要，允许地下工厂和私营工厂存在，这叫“新经济政策”；“可以搞国营，也可以搞私营，可以消灭了资本主义，又搞资本主义”。②但随后在实践中对这一问题的认识出现曲折，重新回到了单一公有制。

2.团结、教育和改造民族资产阶级

在对待民族资产阶级的问题上，毛泽东提出首先要区分官僚资产阶级和民族资产阶级，民主革命要消灭的对象是官僚资本主义经济和官僚资产阶级，对于民族工商业和真正的民族资产阶级则要保护。由于民族资产阶级具有两面性，既要团结他们以取得革命胜利、共同发展国民经济，又要同其中少数人有害于国计民生的非法活动作斗争。通过社会主义改造使民族工商业者转

---

① 《毛泽东文集》第6卷，人民出版社1999年版，第316页。

② 《中国共产党第八次全国代表大会文件》，人民出版社1956年版，第305页。

变为劳动者。在社会主义改造期间，党和国家将对资本主义工商业的改造和人的改造结合起来，对民族工商业者进行教育以提高其思想认识，在经济上通过“四马分肥”、定息制度等方式对民族资产阶级实行赎买，在工作安排和政治待遇上采取“量才使用，适当照顾”原则，引导广大工商业者向名副其实的劳动者转变。

3.利用商品生产和商品交换服务于社会主义

中华人民共和国成立后，就如何认识和对待社会主义同商品经济的关系这一问题，毛泽东提出，不能将商品经济同资本主义混为一谈、落后条件下搞社会主义需要发展商品生产而不必害怕会导致资本主义等思想。关于生产力落后条件下是否需要商品生产的问题，毛泽东给出了肯定的回答。针对出现的否定及要求取消商品和货币的倾向，毛泽东认为，“避开使用还有积极意义的资本主义范畴——商品生产、商品流通、价值法则等来为社会主义服务”，是不承认客观法则的表现。[①]他提倡大力发展商品生产，将其作为有用的工具，为社会主义服务。关于社会主义商品生产的性质，毛泽东认为其性质由它所依存的社会制度的性质所决定，“同资本主义制度相联系就是资本主义的商品生产，同社会主义制度相联系就是社会主义的商品生产”。[②]所以，商品生产可以用来为社会主义服务，而不必害怕会导致资本主义。关于价值规律的作用，毛泽东提出，价值规律“是一个伟大的学校”，利用社会主义商品生产和价值规律适合于当前生产力发展的要求，国营企业、集体企业和合作社都要利用价值规律进行经济核算，以提高经济效益。这些思想，特别是关于商品经济在落后国家社会主义建设中存在的必要性的问题，具有重要的理论及实践意义。

---

① 《毛泽东文集》第7卷，人民出版社1999年版，第437页。

② 《毛泽东文集》第7卷，人民出版社1999年版，第439页。

四、邓小平关于非公有制经济的重要论述

十一届三中全会后，以邓小平同志为核心的第二代中央领导集体总结前期经验教训，在如何认识社会主义、建设社会主义这一问题上形成了以下重要认识：一是作出我国处于社会主义初级阶段的重要论断。所谓社会主义初级阶段，不是泛指任何国家进入社会主义都会经历的起始阶段，而是特指我国在生产力落后、商品经济不发达条件下建设社会主义必然要经历的特定阶段。初级阶段的社会主义不同于马克思论述的经典社会主义，必须通过一个长期的大力发展生产力的过程走向经典社会主义。二是明确社会主义模式具有多样性，冲破苏联模式的束缚，提出建设符合中国国情的、有中国特色的社会主义。三是提出社会主义本质论，结合中国国情和时代特点，将解放和发展生产力、消灭剥削、消除两极分化、最终实现共同富裕作为社会主义的本质。在上述重要认识的基础上，这一时期在如何对待非公有制经济、如何对待市场的问题上形成了新的思想和实践。

1. 坚持公有制主体地位，个体经济、私营经济、外资经济是必要的有益补充

首先，发展非公有制经济是发展社会生产力的需要。邓小平反复强调，社会主义的最根本任务是发展生产力，社会主义优越性最终要体现在生产力能够更好地发展上。[①]中共十二大提出，由于我国生产力发展水平总的说来还比较低，又很不平衡，在很长时间内需要各种经济形式并存。因此，“吸收外资也好，允许个体经济的存在和发展也好，归根到底，是要更有力地发展生产力”。[②]邓小平提出，要大胆引进外资，“社会主义要赢得与资本主义相比较的优势，就必须吸收和借鉴当今世界各国包括资本主义社会发达国家的一切

① 《邓小平文选》第3卷，人民出版社1993年版，第149页。

② 《邓小平文选》第3卷，人民出版社1993年版，第149页。

反映现代社会化生产规律的先进经营方式、管理方法”，[①]这是社会主义经济的有益补充，归根到底是有利于社会主义的。

其次，在坚持公有制主体地位的前提下发展非公有制经济。一方面，邓小平强调坚持公有制主体地位是社会主义原则的根本要求。他指出，在改革中坚持社会主义方向是一个很重要的问题，对内搞活经济、对外开放是在坚持社会主义原则下开展的，而“社会主义有两个非常重要的方面，一是以公有制为主体，二是不搞两极分化”。[②]“我们允许个体经济发展，还允许中外合资经营和外资独营的企业发展，但是始终以社会主义公有制为主体”。[③]另一方面，他同时提出，只要坚持公有制为主体，发展一点个体经济、外资经济，“这样做不会也不可能破坏社会主义经济”。[④]随着对这一问题认识的不断深化，中共十二大明确将个体经济作为公有制经济的必要的、有益的补充。中共十三大提出，全民所有制以外的其他经济成分，不是发展得太多了，而是很不够：私营经济是公有制经济必要的和有益的补充，中外合资企业、合作经营企业和外商独资企业也是我国社会主义经济必要的和有益的补充，要在以公有制为主体的前提下继续发展多种所有制经济。

2.社会主义制度可以和市场经济相结合

长期以来，在关于市场和社会主义的传统认识上，不论按照西方市场经济理论还是马克思主义传统观点，市场是与私有制紧密相连，而与社会主义制度是不相容的。在落后国家建设社会主义的早期实践中，总体上都将计划视为社会主义的基本特征、将市场视为资本主义的基本特征，尽管也做了一些在计划主导范畴内引入市场调节的尝试，但总体上未能突破计划框架的局限，这逐渐成为生产力发展的阻碍。在这一问题上，邓小平突破了传统观念

① 《邓小平文选》第3卷，人民出版社1993年版，第373页。

② 《邓小平文选》第3卷，人民出版社1993年版，第138~139页。

③ 《邓小平文选》第3卷，人民出版社1993年版，第110页。

④ 《邓小平文选》第3卷，人民出版社1993年版，第138~139页。

的桎梏，创造性地提出市场机制中性论，指出“计划经济不等于社会主义”，“市场经济不等于资本主义”，“计划和市场都是经济手段”，[①]社会主义可以而且应该利用市场大力发展生产力，创立了社会主义市场经济理论。这一论断的重大意义在于，明确提出市场经济是“经济手段”，将其定性于经济运行机制范畴而非基本制度范畴，从而将市场这一经济运行机制从资本主义基本制度中分离出来，成为落后国家发展社会生产力的重要手段，这是对落后国家如何建设社会主义的一个重大理论和实践贡献。在此基础上，我国确立了建立社会主义市场经济体制的改革目标，社会主义市场经济条件下的政府与市场、政府与企业关系自此进入新的探索与发展阶段。

3.团结、帮助、引导、教育非公有制经济人士

一方面，关于如何认识和对待原工商业者的问题上，1979年邓小平提出要在社会主义建设中发挥原工商业者的作用，落实对原工商业者的政策，“有真才实学的人应该使用起来”，鼓励他们办厂投资，“钱要用起来，人要用起来”，给其经营自主权，排除行政干扰。[②]随后，在全国政协五届二次会议上，邓小平指出，资本家阶级中有劳动能力的绝大多数人已经改造成为社会主义社会中的自食其力的劳动者，他们现在正在为社会主义现代化建设事业贡献力量。另一方面，随着我国个体经济和私营经济的发展，党和国家对个体工商户和私营企业主的认识也不断深化。1991年，在中共中央批转《中央统战部〈关于工商联若干问题的请示〉的通知》中，将个体工商户和私营企业主明确为非公有制经济人士，提出“对现在的私营企业主，不应和过去的工商业者简单地类比和等同，更不是要像五十年代那样对他们进行社会主义改造”，对于非公有制经济人士，应坚持“团结、帮助、引导、教育”方针，引导其爱国、敬业、守法。

---

① 《邓小平文选》第3卷，人民出版社1993年版，第373页。

② 《邓小平文选》第2卷，人民出版社1994年版，第156~157页。

五、江泽民关于非公有制经济的重要论述

以江泽民同志为核心的第三代中央领导集体，坚持和发展了邓小平关于非公有制经济的思想观点，进一步推进了社会主义市场经济和非公有制经济的发展。

1.明确公有制为主体、多种所有制经济共同发展的基本经济制度

第一，将公有制为主体、多种所有制经济共同发展确立为我国社会主义初级阶段的一项基本经济制度。十四大报告提出，在所有制结构上，以公有制包括全民所有制和集体所有制经济为主体，个体经济、私营经济、外资经济为补充，多种经济成分长期共同发展，不同经济成分还可以自愿实行多种形式的联合经营。十五大报告中正式将公有制为主体、多种所有制经济共同发展明确为我国社会主义初级阶段的一项基本经济制度。至此，从最初的“补充论”到“共同发展”，再到“基本经济制度”，党对社会主义初级阶段所有制的认识不断深化，非公有制经济的地位和作用在基本经济制度层面得以确立。

第二，正确认识和处理公有制经济同非公有制经济的关系。江泽民强调，正确认识和处理公有制经济同非公有制经济的关系，既是一个重大经济问题，也是关系党和国家前途命运的重大政治问题。①一方面，我国作为社会主义国家，经济主体必须是公有制；另一方面，我国现阶段的生产力水平决定了必须坚持多种所有制经济共同发展。“不能只强调前者而不讲后者，也不能只强调后者而不讲前者”，否则“就会脱离社会主义初级阶段的实际，就建不成有中国特色的社会主义”。②体现在实践中，一方面，坚持公有制主体地位，按照公有资产在社会总资产中占优势，国有经济控制国民经济命脉、对经济发

① 江泽民：《在纪念中国共产党成立七十八周年座谈会上的讲话》，《人民日报》1999年7月1日。

② 江泽民：《在纪念党的十一届三中全会召开二十周年大会上的讲话》，《人民日报》1998年12月19日。

展起主导作用的要求，对国有经济布局进行战略调整，使之在关系国民经济命脉的重要行业和关键领域占支配地位，在其他领域提高国有资产的整体质量：另一方面，对个体、私营等非公有制经济继续鼓励、引导，使之健康发展，相关部门出台了《关于促进个体经济私营经济发展的若干意见》《关于大力发展民营科技型企业若干问题的决定》等改革举措，取消了许多束缚非公有制经济发展的限制性规定，不断完善其发展环境。

2.各种所有制经济在社会主义市场经济条件平等参与市场竞争

第一，建立社会主义市场经济是一项崭新工程，既要在思想上正确认识社会主义制度和市场经济的关系，又要在实践中处理好政府与市场以及各类市场主体的关系。对此，江泽民首先强调，社会主义市场经济是与社会主义基本制度结合在一起的，"'社会主义'这几个字不能没有，这并非多余，并非'画蛇添足'，而是'画龙点睛'。所谓'点睛'，就是点明我们市场经济的性质。"[①]这既是我国社会主义市场经济的特色，也是独特优势，能够将社会主义制度的优越性和市场配置资源的有效性结合起来。第二，明确提出"非公有制经济是社会主义市场经济的重要组成部分"，国有企业、集体企业和其他企业都进入市场平等竞争，要加快国有企业改革使其成为合格的市场主体，国家要为各种所有制经济平等参与市场竞争创造条件，对各类企业一视同仁。第三，加快政府职能转变，关键是实行政企分开，政府部门不得干预企业的经营活动，同时做好必要的宏观调控。这些思想和实践，明确了社会主义市场经济条件下的政府职能及市场主体权利，为建设符合社会主义市场经济要求的政府与市场、政府与企业关系奠定了理论与政策基础。

3.非公有制经济人士是有中国特色社会主义事业建设者

关于如何认识和对待非公有制经济人士这一群体，江泽民提出，改革开放中通过诚实劳动、合法经营先富起来的个体劳动者和私营企业主，为建设

① 江泽民：《论社会主义市场经济》，中央文献出版社2006年版，第203页。

有中国特色社会主义事业贡献了力量，应该受到社会的尊重，包括非公有制经济人士在内的新社会阶层是有中国特色社会主义事业建设者。[①]对于其中的优秀分子，符合条件的可以入党。他强调，对于非公有制经济人士要本着团结、帮助、引导、教育的方针，引导他们把自身企业的发展与国家的发展结合起来，把个人富裕与全体人民共同富裕结合起来，把遵循市场法则与发扬社会主义道德结合起来。与此同时要维护其合法权益、畅通其意见表达渠道，促进非公有制经济健康发展和非公有制经济人士健康成长。

六、胡锦涛关于非公有制经济的重要论述

进入新世纪，以胡锦涛同志为核心的中央领导集体，坚持改革开放以来我们党关于社会主义市场经济和非公有制经济的创新思想和观点，将社会主义市场经济和非公有制经济的发展推向新的发展阶段。

1.提出“两个毫不动摇”思想

在对所有制问题的认识上，中共十六大在坚持和完善公有制为主体、多种所有制经济共同发展的基本经济制度的基础上，进一步提出“两个毫不动摇”，即毫不动摇巩固和发展公有制经济，毫不动摇鼓励、支持、引导非公有制经济发展，强调两者统一于社会主义现代化建设的进程中。“两个毫不动摇”阐明了公有制经济和非公有制经济在我国经济社会发展中的地位和作用，阐明了两者之间相互促进、共同发展的关系，既是在所有制发展上的大政方针，也是完善社会主义市场经济体制的客观要求，为形成国民共进、优势互补的经济体系提供了根本遵循。中共十七大再次强调了“两个毫不动摇”的重要性，并提出坚持平等保护物权，形成各种所有制经济平等竞争、相互促

① 《江泽民文选》第3卷，人民出版社2006年版，第152、286页。

进新格局。

在实践中，一方面坚持公有制的主体地位，发挥国有经济的主导作用，继续调整国有经济的布局和结构，改革国有资产管理体制，深化国有企业改革，发展国有资本、集体资本和非公有资本等参股的混合所有制经济等，同时发展多种形式的集体经济。另一方面促进非公有制经济健康发展，通过法律法规保护非公经济产权和私人合法财产不受侵犯，通过国务院颁发《关于鼓励支持和引导个体、私营等非公有制经济发展的若干意见》《关于鼓励和引导民间投资健康发展的若干意见》等，消除影响非公有制经济发展的体制性障碍，为促进非公有制经济健康发展提供政策支持。

2. 平等对待各类市场主体

第一，坚持平等保护，促进公平竞争。胡锦涛强调，“在社会主义市场经济条件下，各类市场主体是平等的，享有平等地位和权利，遵循相同的规则，承担相同的责任。”[①]为此着力改善非公有制经济发展的市场环境，特别针对非公有制资本和非公有制企业在市场准入、投融资等方面面临的一些体制机制障碍，《中共中央关于完善社会主义市场经济体制若干问题的决定》明确提出，放宽市场准入，允许非公有资本进入法律法规未禁入的基础设施、公用事业及其他行业和领域。非公有制企业在投融资、税收、土地使用和对外贸易等方面，与其他企业享受同等待遇。

第二，完善政府职能，创造发展环境。各级政府抓经济发展，主要是为市场主体服务和创造良好发展环境，不能包办企业投资决策，不能代替企业招商引资，不能直接干预企业生产经营活动。同时大力推进行政审批制度改革，国务院超过半数的行政审批事项得以清理和取消。

第三，坚持依法行政，建设服务型政府。在政府履职方式上，坚持依法行政，实施政务公开，转变工作作风，加快建设服务型政府。

---

① 《胡锦涛文选》第2卷，人民出版社2016年版，第586页。

3.促进非公有制经济人士健康成长

2006年，在第20次全国统战工作会议上，胡锦涛提出，要坚持“充分尊重、广泛联系、加强团结、热情帮助、积极引导的方针”，做好包括非公有制经济人士在内的新的社会阶层人士的工作。这一时期，党和政府不仅高度肯定了在经济社会发展中做出卓越贡献的非公有制经济人士，表彰他们是中国特色社会主义事业优秀建设者；而且通过相关政治安排，使非公有制经济代表人士参与国家大政方针的制定和社会管理。特别是中共中央《关于巩固和壮大新世纪新阶段统一战线的意见》《关于加强和改进新形势下工商联工作的意见》《关于加强新形势下党外代表人士队伍建设的意见》《关于加强和改进非公有制企业党的建设工作的意见（试行）》等一系列中央文件的颁发，明确包括非公有制经济人士在内的新的社会阶层，是“完善社会主义市场经济体制和推动经济社会发展的一支新兴力量，是统一战线工作新的着力点”，①对新形势下加强和改进工商联工作、加强非公有制经济代表人士的教育培养工作、加强和改进非公有制企业党的建设工作等都作出了新的部署和安排，大力促进“两个健康”。这些理论和实践探索，为新时代的新型政商关系探索奠定了基础。

七、习近平关于非公有制经济的重要论述

党的十八后，习近平总书记坚持和发展中国特色社会主义，创造性地提出了“自己人”新理念、“亲清政商关系”新论断，深化对“两个毫不动摇”“两个健康”的新认识，创新发展社会主义市场经济理论，实现了对非公有制经济认识的新突破。

① 《十六大以来重要文献选编》（下），中央文献出版社2008年版，第576页。

1.“自己人”新理念

2018年11月1日，在民营经济座谈会上，习近平总书记明确提出“民营经济是我国经济制度的内在要素，民营企业和民营企业家是我们自己人”的重要论断；2020年9月16日，中共中央颁布了《关于加强新时代民营经济统战工作的意见》，重申了习近平总书记这一重要论断，这是我们党对民营经济和民营经济人士地位和作用的深刻认识，是统领新时代民营经济统战工作的新理念，也是凝聚民营经济同心共筑中国梦磅礴力量的新理念。

首先要正确认识“自己人”重要论断的双重内容。“民营企业和民营企业家是我们自己人”的重要论断，包括经济和政治两个层面的内容。经济层面而言，民营经济是我国经济制度的内在要素，始终是坚持和发展中国特色社会主义的重要经济基础；政治层面而言，民营经济人士是我们自己人，始终是我们党长期执政必须团结和依靠的重要力量。“自己人”的重要论断深刻揭示了民营经济对我国经济社会发展的重要性，以及民营经济存在和发展的长期性、必然性。促进民营经济“两个健康”，是重大的经济问题，也是重大的政治问题。

其次要深刻理解“自己人”重要论断的内在逻辑。“民营企业和民营企业家是我们自己人”的重要论断，源于我们党开创的改革开放伟大实践，在民营经济发展史上具有划时代的意义，有着深厚的历史、理论和现实逻辑。

从历史逻辑看，这一重要论断源于实践探索。改革开放以来，伴随着经济体制改革进程的深入，从计划为主、市场为辅到有计划的商品经济，再到社会主义市场经济体制的确立、发展，民营经济也经历了从无到有、从小到大，从拾遗补阙、有益补充到重要组成部分，从基本经济制度之外进入基本经济制度之内，迅速发展起来的过程。党的十六大更是明确提出“两个毫不动摇”思想，此后一以贯之并深化发展，从“两个都是”进一步发展为基本经济制度的内在要素。相应地，民营经济人士也从建设者上升为“自己人”。历史地看，民营经济和民营经济人士内生于改革开放，内生于社会主义市场经济。更重要的是，民营经济人士内生于人民，来自我们的人民。他们就是我们的“自己人”。

从理论逻辑看，这一重要论断源于理论创新。习近平总书记指出，社会主义基本制度和市场经济有机结合、公有制经济和非公有制经济共同发展，是我们党推动解放和发展社会生产力的伟大创举。一是所有制理论创新。改革开放以来，我们党突破传统所有制理论的束缚，实现了所有制理论重大创新：从非公有制经济作为基本经济制度的外部补充的“二元对立”，到非公有制经济和公有制经济共同发展的“二元并存”，再到民营经济是基本经济制度的内在要素的“二元融合”，破除了公私对立观，实现了马克思主义所有制理论的重大突破。二是社会主义市场经济理论创新。从计划为主、市场为辅到有计划的商品经济，再到社会主义市场经济，使市场配置资源的决定性作用，更好地发挥政府的作用，既要有效的市场，也要有为的政府，努力解决好政府与市场关系的世界性难题，破除了社会主义制度与市场经济对立观，实现了马克思主义政治经济学理论的重大突破。

从现实逻辑看，这一重要论断源于现实发展。经过40多年的改革开放，中国经济社会发展取得举世瞩目的伟大成就，民营经济功不可没。据国家统计局统计，截至2019年底，我国民营企业户数达3516.4万户，就业人数达22833.2万人；个体工商户户数达8261万户，就业人数达17691.2万人。民营经济在推动发展、促进创新、增加就业、改善民生和扩大开放等方面发挥了不可替代的作用。在新发展阶段，民营经济是推进供给侧结构性改革、推动高质量发展、建设现代化经济体系的重要主体，也是我们党长期执政、团结带领全国人民全面建设社会主义现代化国家和实现中华民族伟大复兴中国梦的重要力量。民营经济只能壮大、不能弱化，不仅不能“离场”，而且还要走向更加广阔的舞台。

再次要积极践行“自己人”重要论断。一是党和政府要积极践行，要真正把民营企业家当“自己人”看待，充分信任“自己人”，为“自己人”创造更好的发展环境。一要公平公正。鼓励和支持民营经济的发展，真谛是公平，要义是不歧视，核心是保证各种所有制经济依法平等使用生产要素、公开公平公正参与市场竞争、同等受到法律保护，使民营企业真正成为长期执政必须依靠和团结的重要力量、同等地位的市场主体、同等保护的企业法人。二要落实好“六项”措施。具体是：减轻企业税费负担、解决企业融资难融资贵问题、营造公平竞争环境、完善政策执行方式、构建亲清新型政商关系、保护企业家人身和财产安全。解决好上述问题，就能有力地推动民营经济高质量发展，促进新发展格局构建，培育新形势下我国参与国际合作和竞争新优势，凝聚起民营经济同心共筑中国梦的磅礴力量。

二是民营企业家也要积极践行，要真正以“自己人”的态度努力践行习近平总书记在企业家座谈会上提出的期望和要求，弘扬张謇等爱国企业家精神，在爱国、创新、诚信、社会责任和国际视野等方面全面提升自己，立足新发展阶段，贯彻新发展理念，构建新发展格局，推动民营经济高质量发展，为中华民族伟大复兴贡献新的伟力，作出新的贡献。①

2.“亲清政商关系”新论断

习近平总书记对政商关系的思考由来已久。早在浙江工作期间，他对此就有深刻的思考和论述。2016年3月4日，习近平总书记参加了民建、工商联政协联组讨论，首次提出以“亲”“清”为核心内容的新型政商关系。2017年10月18日，在党的十九大报告中，习近平总书记再次指出：“构建亲清新型政商关系，促进非公有制经济健康发展和非公有制经济人士健康成长。”2021年11月8日，在党的十九届六中全会上，习近平总书记再次强调：“构建亲清政商关系，促进非公有制经济健康发展和非公有制经济人士健康成长。”2022年10月16日，习近平总书记在党的二十大突出“全面”二字，进一步强调：“全面构建亲清政商关系，促进非公有制经济健康发展和非公有制经济人士健

① 王建均：《凝聚民营经济同心共筑中国梦磅礴力量》，《人民政协报》2022年7月25日，第3版。

康成长。”[①]亲清政商关系新论断，明确了新时期政商交往的科学内涵，对新型政商关系进行了新的定位，深刻阐明了新时代构建新型政商关系的原则和方向。

当前，构建亲清政商关系，首要的是厘清政府与市场的关系和边界，完善社会主义市场经济体制，充分发挥市场在资源配置中的决定性作用，更好发挥政府作用。在此基础上，构建公开公正的法治化亲清政商关系。此外，要充分发挥统战部、工商联的积极作用，“依托统一战线开展政企沟通协商”，建立制度化的政企民主协商制度。这是构建亲清政商关系的关键之举。

一是规范沟通协商内容。这主要是规范政企沟通协商的客体，即规范协商什么。很清楚，应当就经济社会发展的重要问题，尤其是涉及民营经济发展的相关重要内容进行沟通协商以及规范，主要包括5个方面的内容：（1）经济发展形势和情况，包括经济形势，特别是民营经济发展状况的分析研判等内容；（2）经济发展规划和部署，包括经济社会发展和产业发展规划，以及年度经济工作部署等内容；（3）经济发展政策和法律，包括重要改革举措和涉企政策，以及重要的涉企法律法规制定和修改等内容；（4）经济发展环境，主要包括营商环境、亲清政商关系等内容；（5）经济发展问题，主要是民营企业发展面临的普遍性问题，以及重点骨干民营企业风险防范和危机处置等问题。

二是创新沟通协商形式。这主要是创新政企沟通协商的方法，即创新如何进行沟通协商。各级党委和政府及有关部门就协商事项可以通过多种方式同民营企业和行业协会商会代表进行沟通协商，如事前沟通、座谈会和恳谈会等方式。另外，还可以通过考察调研、参加会议等方式进行沟通协商。就考察调研方式而言，要建立民营经济代表人士专题调研制度，每年开展重点

① 习近平：《高举中国特色社会主义伟大旗帜 为全面建设社会主义现代化国家而团结奋斗：在中国共产党第二十次全国代表大会上的报告》，人民出版社，2022年版，第40页。

考察调研，党政领导和有关部门要认真听取调研提出的意见、建议。至于参加会议方式，就是在民营经济占比较大的地方，党委和政府在召开经济工作会议和涉及民营经济发展的会议时，以及人大制定修改相关地方性法规时，可邀请民营企业和行业协会商会代表参加。有关部门制定行业标准和规范，一般应委托行业协会商会提出意见。

三是建立健全联系服务、督办反馈和评价机制。这主要是政企沟通协商的保障问题。建立健全联系服务机制，主要是以行业类、专业类商会和乡镇、街道商会为重点，建立党政领导干部联系商会制度，畅通商会向党委和政府反映情况、提出建议的渠道。要做到这一点，关键是制定和实施政商联系交往的正面、负面清单，明确了政商交往中什么事能做、什么事不能做，规范政商交往行为，促进政商关系亲清互动，优化经济发展环境。建立健全督办反馈机制，主要是以督办和反馈的方式，把政企沟通协商所达成的意见、建议和成果及时落实落地，促进民营经济的健康发展。建立健全评价机制，主要以政企沟通协商成效为基础，以第三方评价为保证，加强奖惩和容错机制，充分发挥统一战线的作用，强化政企沟通协商的执行力，推动亲清新型政商关系的构建。

3."两个毫不动摇""两个健康"新认识

众所周知，"两个毫不动摇"和"两个健康"分别是在党的十六大和第19次统战工作会议上提出，但是，党的十八大以来，习近平总书记不仅一再强调"两个毫不动摇"和"两个健康"思想，并就"两个毫不动摇"的重要性及其相互关系，以及"两个健康"的辩证关系做了新的阐述和发展，极大地丰富和发展了这两个思想。

第一，深刻领会"两个毫不动摇"新认识。

2018年在庆祝改革开放40周年大会上，习近平总书记指出，把"从搞好国营大中小企业、发展个体私营经济到深化国资国企改革、发展混合所有制经济，从单一公有制到公有制为主体、多种所有制经济共同发展和坚持'两个毫不动摇’”，作为“使改革开放成为当代中国最显著的特征、最壮丽的气象”的主要内容之一，并强调“前进道路上，我们必须毫不动摇巩固和发展公有制经济，毫不动摇鼓励、支持、引导非公有制经济发展”。在民营企业座谈会上，习近平总书记特别强调：我们党在坚持基本经济制度上的观点是明确的、一贯的，从来没有动摇。我们强调把公有制经济巩固好、发展好，同鼓励、支持、引导非公有制经济发展不是对立的，而是有机统一的。公有制经济、非公有制经济应该相辅相成、相得益彰，而不是相互排斥、相互抵消。所以，深刻领会“两个毫不动摇”思想的关键在于，公有制经济与非公经济是相辅相成、相互促进，而非相互排斥、相互抵消的。既不能只强调前者而忽略后者，也不能只强调后者而忽略前者，要切实贯彻落实《条例》和《意见》，形成有利于非公有制经济发展的政策环境、法治环境、市场环境、社会环境，推动它们共同发展。如此，才能更好地坚持和完善中国特色社会主义制度，提高国家治理体系和治理能力，充分发挥我国基本经济制度的特点和优势，推进全面建设社会主义现代化国家的进程，推动中华民族伟大复兴的实现。

第二，深刻领会“两个健康”新认识。

一要深刻把握“两个健康”的辩证关系。促进民营经济健康发展和民营经济人士健康成长，是有机联系、辩证统一的整体。习近平总书记指出，民营经济要健康发展，前提是民营经济人士要健康成长；民营经济人士要健康成长，基础是民营经济要健康发展。要从全局上、战略上、政治上看待“两个健康”，既要明确“两个健康”的具体内涵，也要明确“两个健康”的内在联系。习近平总书记强调，在工作中，不能“见物不见人”，也不能“见人不见物”，人为割裂两者的有机联系。促进民营经济“两个健康”，要坚持信任、团结、服务、引导、教育的方针，一手抓鼓励支持，一手抓教育引导。

二要促进非公经济“两个健康”。首先，要积极促进非公有制经济健康发展。（1）树立新的发展理念，要积极树立创新、协调、绿色、开放、共享的发展理念，推动民营经济高质量发展。（2）坚持科学发展，要自觉转变发展方式，加快转型升级，推进自主创新，走科学发展道路。（3）要以产业为主线，坚持走实业发展道路，加快以发展新兴产业和传统产业升级为方向，推进企业技术创新。（4）要以关键项目为支撑，以新兴产业和传统产业升级中关键领域、关键环节、关键技术为重点，以项目创新为突破，推动整个产业发展。（5）要以合作为战略，推进企业、高校、科研机构、政府、金融机构、社会服务机构之间开展广泛合作。（6）要以政策为保证，政府制定相关政策，为企业技术创新提供动力和政策保证。其次，要促进非公有制经济人士健康成长。（1）坚持共同思想基础，拥护中国共产党的领导，走中国特色社会主义道路。（2）践行社会主义核心价值观，致富思源、富而思进，做到爱国、敬业、创新、守法、诚信、贡献，成为中国特色社会主义事业建设者。

当前，面对百年未有变局的挑战和新冠疫情的考验，尤其是以美国为首的发达国家全面打压和脱钩挑衅，"企业家要带领企业战胜当前的困难，走向更辉煌的未来，就要在爱国、创新、诚信、社会责任和国际视野等方面不断提升自己，努力成为新时代构建新发展格局、建设现代化经济体系、推动高质量发展的生力军。"

4.社会主义市场经济论新探索

政府与市场关系问题是社会主义市场经济的核心问题。党的十四大确立了社会主义市场经济改革方向，同时，在市场与政府的关系问题上，我们确立了"使市场在社会主义国家宏观调控下对资源配置起基础性作用"。[①]进入新时代，习近平总书记对社会主义市场经济进行了深入探索，在党的十八届三中全会中指出，"要充分发挥市场在资源配置中的决定性作用，更好发挥政府作用""二者是有机统一的，不是相互否定的，不能把二者割裂开来、对立起来，既不能用市场在资源配置中的决定性作用取代甚至否定政府的作

① 中共中央文献研究室编：《十四大以来重要文献选编》上，人民出版社1996年版，第19页。

用，也不能用更好发挥政府作用取代甚至否定使市场在资源配置中起决定性作用”。[①]

习近平总书记对于市场与政府关系的论断，实现了市场与政府关系理论的重大突破，有力地推动了新时代社会主义市场经济的新发展。

当前，要解决“市场体系不完善、政府干预过多和监管不到位”的突出问题，完善社会主义市场经济，[②]必须遵循习近平总书记关于社会主义市场经济理论的新论断。首先，要完善全国统一的市场。市场的统一是商品和生产要素自由流动的重要条件。统一市场的覆盖范围有多大，先进的生产力就可以在多大的范围内取代落后的生产力。在统一的大市场内，先进的技术和资本流向经济相对落后的地区，落后地区的劳动力、资源等要素流向发达地区，这是不断缩小地区发展差距的根本途径。

其次，要健全公平竞争的机制。这是经济发展活力的源泉。抓紧完善反映市场供求关系、资源稀缺程度、环境损害成本的生产要素和资源价格形成机制，解决非公有制经济发展面临的准入难、融资难等问题，努力形成公开、公平、公正的竞争环境，鼓励先进企业兼并落后企业，通过市场竞争淘汰落后生产能力，使先进企业得到充分发展。

第三，要建立规范有序的市场秩序。市场是联系生产和消费的纽带。企业生产的产品只有通过市场才能实现其价值，企业的个别劳动才能转变为被消费者承认的社会劳动。当前应把整顿市场秩序的重点放在确保食品、药品质量安全上，通过建立农产品标识制度、原产地可追溯制度、质量检验制度，把不合格产品逐出市场。要切实保护知识产权。加大执法力度，发挥市场中介组织在维护市场秩序中的作用。

---

① 中共中央文献研究室编：《习近平关于社会主义经济建设论述摘编》，中央文献出版社2017年版，第59页。

② 中共中央文献研究室编：《习近平关于社会主义经济建设论述摘编》，中央文献出版社2017年版，第52页。

第四，要提高有效的政府治理。要加快建设法治政府，用法律法规调整政府与市场、企业、社会的关系，努力做到政府职权法授、程序法定、行为法限、责任法究。习近平总书记指出，“政府是市场规则的制定者，也是市场公平的维护者，要更多提供优质公共服务。要支持企业家心无旁骛、长远打算，以恒心办恒业，扎根中国市场，深耕中国市场。”因此，习近平总书记进一步强调，“打造市场化、法治化、国际化营商环境。要实施好《民法典》和相关法律法规，依法平等保护国有、民营、外资等各种所有制企业产权和自主经营权，完善各类市场主体公平竞争的法治环境。”

第 二 编 ▶▷

实践探索篇

民营经济党建工作同民营经济发展相伴而生。民营经济党建工作实践经历几个发展阶段，2012年3月，中办印发的《关于加强和改进非公有制企业党的建设工作的意见（试行）》；2012年9月，中央纪委印发了《中国共产党中央纪委关于在非公有制企业党组织中建立健全纪检组织的指导意见（试行）》出台，民营企业党建趋于完善。党的十八大后，随着社会主义市场经济理论和民营经济理论的新突破，民营企业党建工作得到进一步的加强。2020年9月15日，中共中央办公厅印发了《关于加强新时代民营经济统战工作的意见》；2021年1月，中共中央印发了修订后的《中国共产党统一战线工作条例》，对于提高民营经济党建工作的科学化、规范化和制度化水平具有重要意义。

一、民营企业党建工作的历史发展

改革开放40多年来，党中央高度重视非公有制经济党的建设工作，坚持实事求是，与时俱进，从巩固党的执政基础的战略高度推进非公有制经济组织党的建设理论与实践创新。在改革创新精神的引领下，非公有制经济领域党的建设工作从无到有、由点到面、由弱到强，其发展历程经历了萌芽起步、扩大探索、规范提高、重点突破、全面发展五个阶段。

（一）萌芽起步阶段（1979年至1991年）

党的十一届三中全会之后，非公有制经济开始恢复性发展，非公有制企业党的建设工作也随之起步。特别是1979年我国颁布《中华人民共和国中外合资企业法》后，一批外商投资企业建立。与此同时，在农村出现乡镇企业、股份合作制企业、私营企业。这些企业都是没有主管单位的、独立的、自负盈亏的企业。企业党组织组建问题引起一些地方党组织的重视，并开始自发探索。这一时期，在外商投资较早的宁波、杭州等地，开始了在外资企业建立党组织的探索，个体经济起步较早的温州、台州等地开始探索在股份合作企业建立党组织。如，1985年在浙江的外资企业中，14个党组织相继建立。[①]这个阶段非公有制经济党组织的建设工作特点是：主要工作集中在党组织的组建上，并借用国有企业党的建设模式。这些探索从合资企业向乡镇企业、私营企业发展，并向租赁承包企业延伸，从我国东部向中西部发展。但是，党组织建设工作总体上还处于萌芽起步阶段。

（二）扩大探索阶段（1992年至1997年）

1992年后，随着非公有制经济的大发展，如何引导、帮助、监督非公有制经济健康发展成为一个重大问题，通过在非公有制企业开展党的工作成为实现这一目标的现实路径，于是，在非公有制经济组织中开展党的建设成为现实的需要，对非公有制经济组织党的建设工作开始了有组织地、大规模地探索实践。党的十四大第一次要求“在其他各种经济组织中，也要从实际出发，抓紧建立健全党的组织和工作制度”。随后，中国共产党中央组织部在1993年8月27日印发了《关于进一步加强外商投资企业党的工作的意见》和《赵宗鼐同志在全国外商投资企业党的工作座谈会上的讲话》的通知（中组发〔1993〕6号），又在1994年4月23日印发了《关于加强股份制企业中党的工作的几点意见》的通知（中组发〔1994〕3号）。1994年9月28日，中国共产党十四届四中全会通过的《中共中央关于加强党的建设几个重大问题的决定》

---

① 王河：《中国非公有制企业党建工作》，上海人民出版社2002年版，第291页。

再一次强调，“在其他各种所有制的企业中，都要加强党的工作。没有党组织的，要积极创造条件建立党的组织，采取适应各自特点的工作方法和活动方式，开展党的活动”。这表明开展非公有制经济组织党的建设工作已经引起了党内的高度重视，标志着对非公有制经济组织党的建设的探索，从自发的探索进入了自觉的探索阶段。在实践层面上，非公有制企业党组织的覆盖面进一步扩大，部分私营企业开始进行党的建设试点工作，按照先组建后规范原则，加大了建立党组织的力度。这一阶段非公有制经济组织党的建设具有以下特点：一是政策指导，党的建设工作由点及面，中央和各地开始总结和推广经验。二是关注党的建设理论的探索。如非公有制企业党组织的作用和地位等问题。但从整体来看，由于理论准备不够，如不允许私营企业主入党，党的建设工作在一定范围和程度上得不到私营企业主的理解和支持，各级党组织对非公有制企业的党的建设工作只停留在一般号召上，实践水平比较浅，总体上处于探索推进阶段。

（三）规范提高阶段（1998年至2002年）

党的十五大关于非公有制经济理论获得重大突破。非公有制经济是我国社会主义市场经济的重要组成部分，这一论断提高了非公有制经济的政治、经济地位，刺激了非公有制企业的迅速发展。关于私营企业主是社会主义建设者，他们中的先进分子可以入党，这一新的理论突破在党的十六大报告和党章中得到确认，为非公有制经济组织党的建设工作奠定了理论依据。这一时期，全国的乡镇企业也大量转制为非公有制企业，各级党委对非公有制企业党的建设工作的认识不断提高，党建工作在面上迅速铺开。2000年9月，中国共产党中央组织部制定下发了《关于在个体和私营等非公有制经济组织中加强党的工作的意见（试行）》。2002年党的十六大报告总结概括改革开放以来非公有制经济组织党的建设工作的经验，第一次把非公有制经济中党的基层组织的职责写入了党章。中共中央高度重视包括非公有制企业在内的非公有制经济组织和新社会组织中的党的建设工作，中央组织部把非公有制企业的党的建设工作作为推动党的建设伟大工作的一项重要内容。与此同时，一些地方也从各自实际出发，积极拓宽非公有制企业党的建设工作的思路，使这项工作逐步规范，不断推动非公有制企业党的建设工作取得进展。到2003年底，非公有制企业和民办非企业单位有中国共产党党员210.4万名，占从业人员总数的3.8%。全国有约7%的私营企业和外商投资企业建立了党组织。[①]这一阶段非公有制经济组织党的建设具有以下特点：一是规模以上企业党的建设工作覆盖面迅速扩大。因地制宜，因企制宜，灵活组建党组织，扩大党的工作覆盖面，壮大党的力量。二是企业党组织自我发展机制基本形成。三是个体私营企业主中党员比例上升。四是地方党委重视非公有制经济组织党的建设。

（四）重点突破阶段（2003年至2011年）

2005年，全国人大常委会修订了《中华人民共和国公司法》，为非公有制经济组织党的建设工作提供了法律依据。2006年，中共中央组织部提出用五年时间，力争实现在规模以上的非公有制企业中全部建立党组织的目标。从调查看，党的十六大以来，特别是2006年以来，各地大力开展规模以上非公有制企业组建党组织的工作，取得了明显成效。一是各地党委普遍把加强非公有制企业党的建设列入工作日程，有些地方初步形成了非公有制企业党的建设领导体系和工作机制。二是建立起了一支初具规模的非公有制企业党务工作骨干队伍。三是规模以上非公有制企业组建党组织工作成效显著。四是培育、树立了一批非公有制企业党的建设工作先进典型，发挥了带动作用。五是对非公有制企业建立党组织发挥党组织作用的社会认可度明显提高。这些都为在这一新领域进一步开展党的工作，发挥党组织作用，引导企业健康发

① 李景田：《大力加强和改进党的基层组织建设》，《党建研究》2004年第11期。

展，提供了有利条件。据统计，从2002年至2006年，全国非公有制企业党组织数量由9.9万个增长到17.8万个。2007年6月底，全国8.7万家规模以上非公有制企业，已建立党组织16.4万个，占87.7%，已基本实现规模以上企业党组织全覆盖。2006年底，全国非公有制企业党员达到286.3万人，个体工商户有党员81万人。①2010年底，全国非公有制企业中党员350多万名，党组织近30万个，②规模以上非公有制经济企业中，党组织组建率已将近100%，但如果将规模以下非公有制企业和个体工商户统计在内，则组建率会降低。据了解，好一些的省市这个比例达到9%至10%，差一些的仅2%至3%，甚至还要低一些。③这一阶段非公有制经济组织党的建设具有以下特点：一是组织覆盖与工作覆盖并重；二是从抓组织组建向注重发挥组织作用转变；三是从一般性要求逐步向规范化、制度化和科学化转变。

（五）全面发展阶段（2012年至今）

2012年，非公有制经济组织党的建设迈进了整体性的全面发展的新时期。其标志有三：一是新的指导文件。2012年3月，中办印发的《关于加强和改进非公有制企业党的建设工作的意见（试行）》（以下简称《意见》），标志着非公有制经济组织党的建设工作进入新的历史时期。《意见》明确指出，非公有制企业党组织是党在企业中的战斗堡垒，在企业职工群众中发挥政治核心作用，在企业发展中发挥政治引领作用。这是根据党作为中国特色社会主义事业领导核心的执政地位，总结改革开放30多年来我国非公有制经济健康发展和非公有制企业党的建设工作实践经验得出的重要论断，凝聚了党内外包括非公经济代表人士的广泛共识。这一界定既充分体现党性原则，又客观

① 董宏君：《整合有效资源形成党建合力》，《人民日报》2007年9月5日，第1版。

②《以改革创新精神加强非公有制企业党的建设　促进企业健康发展夯实党的执政基础》，新华网，2012年3月22日。

③ 汤正涛：《关于非公有制经济组织党建工作的两点思考》，《工商行政管理》2011年第14期。

遵循了非公有制经济组织的规律，对于推动非公有制企业党的建设具有重要意义。2012年9月，中央纪委印发了《中共中央纪委关于在非公有制企业党组织中建立健全纪检组织的指导意见（试行）》，明确了要在非公有制经济组织中建立纪检组织，加强非公有制企业党风建设和反腐倡廉工作。这个文件重要意义在于，将反腐倡廉纳入非公有制经济党的建设，使非公有制经济党建更加完整和统一，有利于非公有制经济党建的整体性建设和科学化建设。此后，历次党代会都强调加强民营企业党建工作问题。党的十八大提出，加大非公有制经济组织党建工作力度；党的十九大提出，注重从产业工人、青年农民、高知识群体中和在非公有制经济组织、社会组织中发展党员；党的二十大提出，加强非公有制企业党建工作，并强调理顺行业协会、学会、商会党建工作管理体制。另外要指出的是，2022年9月26日，《促进个体工商户发展条例》经国务院第190次常务会议通过，2022年10月1日公布，2022年11月1日起施行，同时废止了以注册和管理为主的《个体工商户条例》。《促进个体工商户发展条例》在突出服务发展的立法宗旨的同时，首次以立法的形式规定个体工商户党建工作问题。《条例》第三条指出：促进个体工商户发展工作坚持中国共产党的领导，发挥党组织在个体工商户发展中的引领作用和党员先锋模范作用。个体工商户中的党组织和党员按照中国共产党章程的规定开展党的活动。无疑，将个体工商党建工作纳入民营经济党建工作之中，是对民营经济党建工作的重视，凸显了民营经济党建工作的重要性，有利于民营经济党建工作的开展和民营经济“两个健康”。

二是非公有制经济的新发展。据国家统计局统计，截至2019年底，我国私营企业发展到3143.3万户，就业人数达21375.4万人；个体工商户发展到7328.6万户，就业人数达16037.6万人。[①]目前，民营经济对经济社会发展作出的贡献，可以用“56789”来概括，税收贡献超过50%、GDP的贡献超过

① 《中国统计年鉴2019》，参见http://www.stats.gov.cn/tjsj/ndsj/2019/indexch.htm.

60%、技术贡献超过70%、80%以上的城镇劳动就业、90%以上的企业数量。在世界500强企业中，我国民营企业由2010年的1家增加到2018年的28家。民营经济在推动发展、促进创新、增加就业、改善民生和扩大开放等方面发挥了不可替代的作用，成为推动我国发展不可或缺的重要力量。从非公有制经济组织党建实践看，2011年底，全国共建立民营企业党组织36.8万个，覆盖企业98.3万家，增加率达22%，成绩显著。[①]2016年，185.5万个非公有制企业已建立党组织，占非公有制企业总数的67.9%，比上年提高16.1个百分点。[②]2017年，187.7万个非公有制企业已建立党组织，占非公有制企业总数的73.1%，比上年提高了5.2个百分点。[③]民营企业党建工作在稳步推进。

三是非公有制经济理论的新突破。2012年党的十八大指出，保证各种所有制经济依法平等使用生产要素、公平参与市场竞争、同等受到法律保护。2013年11月，党的十八届三中全会在市场经济理论和非公有制经济等理论方面有了新的突破。在市场经济理论方面提出，使市场在资源配置中起基础性作用，提升为使市场在资源配置中起决定性作用，有利于在全党全社会树立关于政府和市场关系的正确观念，有利于转变经济发展方式，有利于转变政府职能，有利于抑制消极腐败现象。在非公有制经济理论上有多方面新发展：在功能定位上，明确指出公有制经济和非公有制经济都是社会主义市场经济的重要组成部分，都是我国经济社会发展的重要基础；在产权保护上，明确提出公有制经济财产权不可侵犯，非公有制经济财产权同样不可侵犯；在政策待遇上，强调坚持权利平等、机会平等、规则平等，实行统一的市场准入

---

① 全国非公有制经济组织创先争优活动小组主编：《奠定了十分重要的地位》，《全国非公有制经济组织创先争优活动快报》第140期。

② 中共中央组织部：《2016年中国共产党党内统计公报》，见 http://news.12371.cn/2017/06/30/ARTI1498810325807955.shtml

③ 中共中央组织部：《2017年中国共产党党内统计公报》，见 http://news.12371.cn/2018/06/30/ARTI1530340432898663.shtml

制度。

当然，随着自己人新理念、亲清政商关系新论断的提出，以及“两个毫不动摇”“两个健康”论的深化，特别是党的二十大不仅再次强调坚持社会主义市场经济改革方向，坚持“两个毫不动摇”，而且首次提出“促进民营经济发展壮大”，为非公有制经济的发展提供了新的历史性机遇，如果能够确实具体化并落地贯彻，必将推动非公有制经济健康发展和非公经济人士健康成长，为全面建设社会主义现代化强国作出新的贡献。

二、民营企业党建工作的指导思想

根据党的二十大通过的《中国共产党章程（修正案）》规定，民营企业党建工作的指导思想是：以马克思列宁主义、毛泽东思想、邓小平理论、“三个代表”重要思想、科学发展观、习近平新时代中国特色社会主义思想作为自己的行动指南，认真贯彻执行党和国家的方针政策、法律法规，坚持党要管党、从严治党的方针，全心全意依靠职工群众，紧紧围绕党的中心任务和企业生产经营开展工作，积极探索发挥党组织作用的方法和途径，增强党组织的凝聚力、战斗力和影响力，促进民营企业健康发展。

今天，加强新时代民营企业党的建设，尤其要以习近平新时代中国特色社会主义思想作为根本遵循。习近平新时代中国特色社会主义思想，坚持把马克思主义基本原理同中国具体实际相结合、同中华优秀传统文化相结合，科学回答了新时代坚持和发展什么样的中国特色社会主义、怎样坚持和发展中国特色社会主义等重大时代课题，是对马克思列宁主义、毛泽东思想、邓小平理论、“三个代表”重要思想、科学发展观的继承和发展，是当代中国马克思主义、二十一世纪马克思主义，是中华文化和中国精神的时代精华，是党和人民实践经验和集体智慧的结晶，是中国特色社会主义理论体系的重要组成部分，是全党全国人民为实现中华民族伟大复兴而奋斗的行动指南，必须长期坚持并不断发展。

三、民营企业党建工作的制度依据和法律依据

在民营企业中建立党的基层组织，开展党的工作，有着明确的制度依据和法律依据。

党章是民营企业党建工作的制度依据。党的二十大新修订的党章明确规定：非公有制经济组织中党的基层组织，贯彻党的方针政策，引导和监督企业遵守国家的法律法规，领导工会、共青团等群团组织，团结凝聚职工群众，维护各方的合法权益，促进企业健康发展。

《中华人民共和国公司法》是民营企业党建工作的法律依据。2018年新修订的公司法在第十九条中明确规定：在公司中，根据中国共产党章程的规定，设立中国共产党的组织，开展党的活动。公司应当为党组织的活动提供必要条件。

四、民营企业党建工作的功能定位

根据《关于加强和改进非公有制企业党的建设工作的意见（试行）》的规定，非公有制企业党组织是党在企业中的战斗堡垒，在企业职工群众中发挥政治核心作用，在企业发展中发挥政治引领作用。这“两个作用”的提出，明确了民营企业党建工作的功能定位，确立了党在民营企业中的作用地位，是民营企业党组织开展工作的基本遵循。

1. 在企业职工群众中发挥政治核心作用

首先，民营企业党组织在职工群众中的政治核心作用是由党的性质和执

政地位决定的。“中国共产党是中国工人阶级的先锋队，同时是中国人民和中华民族的先锋队，是中国特色社会主义事业的领导核心，代表中国先进生产力的发展要求，代表中国先进文化的前进方向，代表中国最广大人民的根本利益。”党的基层组织是党在社会基层组织中的战斗堡垒，是党的全部工作和战斗力的基础，发挥着政治核心作用。因此，在民营企业中，党组织必然是党在民营企业中的战斗堡垒，必须在职工群众中发挥政治核心作用。截至2019年底，在民营企业工作的职工群众已达3.7亿以上，而且每年城镇新增就业的90%也是进入民营企业之中，民营企业成为工人阶级的主要来源，加强党组织对民营企业职工群众的领导力和凝聚力，发挥党组织在民营企业的政治核心作用，是巩固和扩大党的执政基础的必然要求。

其次，民营企业党组织要加强对企业职工群众的政治核心作用。第一，党组织引导职工群众树立推动私营企业发展的主体意识。人是生产力发展的根本因素。在民营企业中，职工群众是推动民营企业发展的主力军，民营企业党组织要通过教育引导职工树立起主体意识，转变思想观念、提高文化技能、积极创造贡献，推动民营企业健康发展。同时，也要教育引导民营企业家充分认识到，人才是企业发展第一动力和第一要素，要善于引才，更要善于育才、留才，充分保障职工群众的利益。第二，民营企业党组织要充分维护职工群众的合法权益。坦率地说，对民营企业职工群众合法权益的维护力度总体上低于公有制企业。党组织通过创建职工群众参与管理的平台、建立科学合理的劳资协调机制、领导工青妇等群团组织按照法律和章程履职尽责，维护职工群众的民主权利、劳动权利、经济利益、文化教育权利。第三，党组织搭建民营企业党员的政治港湾。民营企业与职工党员是雇用与被雇用的关系，部分党员在进入私营企业前在原单位已经入党，如果没有党组织，那么他们在私营企业缺乏归属感。党组织能够为私营企业党员找到组织，维护私营企业党员的合法权益。

2. 在企业发展中发挥政治引领作用

首先，民营企业党组织在民营企业发挥政治引领作用是由党的性质和执政地位决定的。“中国共产党是工人阶级的先锋队，也是中华民族与中国人民的先锋队，是建设中国特色社会主义事业的核心领导力量。”党必须通过遍布各条战线、各个单位、各个部门的基层组织，组织动员党员和群众正确贯彻执行党的路线方针政策，才能巩固自己的执政地位。民营企业是社会主义市场经济的重要力量，党必须建立覆盖民营企业领域的基层组织，通过发挥党组织的战斗堡垒作用，占领民营企业领域的政治思想阵地。“在工人当中的同群众有直接联系的先进分子所领导的地方党支部，尤其是工厂的党支部，这就是我们建立革命的社会民主主义运动的不可动摇的坚强核心所依靠的基础。”[①] 当然，由于民营企业的产权的私有性、管理的专有性，党组织在民营企业中应当发挥的是政治引领的作用。

其次，民营企业党组织要加强对民营企业的政治引领作用。党组织在民营企业中，政企严格分离，企业必须依靠党组织的组织优势、思想优势、人才优势，形成以人为本的软实力，团结凝聚员工，发挥政治引领作用。第一，政治引向。就是引领企业坚持正确的发展方向，教育引导出资人，使他们跟党同心同德，做合格的中国特色社会主义建设者。第二，文化引导。就是帮助企业提炼企业精神，建设先进的企业文化，用先进文化的力量凝聚人心、鼓舞斗志，形成企业强大的核心竞争力。第三，创新引行。企业创新，不管是管理创新，还是技术创新，都可以通过创先争优，动员党员充分发挥先锋模范带头作用，团结带领全体职工群众攻坚克难、积极创新，推动企业健康可持续发展。第四，和谐关系引建。和谐关系引建的重点是引导建立和谐的劳动关系。一方面，要教育引导出资人尊重职工的劳动，尊重劳动创造价值的基本原理，遵纪守法，善待企业职工。另一方面，要教育引导职工，正确看待出资人拥有的财富，体谅出资人创业的艰辛，彻底改变那种在非公有制企业就业，就是受到出资人压迫和剥削的错误观念，坚持基本经济制度，形

① 《列宁全集》第15卷，人民出版社1959年版，第4页。

成共同推动非公有制经济健康发展的良好局面。

五、民营企业党建工作的基本原则

在非公有制经济组织中开展党建工作，要坚持以下原则：第一，必须遵循党章规定。凡党员人数符合建立党组织条件的企业都应建立党的组织，按照企业特点开展党的活动，完成党章规定的党的基层组织的基本任务。第二，必须把加强民营经济党的建设与促进民营经济的发展有机结合起来。适应社会主义市场经济的要求，充分发挥党员的先锋模范作用，提高企业的经济效益，引导、监督企业依法经营，健康发展。第三，必须把关心和维护职工合法权益作为民营企业党组织的一项重要工作。密切联系群众，做好群众工作，不断增强党组织在职工中的影响力和凝聚力。第四，必须注重工作实效。从非公有制企业的实际出发，坚持解放思想，大胆探索，勇于创新，不断提高工作水平。

六、民营企业党建工作的基本任务

2002年，党的十六大在新修订的党章中首次明确规定了民营企业党建工作的基本任务，此后一以贯之，延续至今：非公有制经济组织中党的基层组织，贯彻党的方针政策，引导和监督企业遵守国家的法律法规，领导工会、共青团等群团组织，团结凝聚职工群众，维护各方的合法权益，促进企业健康发展。

七、民营企业党建工作的基本职责

根据《关于加强和改进非公有制企业党的建设工作的意见（试行）》和党的二十大新修订的《中国共产党章程》，民营企业党建工作主要有以下六个方面的主要职责：

1.宣传贯彻党的路线方针政策。组织党员深入学习马克思列宁主义、毛泽东思想、邓小平理论和“三个代表”重要思想、科学发展观、习近平新时代中国特色社会主义思想，宣传贯彻执行党的路线方针政策、上级党组织和本组织的决议，教育党员和职工群众自觉遵守国家法律法规和有关规章制度，引导和监督企业合法经营，自觉履行社会责任。2.团结凝聚职工群众。加强和改进思想政治工作，密切联系群众，注重人文关怀和心理疏导，主动关心、热忱服务党员和职工群众，帮助解决实际困难，把广大职工群众团结在党组织周围。3.维护各方合法权益。积极反映群众诉求，畅通和拓宽表达渠道，依法维护职工群众合法权益，协调各方利益关系，及时化解矛盾纠纷，构建和谐劳动关系，促进企业和社会稳定。4.建设先进企业文化。坚持用社会主义核心价值体系引领企业文化建设，组织开展丰富多彩的企业文化活动，塑造积极向上的企业精神，树立高尚的职业道德，促使企业诚信经营。5.促进企业健康发展。组织带领党员和职工群众围绕企业发展创先争优，发挥党组织和党员先进模范作用，促进生产经营。6.加强自身建设。完善组织设置，健全工作制度，推进学习型党组织建设，坚持党的组织生活，做好发展党员和教育、管理、监督、服务工作，充分发挥纪检组织在维护和执行党的纪律中的职能作用，提高党务工作者素质，领导工会、共青团等群众组织，支持和带动群众组织发挥作用，进一步增强党组织的创造力、凝聚力、战斗力。

八、民营企业党建工作的主要方法

民营企业规模有大有小，党员数量有多有少，从业特点有稳定有流动，决定了民营企业党组织的建设必须切合实际、灵活多样。在组建方式上，可实行“一地多联”。根据区域、行业、就近的原则，将人数较少难以组建支部的党员及流动党员合并组建支部，归属当地统战部、工商联党组织领导，实现民营企业党组织建设全覆盖；在活动开展上，可利用工余时间和互联网工具等，尝试线上和线下联动，虚实相济。讲时事政事，议改革发展，说疑虑困惑，提交建议期望，做到学习有平台，沟通有渠道，呼吁有回应，困惑有释疑。同时可参与行业、系统组织的各类党建活动，突破所在区域、企业的局限性，开阔视野，交流信息，增长知识，提高素质。民营企业党建有组织、有阵地、有活动、有内容、有实效，才能有效发挥党组织的凝聚力、党员的向心力和企业的发展力。

九、民营企业党建活动的主要方式

加强民营经济组织党建工作，充分发挥作用是目标。在民营企业开展党建活动，必须充分考虑民营企业的特殊性，增强工作实效。一是在活动形式上，坚持有利于生产经营和“小型、业余、多样、务实”的原则。二是在活动内容上，按照“企业需要、业主支持、职工理解、党员欢迎”的要求，积极探索党建活动。三是在活动载体上，广泛开展“双强六好”党组织创建活动和党员示范岗、党员责任区、党员公开承诺活动，引导党员从点滴小事做起，体现先进性。四是广泛开展创建领导班子好、党员队伍好、工作机制好、工作业绩好、群众反映好的“五好”民营企业党组织活动。

第 三 编 ▶▷

基本建设篇

进入中国特色社会主义新时代，社会主义市场经济理论和民营经济理论的新突破，为民营经济及其党建工作提供了前所未有的历史机遇，民营经济及其党建工作已经站在新的历史起点上。这需要我们深刻认识民营企业党建工作特殊性和普遍性、个性和共性的关系。不同于国有企业党建工作，民营企业党建工作具有特殊性、个性；但是，民营企业党建工作是党建工作的重要组成部分，又具有普遍性、共性。就民营企业党建工作特殊性、个性而言，要针对民营企业党建工作的重点，抓好“两个覆盖”，发挥“两个作用”，加强“两支队伍”建设。同时，也要根据党建工作的科学化和整体性要求，全面探索和推进民营企业党的思想建设、组织建设、制度建设和反腐倡廉建设。总之，整体性并不排斥或否定突出重点，反过来，突出重点也不应排斥和否定整体性。这是新时代进一步加强民营企业党建工作的应有之义。

一、思想建设

思想建设是党的建设的首要任务和根本建设，也是民营企业党的建设的首要任务和根本建设。随着改革开放的不断深化，各种思想文化相互激荡，各种矛盾错综复杂，影响党员、群众思想的因素和渠道越来越多样化。作为经济发展的增长点、人员结构的复杂点、社会思潮的交汇点，如何在民营企业加强党的思想建设，充分发挥党组织和党员的先锋模范作用，确保其“与党一心、守法经营、科学发展”就显得更加重要、更加艰巨。加强思想建设，提升民营企业党的建设水平，不仅是首要任务和根本建设，而且是当前民营企业党的建设的一项重要而紧迫的任务。

1. 民营企业党的思想建设的重要意义

第一，思想建设是党的建设的灵魂，决定着民营企业党的建设方向

我国民营企业进行党的建设更应突出强调思想建设的重要性。这是由民营企业党的建设的特殊环境和党的自身特点所决定的。民营企业党的建设离不开民营企业的发展，它不可避免地会受到各种非无产阶级思想的影响，如果党不以马克思主义思想去改造党内的非无产阶级思想，不以马克思主义思想武装全体党员的思想，党的纯洁性和先进性就没有思想基础的保证，民营企业党的建设就会偏离方向。

当然，在民营企业中开展党组织的思想建设，要与企业的发展相结合，促进企业技术进步和转型升级，提高企业的发展效益，督促企业依法生产和经营；要与职工的利益相结合，做到了解人、尊重人、关心人、启发人、引导人，解决各种思想认识问题，为企业和职工排忧解难；要与企业文化相结合，开展丰富多彩的企业文化活动，倡导遵纪守法好、经营管理好、产品质量好、经济效益好、社会责任好，引领企业价值观，不断提高民营企业党组织的思想建设的针对性和实效性。

第二，加强民营企业党的思想建设，对于扩大党的执政基础、巩固党的执政地位起着重大作用

党的执政基础源于党的阶级基础，源于党对阶级基础的思想影响力和凝聚力上。中国共产党是中国工人阶级的先锋队，自诞生以来，就十分重视扩大和稳固自己的阶级基础，重视在近代企业中发展党员。成为执政党后，也十分注意吸纳其中的优秀分子加入党组织。当前，民营企业的广大职工群众，作为工人阶级的一部分，已日益成为我国社会主义现代化建设的生力军。据国家统计局统计，截至2019年底，我国私营企业发展到3143.3万户，就业人数达21375.4万人；个体工商户发展到7328.6万户，就业人数达16037.6万人。[①]

---

① 《中国统计年鉴2019》，参见http://www.stats.gov.cn/tjsj/ndsj/2019/indexch.htm.

民营企业职工在我国工人阶级队伍中已占多数。因此，必须从增强党的阶级基础、扩大党的群众基础的政治高度看待民营企业中党的思想建设。

对于以农民工为主体的民营企业来说，党组织的思想建设具有更重要的意义。因为，他们中的大多数是刚刚放下锄头的农民，思想观念和行为方式还不能完全适应社会化大生产的要求。要提高他们的思想觉悟，认识到自己所肩负的历史使命，加强党的思想教育工作。否则，民营企业的广大职工群众就可能形同散沙，从而削弱党的群众基础。因此，党组织要通过党的思想建设，在民营企业中宣传党的路线、方针、政策和国家的法律、法规，协调员工之间、员工与企业主之间的关系，关心和维护企业员工的合法权益，加强同他们的联系，赢得他们的拥护和支持，引导他们的政治走向，增强他们与党的感情，增强党的吸引力、凝聚力和战斗力，从而巩固党的执政基础。正如邓小平所指出的："光靠物质条件，我们的革命和建设都不可能胜利。"[①]他强调："我们一定要把思想政治工作放在非常重要的地位，切实认真做好，不能放松。这项工作，各级党委要做，各级领导党组织负责人要做，每个党员都要做，"[②]"我们说改善党的领导，其中最主要的，就是加强思想政治工作"。[③]可见，党的思想建设是经济工作和其他一切工作的生命线，是党和国家各项任务的中心环节，是我们党的重要优势。

第三，加强民营企业党的思想建设，对于引导和推动整个民营企业的思想政治工作有巨大作用

民营企业的思想政治工作，是新时期思想政治工作的一个全新领域。民营企业的业主和从业人员来自五湖四海和社会各个阶层，他们社会经历不同，价值取向各异，各种思想观念在这里相互交融、碰撞。如何使他们树立科学的世界观、人生观和价值观，统一思想，形成合力，是民营企业思想政治工

① 《邓小平文选》第三卷，人民出版社1993年版，第144页。

② 《邓小平文选》第二卷，人民出版社1994年版，第342页。

③ 《邓小平文选》第二卷，人民出版社1994年版，第365页。

作亟待解决的问题。中国共产党有思想政治工作的优势，也有群众路线的优势。重要的是，在民营企业中加强党的思想建设，必须要把思想建设与企业发展、员工成长结合起来，为企业发展提供技术支持和人才支持，促进民营企业的业主和员工解放思想、转变观念，使他们充分认识到民营企业的思想政治工作不仅仅是企业外部的要求，更是企业自身发展的内在需要，是企业持久发展和健康发展的思想保证、精神动力和智力支持，从而营造有利于民营企业良好的发展环境。

2.民营企业党的思想建设的内涵

民营企业党组织思想建设，就是用马克思主义中国化最新成果武装全党，用发展着的马克思主义指导客观世界和主观世界的改造，进一步把握共产党执政规律、社会主义建设规律、人类社会发展规律，提高运用科学理论分析和解决实际问题能力。而民营企业作为现代经济的重要主体，其党的思想建设必然成为全党的思想建设的重要组成部分，但是由于特殊的经济性、盈利性、私有性、独立性以及人员的流动性、复杂性等特定的因素，民营企业党的思想建设在其定位上既有传承又有突破，在其内涵上既有包含又有拓展，在其形式上既有兼容性又有独特性。我们认为，民营企业党的思想建设，就是用马克思列宁主义、毛泽东思想、邓小平理论、“三个代表”重要思想、科学发展观和习近平新时代中国特色社会主义思想武装民营企业及其党员、员工，帮助每个党员牢固树立共产主义的世界观、人生观、价值观，自觉做共产主义远大理想和中国特色社会主义共同理想的坚定信仰者和忠实实践者。坚持学思用贯通、知信行统一，把新时代中国特色社会主义思想转化为坚定理想、锤炼党性和指导实践、推动工作的强大力量，不断提高每个党员的思想政治素质，坚定社会主义信念，坚持为人民服务，牢固树立爱国主义、集体主义和主人翁思想，始终保持党员的纯洁性和先进性，始终处于工人阶级的先锋队位置。

3.民营企业党的思想建设的内容

当前，党的思想建设核心内容就是要坚持不懈用习近平新时代中国特色社会主义思想凝心铸魂[①]，增强全党贯彻执行党的基本路线的自觉性和坚定性。在民营企业中，党的思想建设除了这些内容之外，还要结合民营企业发展所需、党员思想所盼、员工自律所遵，创新思想建设的形式。重点是深化理想信念教育。持续深入开展理想信念教育实践活动，创新教育形式和话语体系，不断扩大覆盖面，提升实效性。依托革命老区、贫困地区、改革开放前沿地区等主题教育示范基地，加强世情国情党情教育，引导民营经济人士不断增进对中国共产党和中国特色社会主义的政治认同、思想认同、情感认同。发挥党员民营企业家、民营经济代表人士在理想信念教育中的示范作用，充分调动广大民营经济人士的主观能动性，加强自我学习、自我教育、自我提升。

第一，深入开展中国特色社会主义理论体系的学习教育

把马克思列宁主义、毛泽东思想、邓小平理论、“三个代表”重要思想、科学发展观，特别是习近平新时代中国特色社会主义思想作为党的思想建设的根本任务，坚持用新时代中国特色社会主义思想统一思想、统一意志、统一行动，组织实施党的创新理论学习教育计划[②]，引导民营企业始终保持正确的政治方向，始终把中国特色社会主义作为共同理想信念、共同前进方向、共同奋斗目标，深入理解中国特色社会主义理论、道路、制度和文化的内在统一性。

第二，深入开展形势和国情学习教育

根据民营企业不同时期面临的形势，党组织要着力引导党员、员工正确看待民营企业在发展改革中出现的矛盾和困难，正确认识中国特色社会主义初级阶段发展的阶段性特征，引导党员、员工把思想和行动统一到国家促进民营企业发展的方针政策上来，树立大局意识、责任意识和使命意识，积极为民营企

① 习近平：《高举中国特色社会主义伟大旗帜 为全面建设社会主义现代化国家而团结奋斗：在中国共产党第二十次全国代表大会上的报告》，人民出版社，2022年版，第65页。

② 习近平：《高举中国特色社会主义伟大旗帜 为全面建设社会主义现代化国家而团结奋斗：在中国共产党第二十次全国代表大会上的报告》，人民出版社，2022年版，第65页。

业发展献计出力，自觉维护民营企业的稳定，促进全面建设社会主义现代化强国的实现。

第三，深入开展社会主义核心价值体系的学习教育

加强爱国主义、社会主义和集体主义教育，激发党员、员工的爱国、爱企热情，增强责任感和使命感。针对部分民营企业党员、员工对党的优良传统和光荣历史缺乏系统全面了解的情况，可以通过员工培训、参观考察、知识竞赛等多种形式全面系统地学习。同时，要让党员、员工全面客观认识民营企业的发展史，激发党员、员工的认同感和事业心，通过自身的努力，以每个人的爱国、敬业、诚信、友善为基础，促进国家的富强、民主、文明、和谐的发展，推动社会的自由、平等、公正、法治的进步。

第四，深入开展宗旨意识学习教育

全心全意为人民服务是党的根本宗旨，党的一切工作，必须把为人民谋利益作为自己全部活动的出发点和落脚点。要加强党史、新中国史、改革开放史、社会主义发展史等“四史”的学习、灌输和熏陶，坚持理论武装同常态化长效化开展党史学习教育相结合，坚定和弘扬共产党人的价值观和人生观，引导党员不断学史明理、学史增信、学史崇德、学史力行。如前面说的，民营企业的发展必须也只能立基于为人民服务，这是民营企业可持续发展的根本。另外，民营企业家也是中国特色社会主义事业的建设者，是自己人，企业员工是中国特色社会主义的劳动者，是无产阶级的主体力量，是党服务的对象，因而引导民营企业党员坚定不移地实践党的根本宗旨，同服务于企业的发展、服务于企业员工的利益是一致的，是践行党的宗旨的必然要求。就此而言，民营企业党建工作和民营企业发展不存在“两张皮”的问题。

第五，深入开展加强廉政、法治和道德学习教育

教育和引导党员、员工增强道德和法律意识，坚决抵制违反党纪党规的行为，区分是非、善恶、美丑。在日常工作、生活中要自重、自省、自警、自励，遵纪守法，做到“勿以恶小而为之，勿以善小而不为”，树立正确的世

界观、人生观和价值观，倡导高尚的道德风尚，塑造阳光、积极、向上的健康心态。对于企业主而言，要遵纪守法、廉洁治厂；对于党员而言，要加强党性党风党纪教育，提高党员素质，增强党员纪律观念，廉洁自律，成为企业中的先锋和模范；对于员工而言，要爱岗敬业，提高技能，劳动致富。

二、组织建设

严密的组织体系是党的优势所在、力量所在。[①]民营企业党组织是党联系民营企业党员和职工群众的桥梁纽带，是党在民营企业的战斗堡垒，在企业职工群众中发挥政治核心作用，在企业发展中发挥政治引领作用。民营企业党的组织建设，是民营企业党的建设工作的基础性建设，是全部民营企业党的建设工作依托的基础，是民营企业党的建设工作的突出重点和关键环节。改革开放以来，民营企业发展迅猛，作用日益凸现，我们对民营企业及其党的建设工作的认识也不断深化，积极地、创造性地推进民营企业党的建设工作，取得了明显成效。但总体上看，民营企业的党建工作仍是党的建设工作的薄弱环节，与民营企业快速发展的形势不相适应，存在不少亟待探索和解决的问题。加强民营企业党组织建设，努力提升新时期民营企业党组织建设的科学化水平，是民营企业党组织充分发挥推动发展、服务群众、凝聚人心、促进和谐的重要保证。

1.民营企业党的组织建设的意义

党的组织建设，是民营企业党的建设工作的基础性建设，是全部民营企业党的建设工作依托的基础，是民营企业党建的突出重点。改革开放以来，

① 习近平：《高举中国特色社会主义伟大旗帜 为全面建设社会主义现代化国家而团结奋斗：在中国共产党第二十次全国代表大会上的报告》，人民出版社，2022年版，第67页。

民营企业发展的速度、数量以及存在的问题，决定了我们必须正确认识和加强民营企业党的建设工作，这有利于巩固党的执政基础，有利于推动民营经济的健康发展，有利于构建和谐社会，有利于提高党的基层组织科学化水平和推进党的建设新的伟大工程。

2. 民营企业党的组织建设的内容

民营企业党的组织建设是民营企业党的建设工作的重点。加强民营企业党的组织建设，关键是树立围绕发展抓党建、抓好党建促发展的理念，抓好"两个覆盖"、发挥好党组织"两个作用"、加强"两支队伍"建设，即抓好党组织和党的工作覆盖，在职工群众中发挥政治核心作用、在企业发展中发挥政治引领作用，加强党组织书记和党建工作指导员队伍建设。

第一，树立围绕发展抓党建、抓好党建促发展的理念。解放和发展生产力是党的先进性的最根本的衡量标准，而民营企业是推动生产力发展的重要力量，所以抓党建工作和促进民营企业发展具有高度的一致性。就此而言，围绕发展抓党建、抓好党建促发展，解放和发展生产力，正是党的先进性根本体现。进一步看，发展生产力的目的在于不断满足人民日益增长的美好生活需要，即为人民服务（即全心全意为人民服务或以人民为中心），最终实现人的自由全面发展。所以，为人民服务是我们党的核心价值观，是我们党的宗旨、初心和使命，决定着我们党的根本性质。如前面所说，民营企业的发展强、发展好，必须立基于为人民服务。因而，从核心价值观的角度看，党的建设和民营企业发展也具有高度的一致性。所以，加强民营企业党组织建设，就要破除旧教条，坚持为企业所需要、为业主所支持、为职工所欢迎、为党员所拥护的原则，树立起围绕发展抓党建、抓好党建促发展的新理念。

第二，积极抓好"两个覆盖"。一是抓好组织覆盖。根据民营企业的特点，因地制宜，采用多种形式设置党组织：对规模较大、党员人数3名以上的，符合建立条件的非公有制企业，单独建立党组织；对规模较小、党员不足3名，不具备单独建立条件的，按照区域相邻、行业相近的原则建立联合党支部；

对有一定规模、发展前景好、企业没有支部书记合适人选而不能建立党组织的企业，所在乡镇或街道选派党支部书记或党建工作指导员，帮助建立党组织；对大量仅有个别党员、不具备建立党组织条件的，把党员的组织关系挂在乡镇（街道）、村（居委会）等党组织，统一教育管理；对于新办的民营企业，从开始就重视党建工作，避免党的工作出现盲点和空白区。二是抓好工作覆盖。主要是对未建立党组织的非公有制企业，可通过选派党建工作指导员、确定党建工作联络员、建立工会和共青团组织等方式，积极开展党的工作，推动企业建立党组织。

第三，要发挥好“两个作用”。一是民营企业党组织要发挥好企业职工群众的政治核心作用，充分体现党全心全意依靠工人阶级的一贯方针和政治优势，团结凝聚民营企业职工群众，维护职工群众的利益：第一，有利于努力维护职工群众的正当利益和合法权益，与侵害职工利益的违法行为作斗争；第二，有利于凝聚广大职工群众，把他们团结到党组织周围来，建设“四有”职工队伍；第三，有利于发现积极分子，培养党的后备力量，吸收新党员；第四，有利于充分调动职工群众的主动性、积极性和创造性，引导职工群众与民营企业出资人一道致力于企业的健康发展。总之，发挥企业党组织在职工群众中的政治核心作用，为职工群众说话，切实维护职工群众合法权益，增强党组织对职工群众的凝聚力、向心力，才能把职工群众紧密团结在党组织周围，巩固党执政的阶级基础。二是民营企业党组织要发挥好企业政治引领作用，充分体现了我们党对民营经济人士自己人的科学认识，有利于党对民营企业出资人开展统战工作：第一，有利于党组织对民营企业出资人的帮助、教育、引导工作，把他们团结在爱国主义和社会主义的旗帜下，增强为中国特色社会主义事业服务的自觉性；第二，有利于培养优秀的民营企业出资人加入党的队伍中来，巩固和扩大新时期党执政的阶级基础；第三，有利于对党员出资人的教育和管理，使他们始终保持共产党员的本色；第四，有利于团结各方力量，发挥党组织的凝聚力、吸引力和战斗力，促进企业健康发展。总之，党组织在民营企业中发挥政治引导作用，能够利用自身的政治优势和组织优势，凝聚广大职工群众推动企业健康发展，促进企业的转型升级，更好地团结、帮助和引导非公有制企业出资人，扩大党执政的阶级基础。

第四，加强“两支队伍”建设。加强民营企业党建工作，队伍建设是关键。一是要加强对民营企业党组织负责人建设。通过各种方式选好配强民营企业党组织书记，把政治上坚定、业务上过硬、熟悉党的工作，并且善于协调各方面关系的优秀党员，选配到党组织书记岗位上。鼓励党员业主兼任党组织书记。规模较大、党员较多的企业，要配备专职书记或副书记，专门负责党建工作。设立企业辞退书记的补偿机制和上报机制，维护书记的利益。二是加强党建工作指导员建设。充分发挥党建指导员的作用，对企业实行定点指导，做好政策宣传引导，做通企业主思想工作，物色党组织负责人人选，帮助发展党员，逐步建立健全党组织，提高民营企业党组织地位和作用。

三、作风建设

重视党的作风建设，是我们党的重要特色，是党的建设的重要历史经验。党的作风彰显党的性质，关系人心向背，影响社会风气，决定党的命运。加强民营企业党的作风建设，是民营企业健康发展的重要举措，是完善民营企业党的建设的现实要求。民营企业党的作风建设直接关系到执政党的性质，关系到党能否在职工群众中发挥政治核心作用，能否在企业发展中发挥政治引领作用，归根到底，关系到党的纯洁性和先进性，关系到党的执政基础。加强民营企业党的作风建设，是一项重大而紧迫的任务。

1. 民营企业党组织作风建设的重要意义

第一，民营企业党组织的党风问题关系执政党的性质。改革开放以来，少数党员顺应市场经济的发展下海经商办企业，成为业主，有的甚至成为一方富翁，所处的地位、环境、条件发生变化，其中一些人经受不住新的考验，思想作风上发生变化，发展到政治上自由散漫，生活上腐化堕落，经济上巧取豪夺，贪污行贿、挥霍浪费。如果任其发展，党的性质就会遭到严重的损害。对于非公有制企业党组织负责人和广大党员，要以实事求是的思想作风，求实效、办实事，推动企业发展，促进劳资和谐；要以理论联系实际的学风，探索技术创新，推动企业转型升级，协调各方利益；要以密切联系群众的工作作风，全心全意地服务企业、服务职工群众；要以民主的领导作风，促进企业民主建设，推动活力和谐企业发展；要以艰苦奋斗的生活作风，抵制拜金主义、享乐主义和奢靡之风，引领节约健康的社会风尚。在企业职工中发挥政治核心作用，在企业发展中发挥政治引领作用，保持党的纯洁性和先进性。

第二，民营企业党组织的党风问题关系到党的路线能否得到贯彻执行。党风建设，是党的建设的重要问题。党风的好坏关系到党能否保持工人阶级先锋队性质，关系到党能否制定正确的路线、方针、政策，关系到党的正确的路线、方针、政策能否得到贯彻执行。归根到底，关系到党与群众的关系。党如果密切联系群众，就无往而不胜；党如果脱离群众，失去民心，就会走向灭亡。党风不正必然影响党的路线、方针、政策的正确执行和贯彻，破坏党与群众的关系。所以，党风的核心问题是党与群众的关系问题。民营企业是共产党领导下中国特色社会主义市场经济的重要组成部分，是经济社会发展的重要基础，毫不动摇地鼓励、支持和引导民营企业健康发展，是党的一贯方针。民营企业党组织要以优良的党风，真正做到企业需要、业主支持、职工拥护、党员欢迎，确实体现党关于民营企业发展的方针、路线和政策，就能赢得企业和职工的欢迎，使党的路线、方针、政策在民营企业中得到顺利贯彻和执行。否则，企业党组织的作风不好，就必然妨碍和破坏党的路线、方针、政策在民营企业中的贯彻和执行。

第三，民营企业党组织的党风问题关系到人心向背。党的作风就是党的形象。人们正是通过党的作风来判断和评价党。党风不好，党员和党组织负责人脱离群众，高高在上，甚至侵占群众利益，就得不到人民群众的拥护和支持。党风的好坏，决定人心的向背，而人心的向背又决定着党的前途和命运。作为无产阶级事业的领导者，它的力量源泉就是人民群众的拥护和支持。党和群众的关系愈密切，群众愈能支持，党的力量也就越大。但是如果党不以人民群众的利益为最高的利益，一旦失去群众，不仅革命和建设事业不能顺利进行，党本身一刻也不能生存。同样，民营企业的职工群众，是直接通过他们身边的党组织和党员所呈现的党风来看待党、衡量和评价党。全心全意地服务于民营企业的科学发展、服务于员工的切身利益，党组织就能团结凝聚企业主和员工，巩固党的阶级基础和扩大党的群众基础；如果党组织和党员党风不正，损害企业和员工的利益，发展下去就会丧失民营企业群众对党的信任，这事关党的执政的阶级基础和群众基础，事关人心向背，事关党的事业的成败。

第三，民营企业党组织的党风问题关系到社会风气和企业风气。党风好，可以带出好的政风、民风；党风不好，会影响到社会风气和民营企业风气。在整个社会风气中，执政党的党风居于支配地位，起着示范和带动作用；政风受制于党风，体现着党风；民风则受党风、政风的影响，反映党风、政风的状况。党风正则政风清，政风清则民风纯。优良的党风对政风、民风具有十分重要的示范和引领作用。优良的党风是引领社会风气的风向标，是凝聚党心民心的巨大力量。正如毛泽东所指出的："只要我们党的作风完全正派了，全国人民就会跟我们学。党外有这种不良风气的人，只要他们是善良的，就会跟我们学，改正他们的错误，这样就会影响全民族。"[①]一个具有优良党风的政党，它的路线、方针、政策、纲领在各个层面、各个领域、各条战线贯彻落实就彻底，在人民群众中的影响力和号召力就强，就能够凝聚力量，攻坚克难，形成团结一致、干事创业的好局面；反之，党风不纯正，执政党"当

① 《毛泽东选集》第三卷，人民出版社1991年版，第812页。

官不为民做主”，把“为人民服务”变成“要人民服务”，它就会失去战斗力，就难以赢得人民群众的信任与支持，最终必将被淘汰。

2. 民营企业党组织作风建设的内容

民营企业党的作风建设的任务就是要保持、发展和创新我们党业已形成的一系列优良作风，在此基础上培养作风优良、扎实过硬的党员队伍和党组织负责人队伍。民营企业党的作风建设包括党的思想作风建设、学风建设、工作作风建设、领导作风建设和党组织负责人生活作风建设。

第一，民营企业党的思想作风建设。党的思想作风是党的思想方法和思维方式问题，是全党在思想上所表现出来的行为取向和风格特点。党的思想作风的核心是党的思想路线问题。民营企业党的思想作风建设，坚持解放思想、实事求是、与时俱进的根本要求，在工作中提倡勤于思考、勇于探索、敢于创新，重实际、说实话、办实事、求实效的精神，努力形成一种认真学习的风气、民主讨论的风气、积极探索的风气和求真务实的风气，积极推动企业的转型升级，促进劳资关系和谐。

第二，民营企业党的学风建设。学风建设的核心内容是必须坚持理论与实际的结合、坚持学以致用、用学到的理论真正去解决实际问题。建党百年来，我们党正是因为始终注重理论联系实际的学风，才能创造性地实现了马克思主义与中国革命、建设、改革、发展的实际相结合，在实践中形成了有中国特色的革命之路、改革之路、建设之路和发展之路。搞好民营企业党的学风建设，必须既要重视习近平新时代中国特色社会主义思想和中华优秀传统文化的学习，也要重视专业技术和现代企业管理知识的学习，并且真正做到学习理论、知识与服务企业发展和服务职工群众利益的实践有机结合。这是当前学风建设的重要任务和长期任务。

第三，民营企业党的工作作风建设。党的工作作风是较为一贯的处理工作事务的行为方式和方法。党的工作作风建设的核心是要坚持党的全心全意为人民服务的宗旨，为党和人民的事业勤勤恳恳工作，做到勤政为民、真抓实干。从实践中的探索看，民营企业党的工作作风建设的内容具体包括：在工作中形成深入了解民情、充分反映民意、广泛集中民智、切实珍惜民力的“民本”的决策机制，推进决策的民主化；在工作中要关心员工疾苦，时刻把员工的安危冷暖放在心上，及时解决员工在生产、生活中遇到的现实问题；引导工会、共青团等群众组织，及时与企业主沟通协调，维护员工的合法权益。同时，要利用党的组织优势，及时与党委和政府及其他职能部门沟通，反映企业的问题，维护企业的合法权益，帮助企业解决发展中的问题；要团结凝聚员工为企业的发展谋共识、献良策，积极进行技术创新，促进企业转型升级和高质量发展。

第四，民营企业党的领导作风的建设。党和党的领导或党组织负责人在进行领导和执政活动的过程中形成的态度和行为模式、行为习惯就构成了党的领导作风。在民营企业中，要建立的是与新的形势和环境要求相适应的党组织领导作风，高度重视民主和被领导者参与，通过沟通和协调，正确地选人用人，形成民主平等而又富有效率的领导作风。这就是当前党的领导作风建设的重要任务。为此，必须做到：第一，坚决反对凌驾于群众之上的官僚作风。为人民服务是党的宗旨，党组织负责人是人民的公仆，在实行领导活动时必须摆正自己的位置，在人民面前必须谦虚谨慎、任劳任怨，而不是自高自大、骑在人民头上作福作威。第二，坚决反对在班子内部进行领导时，凌驾于民主之上的专断式领导作风，要强化民主集中制，实行民主基础上的集中，反对强调集中、不强调民主的个人专断和个人专权。

第五，民营企业党组织负责人生活作风的建设。党组织负责人生活作风是党组织负责人在日常的生活中所形成的生活态度和行为模式，是党组织负责人的道德观念、人格品质、文化素养、生活情趣在日常生活中的综合反映，是党组织负责人的世界观、人生观、价值观在日常生活中的直接表现。党组织负责人的生活作风不是小事，不能将党组织负责人的生活作风仅视为是生活小节问题、视为个人的私事，而应当从“小处着手、大处着眼”去看待党组织负责人的生活作风。广义的党组织负责人生活作风应该包括党组织负责人在物质生活、精神生活、党内生活、社会生活、家庭生活等方面所表现出来的作风。当前党组织负责人生活作风建设的任务与要求可以分解到这些方面来看。①党组织负责人的物质生活作风建设的基本任务是：要践行艰苦奋斗的优良作风，坚决反对贪图享乐、追求享受、大肆享用的享乐腐化之风。按照“倡导勤俭节约、勤俭办一切事业，反对奢侈浪费”的要求，去着力培育党组织负责人简朴的物质生活，认真践行“八项规定”和反对“四风”的要求。②党组织负责人的精神生活作风建设的基本任务是：践行健康的生活态度，追求精神世界的充实，培育积极向上的精、气、神，做一个高尚的人、一个纯粹的人、一个脱离低级趣味的人、一个有益于人民的人。③党组织负责人的党内生活作风建设的基本任务是：践行批评与自我批评的优良作风，坚持党内民主与党内平等，着力构建党内民主和谐的生活氛围与人际关系。④党组织负责人的社会生活作风建设的基本任务是：践行“立党为公、执政为民”的执政理念，绝不拿手中的权力为个人捞好处，侵犯企业的利益，更不搞权权交易、权钱交易、权色交易、权法交易、权情交易、权理交易。

四、制度建设

党的制度建设是建立健全保障党的组织架构和运行的一系列原则、规范、体制、模式、规则、程序、机制的过程，是使党的组织架构和程序逐步获得价值观和稳定性的过程，也就是要实现党的建设的制度化。[①]党的建设或党的建设制度化，主要由根本制度、领导体制、工作机制、考核机制、保障机制和协调机制等构成。改革开放以来，随着民营企业迅猛发展，民营企业党组

① 商志晓等：《党的建设新布局研究》，党建读物出版社2011年版，第322—323页。

织党的制度建设不断发展完善，特别是《关于加强和改进非公有制企业党的建设工作的意见》的出台，形成比较完备的民营企业党的建设的制度体系，对于保障非公有制经济组织党的建设的有效运行，具有重要的理论和现实意义。

1. 民营企业党组织党的制度建设的意义

非公有制企业党组织，是党在企业中的战斗堡垒，在企业职工群众中发挥政治核心作用，在企业发展中发挥政治引领作用。加强非公有制经济组织党的建设工作，要以制度建设为保障，构建科学、规范、开放和有效的根本制度、领导体制、工作机制和保障机制，对于提高非公有制经济组织党组织的整体功能和科学化水平，促进非公有制经济及其人士健康发展，保持党的纯洁性和先进性，巩固党的执政基础，具有重要意义。

2. 民营企业党组织党的制度建设的内容

2012年3月，中央办公厅印发了《关于加强和改进非公有制企业党的建设工作的意见（试行）》，这个文件回应了实践发展要求，对非公有制经济组织党组织的功能定位更加明确，规范了党组织的职能、理顺了党组织的领导体制、完善了党组织工作机制和保障机制，从宏观上科学化、规范化和制度化了非公有制经济组织党的建设，使非公有制经济组织党的制度建设前进了一大步，对指导各类非公有制经济组织创造性地开展党的工作具有根本的指导意义。

第一，要坚持好根本制度。一是坚持民主集中制这个根本制度不动摇。民主集中制是贯穿于党的制度体系和各方面建设中的根本制度，也是贯穿于非公有制经济组织党的建设制度体系的根本制度。在党的制度建设中突出健全民主集中制这个重点，就抓住了党的制度建设的根本，抓住了推动党的其他各方面建设的关键。对于非公有制企业党组织而言，在制度建设中更要体现民主集中制。因为，在缺乏行政资源、物质资源的条件下，企业党组织必须充分发挥民主集中制的制度优势，尊重和保障党员的主体地位，才能发挥党员的主动性、积极性和创造性，有效领导工青妇等群团组织，凝聚和团结广大职工，积极推动企业发展，有力维护职工利益，实现党建强、发展强。二是坚持民主与集中的有机统一。推进党内民主建设，要积极探索在民主基础上集中和在集中指导下发展党内民主，健全党内民主制度的实现途径和方式，要坚决维护党的集中统一，自觉遵守党的政治纪律，始终同党中央保持一致，切实保证政令畅通。坚持和完善这个根本制度，是我们党始终充满旺盛的生机与活力、始终成为中国特色社会主义事业坚强领导核心的根本保证，是在非公有制企业职工群众中发挥政治核心作用、在企业发展中发挥政治引领作用的根本保证。

第二，要理顺领导体制。加强民营企业党建工作，领导体制是基础。各级党委尽快成立民营企业党的建设工作的专门机构，理顺关系，着力构建充满活力的民营企业党建领导工作体制。坚持党委统一领导，组织部门主管，统战部和工商联主抓，其他相关部门合作，以此为基础组建民营企业党建工作委员会，配备专职干部和工作人员，协助各级党委、组织部门指导民营企业党建工作，建立民营企业党建的长效机制。

第三，要健全保障机制。加强民营企业党建工作，保障机制是条件。一是要逐步解决民营企业工委的编制问题，纳入财政保障的范围。地方党委要加大对民营企业党建工作的投入和保障，保证民营企业工委人员、机构和经费需要，支持民营企业搞好党组织活动场所和阵地建设。二是要建立和完善落实党的经费保障制度，通过设立民营企业党建工作基金，采取财政拨付、党费提取、企业统筹等形式，多渠道筹集经费。地方各级政府应该建立和完善党建工作财力支撑机制，将非公企业党建经费纳入同级财政预算，逐步形成与地方财政同步增长机制，对财政拨款为主的党建经费的核算和使用要做出严格规定；民营企业党员缴纳的党费可以大部分或全部返还给企业党组织；同时企业党组织应加强党费管理。

第四，要建立科学的考核机制。科学的党的建设工作的考核体系，是非公有制经济组织党的建设工作健康发展的重要保障。民营企业党的建设考核机制，要根据考核的内容，进行全面客观评价，起到目标引导、过程控制和成效检验的作用，促进民营企业党的建设的规范化、制度化和科学化。一要明确工作考核对象和考核内容。考核内容要体现科学性，考核对象要体现广泛性和多样性。要通过民营企业党员、员工和企业主要出资人，来评判企业党组织负责人和党员的工作能力、工作态度、工作成绩，全面客观地评价党组织负责人和党员。二要完善考核指标。建立包括考核总指标、指标体系和考核系数的考核指标体系，对党组织领导班子建设、党员队伍建设、党组织活动以及民营企业党组织建设与管理服务等各项工作进行考核。各项工作的指数可以根据每年工作重点的变化有所增减，在各项工作中还可以列出更细的考核项目，建立起民营企业党的建设工作以考核目标、目标体系及考核系数为主体的数量考核体系。对民营企业党的建设工作的现状及其效果做出全面客观评价与判断，促进民营企业党的建设工作的过程管理与目标管理有机统一，实现民营企业党的建设工作的有效管理和调控。三要坚持定量和定性相统一的原因。一方面是通过对民营企业党的建设工作的现状和实效进行定量和定性分析，提出更具指导性的意见和更加切实的要求，指出非公有制企业党的建设工作今后一个时期的发展方向，增强党的建设工作的针对性和实效性；另一方面是通过对民营企业党的建设工作的现状及其效果做出客观科学的评价与判断，促使民营企业党的建设工作树立正确的价值观，进一步明确民营企业党的建设工作目标，进而实现对民营企业党的建设工作的有效管理和调控。

五、反腐倡廉建设

腐败是危害党的生命力和战斗力的最大毒瘤，反腐败是最彻底的自我革命。[①]加强反腐倡廉建设是加强党的建设和政权建设的一项重大政治任务，关系到党和国家的生死存亡。民营经济的快速发展，既为经济社会发展注入了活力，也给现阶段反腐倡廉建设和反腐败斗争提出了新的课题。随着民营企业党的建设工作的加强，如何加强民营企业的反腐倡廉建设已提上议事日程。坚决治理政商勾连破坏政治生态和经济发展环境问题[②]，积极探索非公有制企业反腐倡廉建设的新思路，提升民营企业反腐倡廉建设科学化水平，是应该认真思考的重要问题。

1.民营企业党的反腐倡廉建设的意义

民营企业党的反腐倡廉建设，是整个反腐倡廉建设的重要组成部分，是全面构建亲清政商关系、促进民营经济“两个健康”的关键环节。加强民营企业反腐倡廉建设，是民营企业“两个健康”的迫切要求。改革开放以来，民营经济飞速发展，成为社会主义市场经济的重要组成部分，成为经济社会发展的重要基础。但是，应当清醒地看到，民营经济领域的腐败问题和违法违规现象较为严重。一是通过各种手段拉拢腐蚀国家工作人员，向掌握行政审批权、资源分配权、经济管理权的公职人员行贿、提供各种好处等。纪检监察机关近年来查处的党政领导干部违纪违法案件，许多都涉及非公企业的行贿问题。1999年至2010年12年间，共有1882位企业家登上“胡润百富榜”，其中“问题富豪”有24人，其中18位仍在狱中，民营企业家占相当比例。行贿是上榜富豪入狱的最主要原因。二是近年来企业间商业贿赂案件居高不下。2005年至2011年，7年间，全国共查处商业贿赂案件102214件，涉案金额260.6亿元。仅2011年，全国共查处商业贿赂案件14800余件，涉案金额42.8亿元，其中移送检察机关处理的案件10542件，涉案11630人，涉及公务人员

① 习近平：《高举中国特色社会主义伟大旗帜 为全面建设社会主义现代化国家而团结奋斗：在中国共产党第二十次全国代表大会上的报告》，人民出版社，2022年版，第69页。

② 习近平：《高举中国特色社会主义伟大旗帜 为全面建设社会主义现代化国家而团结奋斗：在中国共产党第二十次全国代表大会上的报告》，人民出版社，2022年版，第69页。

3024人。三是职务侵占、偷税漏税、商业欺诈等违法犯罪案件时有发生，在食品药品等行业安全问题频发，突显出非公有制企业反腐盲区。加强民营企业反腐倡廉建设已经刻不容缓。2012年9月，中央纪委印发了《中共中央纪委关于在非公有制企业党组织中建立健全纪检组织的指导意见（试行）》，明确了要在民营企业经济中建立纪检组织，加强民营企业党风建设和反腐倡廉工作。这个逻辑是，加强纪检工作，植根于民营企业内部控制和风险管理制度之内，融入企业经营管理体系之中，教育引导企业依法经营、诚信经营、廉洁经营，创造守法诚信、公平正义、健康有序的经济社会环境，有利于促进惩治和预防腐败体系的建设，有利于全面构建亲清政商关系，促进民营经济“两个健康”。

2.民营企业反腐倡廉建设的内容

第一，做好反腐倡廉建设，教育是基础。民营企业党组织要在民营企业内部加强廉政教育，提高民营企业经营管理者遵纪守法的自觉性，保证民营企业健康发展，同时民营企业党组织也要加强自我教育，不给腐败可乘之机。在民营企业中进行反腐倡廉建设，一要将民营企业党组织书记等党务工作者队伍的教育培训放在首位。作为民营企业的党组织书记，作为民营企业党务工作者队伍的成员，对民营企业党建的影响非常关键，要向他们宣传有关党风廉政建设的知识、组织他们观看有关反腐倡廉的教育警示影片等，通过这些方式，对民营企业的党员干部进行教育，帮助他们树立正确的世界观、人生观和价值观。二要对民营企业的广大党员进行党风廉政教育，使民营企业的每一名党员都能够自觉地为人民服务，筑牢拒腐防变的思想防线。三要把民营企业主作为加强反腐倡廉教育的重要对象。民营企业主在生产经营的过程中可能会出现采取不正当手段为企业谋取发展便利的行为，如果党政干部不能做到廉洁自律，就会导致腐败的产生。因此，加强反腐倡廉建设，也要做好民营企业主的教育工作。党组织要经常与民营企业主沟通，掌握民营企业主的思想动态，对民营企业主表现出了的可能产生腐败的思想要及时加以教育引导，从思想上清除腐败的源头，防止腐败行为的产生。

第二，做好反腐倡廉建设，扎牢制度的笼子是根本。一个好的制度可以对人的行为起到良好的约束作用。做好反腐倡廉工作要建立健全反腐倡廉的相关规章制度，防患于未然。当前，民营企业正处于高速发展时期，但目前我国的制度还不够健全和完善，给民营企业腐败的产生提供了空间。要针对民营企业实际经营情况中可能出现的问题，建立党风廉政监督制度，让民营企业的广大职工群众特别是党员知道什么事可做，什么事不可以做。首先，要建立监管制度，对民营企业中的采购、生产、经营、销售、财务等环节进行监督，肃清民营企业内部可能存在的腐败。还要完善民营企业职工代表大会制度，让职工充分参与到企业的管理和监督之中，充分发挥职工群众的监督作用。其次，要建立民营企业廉政考核机制。民营企业的反腐倡廉工作要得到真正的落实，就必须建立相应的考核机制。上级主管部门要对民营企业的行为进行不定期的巡查，一旦有发现不廉洁或者是违规行为，就要及时进行调查，依法依规严肃处理，督促民营企业家合法经营。上级党组织还要对民营企业党组织的工作进行监督考核，每年民营企业党组织书记进行述职述廉。最后，要建立民营企业腐败惩戒机制。对腐败的惩治不局限在受贿方，民营企业主作为行贿方也要受到惩罚，以此来提高民营企业主的法律意识。

第三，优化环境，抑制腐败滋生是条件。民营企业在发展过程中面临的不公平待遇是民营企业进行行贿的主要原因。不公平的竞争环境使民营企业主妄图通过腐蚀公权力来赢得企业发展的机遇。在现实生活中，一些民营企业家为了获得党和国家在政策、资金上的支持，获得发展的机遇，采用不正当的手段，向有权力的官员行贿，导致了腐败的产生；一些民营企业家为了谋取非法利益，或者将非法利益“合法化”，对官员进行行贿；还有一些为了谋得企业的长远发展，用物质手段与官员建立长期联系，以便得到生产经营上的“保护伞”。因此，要从根源上解决民营企业的腐败问题，就要为民营企业的发展营造健康公平的发展环境，就要从源头上清除民营企业腐败产生的条件和土壤。首先，要全面构建亲清新型政商关系。作为国家党政领导干部，要积极作为、勇于担当，对民营企业反映的问题要及时受理、迅速处理、真心实意为民营企业的发展服务。作为民营企业主要讲正气、走正道，遵纪守法进行生产经营。其次，要加快改革的步伐，消除对民营企业的歧视，推进公平准入，改善民营企业融资的条件，破除体制的障碍，为民营企业的发展营造一个法治化、市场化、国际化的营商环境。民营企业党组织要及时向有关部门反映损害民营企业合法权益的行为，维护民营企业的合法权益，努力为民营企业的发展营造一个公平的外部环境。

第 四 编 ▶ ▷

党务工作篇

进一步做好新时代民营经济党建工作，必须加强党建工作的科学化、规范化和制度化，这需要提高党支部书记和支部委员的党性修养、履职能力和党务工作水平，扎实推进党支部各项工作的建设，抓好“三会一课”、民主评议、党员教育、管理及党内帮扶工作等制度的落实，引导党员增强组织意识、纪律意识，充分发挥党员的先锋模范作用，真正把党支部打造成坚强的战斗堡垒。下面以问答的形式注重一般和特殊的不同要求来介绍民营企业党组织的党务工作。这里的一般是指所有基层党组织都应当遵循的要求，而特殊则专指民营企业党组织根据自身党建工作的特殊性所要遵循的要求。

一、党务工作一般性要求

一般性党务工作包括党支部工作、党员发展工作、党员教育管理工作等方面的内容。

（一）党支部工作

1. 党支部工作必须遵循的原则是什么？

根据《中国共产党支部工作条例（试行）》的规定，党支部工作必须遵循以下原则：

（一）坚持以马克思列宁主义、毛泽东思想、邓小平理论、“三个代表”重要思想、科学发展观、习近平新时代中国特色社会主义思想为指导，遵守党章，加强思想理论武装，坚定理想信念，不忘初心、牢记使命，始终保持先进性和纯洁性。

（二）坚持把党的政治建设摆在首位，牢固树立“四个意识”，坚定“四个自信”，做到“四个服从”，旗帜鲜明讲政治，坚决维护习近平总书记党中央的核心、全党的核心地位，坚决维护党中央权威和集中统一领导。

（三）坚持践行党的宗旨和群众路线，组织引领党员、群众听党话、跟党走，成为党员、群众的主心骨。

（四）坚持民主集中制，发扬党内民主，尊重党员主体地位，严肃党的纪律，提高解决自身问题的能力，增强生机活力。

（五）坚持围绕中心、服务大局，充分发挥积极性、主动性、创造性，确保党的路线方针政策和决策部署贯彻落实。

2.党支部工作职责是什么?

根据《中国共产党支部工作条例（试行）》的规定，党支部是党的基础组织，是党组织开展工作的基本单元，是党在社会基层组织中的战斗堡垒，是党的全部工作和战斗力的基础，担负直接教育党员、管理党员、监督党员和组织群众、宣传群众、凝聚群众、服务群众的职责。

3.党支部设置的主要方式是什么?

党支部设置一般以单位、区域为主，以单独组建为主要方式。企业、农村、机关、学校、医院、科研院所、街道社区、社会组织、人民解放军连队和其他基层单位，凡是有正式党员3人以上的，都应当成立党支部。

党支部党员人数一般不超过50人。

4.党支部按其不同领域划分为哪些类别?

《中国共产党支部工作条例（试行）》将不同领域党支部划分为10类，并明确了各自承担的重点任务。

（一）村党支部。（二）社区党支部。（三）国有企业和集体企业中的党支部。（四）高校中的党支部。（五）非公有制经济组织中的党支部。（六）社会组织中的党支部。（七）事业单位中的党支部。（八）各级党和国家机关中的党支部。（九）流动党员党支部。（十）离退休干部职工党支部。

5.党支部党员大会的性质、任务、规则是什么？

党支部党员大会是党支部的议事决策机构，由全体党员参加，一般每季度召开1次。

党支部党员大会的职权是：听取和审查党支部委员会的工作报告；按照规定开展党支部选举工作，推荐出席上级党代表大会的代表候选人，选举出席上级党代表大会的代表；讨论和表决接收预备党员和预备党员转正、延长预备期或者取消预备党员资格；讨论决定对党员的表彰表扬、组织处置和纪律处分；决定其他重要事项。

村、社区重要事项以及与群众利益密切相关的事项，必须经过党支部党员大会讨论。

党支部党员大会议题提交表决前，应当经过充分讨论。表决必须有半数以上有表决权的党员到会方可进行，赞成人数超过应到会有表决权的党员的半数为通过。

6.党支部委员会的性质、任务、规则是什么？

党支部委员会是党支部日常工作的领导机构。

党支部委员会会议一般每月召开1次，根据需要可以随时召开，对党支部重要工作进行讨论、作出决定等。党支部委员会会议须有半数以上委员到会方可进行。重要事项提交党员大会决定前，一般应当经党支部委员会会议讨论。

7.党小组的划分、任务、规则是什么？

党员人数较多或者党员工作地、居住地比较分散的党支部，按照便于组织开展活动原则，应当划分若干党小组，并设立党小组组长。党小组组长由党支部指定，也可以由所在党小组党员推荐产生。

党小组主要落实党支部工作要求，完成党支部安排的任务。

党小组会一般每月召开1次，组织党员参加政治学习、谈心谈话、开展批评和自我批评等。

8.党支部“三会”由谁召集并主持？

党支部党员大会、党支部委员会会议由党支部书记召集并主持。书记不能参加会议的，可以委托副书记或者委员召集并主持。党小组会由党小组组长召集并主持。

9.党支部组织生活的任务、要求是什么？

党支部应当严格执行党的组织生活制度，经常、认真、严肃地开展批评和自我批评，增强党内政治生活的政治性、时代性、原则性、战斗性。

党员领导干部应当带头参加所在党支部或者党小组组织生活。

10.党支部“三会一课”的任务、要求是什么？

党支部应当组织党员按期参加党员大会、党小组会和上党课，定期召开党支部委员会会议。

“三会一课”应当突出政治学习和教育，突出党性锻炼，以“两学一做”为主要内容，结合党员思想和工作实际，确定主题和具体方式，做到形式多样、氛围庄重。

党课应当针对党员思想和工作实际，回应普遍关心的问题，注重身边人讲身边事，增强吸引力感染力。党员领导干部应当定期为基层党员讲党课，党委（党组）书记每年至少讲1次党课。

党支部每月相对固定1天开展主题党日，组织党员集中学习、过组织生活、进行民主议事和志愿服务等。主题党日开展前，党支部应当认真研究确定主题和内容；开展后，应当抓好议定事项的组织落实。

对经党组织同意可以不转接组织关系的党员，所在单位党组织可以将其纳入一个党支部或者党小组，参加组织生活。

11.党支部组织生活会的任务、要求是什么？

党支部每年至少召开1次组织生活会，一般安排在第四季度，也可以根据工作需要随时召开。组织生活会一般以党支部党员大会、党支部委员会会议或者党小组会形式召开。

组织生活会应当确定主题，会前认真学习，谈心谈话，听取意见；会上查摆问题，开展批评和自我批评，明确整改方向；会后制定整改措施，逐一整改落实。

12. 党支部民主评议党员的任务、要求是什么？

党支部一般每年开展1次民主评议党员，组织党员对照合格党员标准、对照入党誓词，联系个人实际进行党性分析。

党支部召开党员大会，按照个人自评、党员互评、民主测评的程序，组织党员进行评议。党员人数较多的党支部，个人自评和党员互评可以在党小组范围内进行。党支部委员会会议或者党员大会根据评议情况和党员日常表现情况，提出评定意见。

民主评议党员可以结合组织生活会一并进行。

13. 党支部谈心谈话的任务、要求是什么？

党支部应当经常开展谈心谈话。党支部委员之间、党支部委员和党员之间、党员和党员之间，每年谈心谈话一般不少于1次。谈心谈话应当坦诚相见、交流思想、交换意见、帮助提高。

党支部应当注重分析党员思想状况和心理状态。对家庭发生重大变故和出现重大困难、身心健康存在突出问题等情况的党员，党支部书记应当帮助做好心理疏导；对受到处分处置以及有不良反应的党员，党支部书记应当有针对性地做好思想政治工作。

14. 党支部委员会如何设立？

有正式党员7人以上的党支部，应当设立党支部委员会。党支部委员会由3至5人组成，一般不超过7人。

党支部委员会设书记和组织委员、宣传委员、纪检委员等，必要时可以设1名副书记。

正式党员不足7人的党支部，设1名书记，必要时可以设1名副书记。

15. 党支部委员会任期、选举、换届有哪些要求？

村、社区党支部委员会每届任期5年，其他基层单位党支部委员会一般每届任期3年。

党支部委员会由党支部党员大会选举产生，党支部书记、副书记一般由党支部委员会会议选举产生，不设委员会的党支部书记、副书记由党支部党员大会选举产生。选出的党支部委员，报上级党组织备案；党支部书记、副书记，报上级党组织批准。党支部书记、副书记、委员出现空缺，应当及时进行补选。确有必要时，上级党组织可以指派党支部书记或者副书记。

建立健全党支部按期换届提醒督促机制。根据党组织隶属关系和干部管理权限，上级党组织对任期届满的党支部，一般提前6个月以发函或者电话通知等形式，提醒做好换届准备。对需要延期或者提前换届的，应当认真审核、从严把关，延长或者提前期限一般不超过1年。

16. 党支部书记的工作职责是什么？

党支部书记主持党支部全面工作，督促党支部其他委员履行职责、发挥作用，抓好党支部委员会自身建设，向党支部委员会、党员大会和上级党组织报告工作。

党支部副书记协助党支部书记开展工作。党支部其他委员按照职责分工开展工作。

17. 党支部书记的基本条件是什么？

党支部书记应当具备良好政治素质，热爱党的工作，具有一定的政策理论水平、组织协调能力和群众工作本领，敢于担当、乐于奉献，带头发挥先锋模范作用，在党员、群众中有较高威信，一般应当具有1年以上党龄。

18. 不同领域党支部书记选拔条件是什么？

上级党组织应当结合不同领域实际，突出政治标准，按照组织程序，采取多种方式，选拔符合条件的优秀党员担任党支部书记。

村、社区应当注重从带富能力强的村民、复员退伍军人、经商务工人员、乡村教师、乡村医生、社会工作者、大学生村官、退休干部职工等群体中选拔党支部书记。对没有合适人选的，上级党组织可以跨地域或者从机关和企事业单位选派党支部书记。根据工作需要，上级党组织可以选派优秀干部到村、社区担任党支部第一书记，指导、帮助党支部书记开展工作，主要承担建强党支部、推动中心工作、为民办事服务、提升治理水平等职责任务。符合条件的村、社区党支部书记可以通过法定程序担任村民委员会、居民委员会主任。

机关、国有企业、事业单位，党支部书记一般由本部门本单位主要负责人担任，也可以由本部门本单位其他负责人担任。根据工作需要，上级党组织可以选派党员干部担任专职党支部书记。

非公有制经济组织、社会组织，一般从管理层中选任党支部书记，应当注重从业务骨干中选拔党支部书记。没有合适人选的，可以由上级党组织选派党支部书记。

加强党支部书记后备队伍建设，注意发现优秀党员作为党支部书记后备人才培养，建立村、社区等领域党支部书记后备人才库。

19. 对党支部书记和委员的培训要求是什么？

上级党组织应当经常对党支部书记、副书记和其他委员进行培训。

党支部书记培训纳入党员、干部教育培训规划，对新任党支部书记应当进行任职培训。中央组织部组织开展党支部书记示范培训，地方、行业、系统一般根据党组织隶属关系，分层分类开展党支部书记全员轮训。党支部书记每年应当至少参加1次县级以上党组织举办的集中轮训。注意统筹安排，防止频繁参训，确保党支部书记做好日常工作。

对党支部书记、副书记和其他委员的培训应当突出党的基本理论、基本政策、基本知识及党务工作基本要求，党的优良传统和作风，党规党纪等内容。注重发挥优秀党支部书记传帮带作用。

20. 党支部书记和委员如何接受监督、考核？

党支部委员会成员应当自觉接受上级党组织和党员、群众监督，加强互相监督。

党支部书记每年应当向上级党组织和党支部党员大会述职，接受评议考核，考核结果作为评先评优、选拔使用的重要依据。

（二）发展党员工作

21.为什么说做好发展党员工作是党的基层组织一项经常性重要工作？

党的基层组织是党在社会基层组织中的战斗堡垒，是党的全部工作和战斗力的基础。基层党组织的一项重要任务，就是要经常不断地对要求入党的积极分子进行教育和培养，在他们具备党员条件时，及时把他们吸收到党内来，不断发展壮大党的队伍。这是保持党组织的生机与活力，提高党的战斗力的需要。

在世情、国情、党情继续发生深刻变化的新形势下，经济体制深刻变革，社会结构深刻变动，利益格局深刻调整，思想观念深刻变化，特别是我们党长期面临“四大考验”和“四种危险”，都对党员队伍建设特别是发展党员工作提出了更高要求。因此，在吸收新党员时，必须坚持党章规定的党员标准，始终把政治标准放在首位，吸收那些确实具有马克思主义信仰、共产主义觉悟和中国特色社会主义信念，自觉践行社会主义核心价值观的先进分子入党。这是发展党员工作的根本要求，也是保持党的先进性和纯洁性的重要保证。基层党组织要把吸收先进分子入党作为一项经常性重要工作，坚持每年制订工作计划，加强对入党积极分子的培养教育和考察，采取具体措施，做到成熟一个，发展一个，切实保证新党员的质量。

22.如何正确理解发展党员工作的总要求？

发展党员工作的总要求是控制总量、优化结构、提高质量、发挥作用。十六字总要求是一个有机整体，准确理解和把握这个总要求，应注意以下几点：一是以控制总量为重点，实行发展党员总量调控，使全国党员数量年均增长控制在适当速度，党员队伍保持适度规模。二是以优化结构为关键，根据不同群体、行业和岗位特点，确定发展党员的重点，不断优化党员队伍结构。三是以提高质量为核心，坚持党员标准、加强培养教育、严格日常管理、严肃纪律要求，着力提高党员队伍整体素质。四是以发挥作用为目的，引导党员牢记宗旨、心系群众，立足本职、干事创业，充分发挥先锋模范作用。

一是要正确理解“控制总量”。这些年，党员数量增长较快，为党增添了新生力量。但凡事都有个度，如果数量增长过快，不能保持统一的品质，就会影响到质量。做好发展党员总量调控工作，是进一步提高发展党员工作科学化水平的必然要求，对于有领导、有计划地做好发展党员工作，防止和克服工作中的随意性、盲目性；对于正确处理党员数量与质量关系，坚持质量重于数量的原则，从入口上把住党员质量关；对于保持党员队伍适度规模，使党员队伍规模与经济社会发展需要、人口增长速度相适应，保持党员队伍的先进性和纯洁性，夯实党执政的组织基础，都具有十分重要的意义。

各级党组织要从政治和全局的高度，充分认识实行发展党员总量调控的重要意义，采取切实有效措施，确保发展党员总量调控目标任务落实到位。县级以上党委（工委）要按照慎重发展、均衡发展的要求，采取每年确定发展党员数量或增长比例的办法，积极稳妥地对发展党员数量和结构进行调控，使党员数量年均增长控制在适当速度，党员队伍保持适度规模，党员质量不断得到提高，党员队伍结构不断得到优化。

二是要正确理解“优化结构”。实践表明，党员队伍的结构是否合理，直接影响着党员队伍的整体素质，影响着党的战斗力。由于社会、历史、经济等诸多原因，现有党员队伍的年龄、文化、分布等结构状况还不能很好地适应党在新时期新阶段担负的伟大使命的需要。生产工作第一线党员、青年党员较少，妇女党员比例较低，具有较高文化知识的党员也远远不足，这种状况亟须改变。要从根本上改善党员队伍的构成、分布状况，发展党员时注意优化结构是重要的措施之一。在发展党员工作中注意考虑吸收的新党员的年龄、文化、性别、分布，以及民族和职业构成等情况，将更有利于优化党员队伍结构，充分发挥党员的作用，增强党员队伍的战斗力。各级党组织要紧紧抓住发展党员工作的重点，重视做好在青年工人、农民、知识分子中发展党员工作，稳步提高发展工人党员比例，努力解决农村党员年龄老化、党组织班子后继乏人问题，着力把各方面优秀人才吸收进党组织，不断巩固党的阶级基础、扩大党的群众基础。需要注意的是既不能将符合年龄、文化等要求的人一概视为发展对象而降格以求，也不要为优化结构分布，事先就分解出一些硬性的衡量标准，人为地形成发展党员的一些先决条件。

三是要正确理解“提高质量”。马克思主义政党的力量和作用，既取决于党员数量，更取决于党员质量。重视党员质量是马克思主义建党学说的一条重要原则，也是无产阶级政党自身建设的特有要求。列宁早就深刻指出：“徒有其名的党员，就是白给，我们也不要。世界上只有我们这样的执政党，即革命工人阶级的党，才不追求党员数量的增加，而注意党员质量的提高和清洗‘混进党里来的人’。”新发展党员的质量如何，直接影响党的战斗力。发展党员“入口关”把不住，将会给党员队伍自身建设带来很大隐患。特别是有的党组织对发展党员把关不严，不按照党章规定的标准发展党员，重数量、轻质量，甚至出现了“带病入党”现象，致使一些动机不纯、功利思想严重、想借入党捞取好处的人混入党内，影响了党员队伍的生机活力，影响了党在人民群众中的形象和威信。在这种情况下，坚持党员标准，提高发展党员质量，就成为各级党组织始终要重视解决的一个重要问题。

在新的历史条件下，我们要建设一支规模适度、结构合理、素质优良、纪律严明、作用突出的党员队伍，除了加强对现有党员的认真教育和严格管理外，必须严格标准、严格培养、严格程序、严肃纪律，把住发展党员“入口关”。

23. 为什么要把政治标准放在党员标准的首位?

党的十八大通过的党章对党员标准做了明确规定。坚持党章规定的党员标准，始终把政治标准放在首位，必须正确理解和把握“政治标准”的基本内涵。具体地说，“政治标准”主要包括四个方面：一是信念坚定，具有马克思主义信仰、共产主义觉悟和中国特色社会主义信念，自觉践行社会主义核心价值观，矢志不渝地为共产主义事业奋斗终身。二是对党忠诚，拥护党的纲领，自觉贯彻党的路线方针政策，在大是大非面前头脑清醒、旗帜鲜明，在思想和行动上始终与党中央保持高度一致。三是为民服务，把人民群众放在心中最高位置，树立群众观点，践行群众路线，维护群众利益。四是严守纪律，自觉遵守党章，模范遵守国家法律，严格按照党的组织原则和党内政治生活准则办事。

在发展党员工作中坚持党员标准，重点把握三个方面：一要突出政治上的先进性。始终把政治标准放在首位，确保政治合格。从思想政治、能力素质、道德品行、现实表现等方面对入党积极分子和发展对象进行深入考察，着重看是否具有坚定的理想信念和良好的道德品行，是否自觉为党的纲领努力奋斗，是否在生产、工作、学习和社会生活中起先锋模范作用。二是要突出素质上的全面性。历史地、全面地、辩证地看待入党积极分子和发展对象的综合素质、一贯表现，防止降低标准和曲解标准，不能片面地以学业成绩、工作业绩或能人标准代替党员标准，忽视政治素质、思想品质和现实表现。三要突出标准上的严肃性。坚持成熟一个发展一个，防止把不具备党员条件的人吸收入党，防止“带病入党”，保证吸收的每一名新党员都是合格的。

24. 发展党员工作中，为什么要坚持入党自愿原则？

坚持入党自愿原则，是由我们党的性质和宗旨所决定的。共产党员必须全心全意为人民服务，不惜牺牲个人的一切，为实现共产主义奋斗终身；必须坚持党和人民的利益高于一切，个人利益服从党和人民的利益，吃苦在前，享受在后，在一切困难和危险的时刻挺身而出。这些要求不是每个人都能做到的，只有具有马克思主义信仰、共产主义觉悟和中国特色社会主义信念，自觉践行社会主义核心价值观，自愿把自己的一切献给共产主义事业的人才能做到。只有当申请入党的人懂得了为什么要入党，并决心为共产主义事业贡献自己一切的时候，才能自觉地按照党章规定的党员标准严格要求自己，刻苦学习，积极工作，克己奉公，无私奉献，努力做一名合格的共产党员。如果入党不是建立在自愿的基础之上，就不可能自觉地用党员标准去规范自己的言行，而把自己混同于普通群众，甚至做出与党的要求背道而驰的事情，对党造成损害。因此，必须坚持入党自愿的原则。“拉”人入党的做法是完全错误的。对尚无入党愿望和要求的人，无论社会声望多高，或者能力多强、贡献多大，都不应强迫或动员他们入党。当然，党组织有责任对他们进行教育，帮助他们提高政治觉悟。只有当他们提高了觉悟，有了入党愿望和要求，并自愿提出入党申请，经过党组织的培养教育和考察，确实具备党员条件后，才能吸收他们入党。

25. 发展党员时，如何坚持个别吸收原则？

只有坚持个别吸收原则，才能真正体现党员意志，切实保证新党员质量。

坚持个别吸收原则，就要对入党积极分子逐个进行认真考察，看其是否具备党章规定的党员条件。在发展党员时，要成熟一个，发展一个，逐个履行入党手续，不能成批发展。成批发展党员，往往会使一些不具备党员条件的人混入党内。

坚持个别吸收原则，就是要在召开支部大会讨论接收新党员时，使每个党员都能充分表达自己的意见，发扬党内民主。

坚持个别吸收原则，并不是说每次支部大会只能讨论一个发展对象入党。如果一次支部大会讨论两个以上的发展对象入党，应该逐个讨论，逐个表决。

26. 为什么要加强入党积极分子队伍建设？

入党积极分子队伍状况如何，直接决定着发展党员的数量和质量。建设一支数量较多、素质较高、结构合理的入党积极分子队伍，是做好发展党员工作的基础。只有不断加强入党积极分子队伍建设，党组织讨论接收新党员才有较充分的选择余地，才能切实保证发展党员质量，发展党员工作的总要求才能够真正贯彻落实。

入党积极分子队伍建设主要包括：宣传教育党外群众，引导他们积极向党组织靠拢，推荐和确定入党积极分子，对入党积极分子的培养教育和考察，以及对入党积极分子的日常管理、接续培养等。

27.扩大入党积极分子队伍要做好哪些工作?

不断扩大入党积极分子队伍，应抓好以下工作：

一是加强基层党组织的自身建设，增强党组织的凝聚力和吸引力。这是入党积极分子队伍能否不断扩大的基本条件。一个软弱涣散、缺乏战斗力的基层党组织，不可能将先进分子吸引到自己的周围。许多事实表明，哪里的基层党组织自身建设搞得好、威信高，哪里的群众政治热情就高，申请入党的人就多。因此，党的基层组织应认真加强自身建设，通过卓有成效的工作，充分发挥战斗堡垒作用和党员的先锋模范作用，从而在党外群众中产生强大的向心力，使他们主动向党组织靠拢。

二是加强教育和引导。党组织要通过深入细致的思想政治工作，积极宣传党的政治主张，不断扩大党的影响，使党外群众了解党的性质、纲领、宗旨、最高理想、最终目标和现阶段任务等，激发他们的政治热情，提高他们的思想觉悟，增强他们争做一名共产党员的光荣感和责任感，并为他们在政治上积极要求进步创造必要的条件。

三是及时推荐入党积极分子。要采取党员推荐、群团组织推优等方式，在入党申请人中推荐入党积极分子人选。

四是认真确定入党积极分子。党组织要及时把那些政治觉悟较高、思想素质较好、愿意用共产党员标准要求自己，积极申请入党的人，确定为入党积极分子，并采取多种措施对他们进行培养教育。确定入党积极分子不能马虎从事，并不是所有入党申请人都能被党组织确定为入党积极分子；同时也要注意把握好标准，不能要求过高。

上级党组织要经常研究基层党组织抓入党积极分子队伍建设的情况和问题，有针对性地进行指导和帮助。

需要注意的是，“扩大入党积极分子队伍”与“控制总量”的要求并不矛盾。通过加强入党积极分子队伍建设，保持一支数量较多、素质较高、结构合理的入党积极分子队伍，把更多的优秀分子团结凝聚在党组织周围，才能为党组织吸收新党员提供丰富的源泉，从而实现好中选优，保证新发展党员的质量。

28. 申请入党需要具备哪些条件？

申请入党的条件又称入党资格，即具备什么条件的人才能申请入党。按照党章规定，申请加入中国共产党，必须具备五个基本条件：

（1）年龄在18岁以上的中国公民。一个人成年后才可能有比较确定的政治判断力，并确立自己的政治信仰和终身志向。加入中国共产党必须是具有中国国籍的工人、农民、军人、知识分子和其他社会阶层的先进分子。申请入党的人必须年满18岁，由本人向党组织提出书面入党申请。

（2）承认党的纲领和章程。“承认”，不仅是口头上的拥护和接受，更重要的是有实现党的纲领、执行党的章程的行动，立志为共产主义奋斗终身。

（3）愿意参加党的一个组织并在其中积极工作。只有全体党员都参加党的一个组织并积极工作，才能保证全党在思想上、政治上、行动上的高度一致，党才有战斗力。

（4）愿意执行党的决议。党的决议代表全党的意志，必须贯彻执行。如果每个党员可以自行其是，党的团结统一就会受到破坏，党就没有战斗力。

（5）按期交纳党费。这是每个党员的义务，是党员关心党的事业、有组织观念的一种表现。

29. 对党忠诚老实的主要表现有哪些？

（1）要认真学习马克思列宁主义、毛泽东思想、邓小平理论、“三个代表”重要思想、科学发展观、习近平新时代中国特色社会主义思想，学习党的基本理论、基本路线、基本纲领、基本经验和基本要求，树立正确的世界观、人生观和价值观，克服“老实人吃亏”的思想。周恩来同志曾经说过：

“世界上最聪明的人是最老实的人，因为只有老实人才能经得起事实和历史的考验。”只有树立全心全意为人民服务的思想，才能乐于说老实话，办老实事，做老实人，自觉地为实现共产主义而忘我工作。

（2）要坚持原则，按党的政策办事。对于一个要求入党的同志来说，能否坚持原则，按党的政策办事，是衡量他对党是否忠诚老实的重要标志。因此，在事关党的原则，事关党的路线、方针、政策等重大问题上，就要一切从实际出发，无私无畏，坚持原则，秉公办事，不论在什么情况下，都要经得起考验，决不做损害党的利益的事。

（3）要敢讲真话，不说假话。如实地向党组织汇报自己各方面的情况，特别是对自己的缺点、错误，更要主动地向党组织讲清楚，自觉地把自己置身于党组织的监督和帮助之下。

30. 申请入党的人为什么要写入党申请书？

每一个申请入党的人，都必须由本人向党组织提出书面申请。申请入党的人写入党申请书，是郑重地向党组织表明自己的政治选择的方式，这样做可以使党组织了解申请人的信念和要求，便于党组织对其进行培养教育和考察。

31. 流动人员如何申请入党？

流动人员应当向工作、学习所在单位党组织提出入党申请；没有工作、学习单位或工作、学习所在单位未建立党组织的，可向居住地党组织或单位所在地党组织或单位主管部门党组织提出入党申请；流出地已经在流入地建立流动党员党组织的，可以向流动党员党组织提出入党申请。接受流动人员入党申请的党组织，要切实履行培养教育和考察责任，在接收流动人员为预备党员前，应征求流出地或原单位党组织意见；当入党申请人工作、学习单位发生变动时，应及时负责地与新单位或居住地党组织做好工作衔接。

32. 党组织收到入党申请书后应做好哪些工作？

党组织收到入党申请书后，应做好以下几项工作：

（1）审看入党申请书。主要看入党申请人的年龄、国籍等是否符合申请入党条件，入党动机是否端正、对党的认识是否深刻、成长经历是否清楚、对待入党态度是否正确等情况。同时，对入党申请人递交的入党申请书要妥善保存。

（2）及时派人谈话。党组织应当在一个月内派人同入党申请人谈话，及时了解其基本情况，帮助其提高思想觉悟，端正入党动机。

（3）加强教育引导。采取多种形式对他们进行培养教育，引导他们加深对党的基本知识的理解和把握，在思想上、政治上尽快成熟起来。

33. 入党积极分子应具备哪些条件？

对入党积极分子原则上也应按照党章规定的党员标准来衡量。但毕竟入党积极分子刚要求入党不久，对他们不宜提出更高的要求。因此，入党积极分子一般应具备的条件是：

（1）积极拥护和坚决执行党的路线、方针、政策，在思想上、政治上同党中央保持一致。

（2）对党有比较全面深刻的认识，积极要求入党，决心为共产主义奋斗终身。

（3）在生产、工作、学习和社会生活等方面表现突出，是改革开放和社会主义现代化建设的先进分子。

（4）树立正确的群众观念，作风正派，团结同志，在群众中有一定威信。

34. 确定入党积极分子的程序是什么？

入党申请人能否被确定为入党积极分子，不能由党委或党支部的个别负责人指定。确定入党积极分子，一般有以下程序：

（1）采取党员推荐、群团组织推优等方式，从入党申请人中推荐入党积极分子人选。

（2）党支部认真听取有关方面意见。

（3）支部委员会（不设支部委员会的由支部大会）充分讨论，研究决定入党积极分子。

（4）党支部将入党积极分子有关情况报上级党委备案。

35.递交入党申请书多久可确定为积极分子?

由于入党申请人的情况各不相同，党组织对其培养教育和考察需要一定时间，因此,《中国共产党发展党员工作细则》对从接受入党申请到确定入党积极分子的时间要求未做出具体规定。实际工作中，各地各部门对这个时间要求的掌握也不一样。为加强对入党申请人的培养教育和考察，进一步端正他们的入党动机，一般情况下，入党申请人递交入党申请书六个月以上、具备入党积极分子条件，才可被推荐和确定为入党积极分子。

36.党员推荐入党积极分子人选应注意哪些问题?

采取党员推荐方式推荐入党积极分子人选，是扩大发展党员工作民主的一项重要措施。在党员推荐过程中需注意以下几个方面：

（1）明确推荐和被推荐范围。已递交入党申请书且党组织已派人谈话的入党申请人都要列为被推荐对象；参加推荐人员为支部全体党员（预备党员也可参加推荐）。

（2）采取多种方式。党支部可通过会议推荐、个别谈话推荐、党员联名推荐等方式，组织党员推荐入党积极分子人选。推荐结束后，党支部要及时汇总和公布推荐结果，自觉接受党员群众监督。

（3）注重结果运用。党支部在研究决定入党积极分子时，应正确分析运用推荐结果，既要看推荐情况，更要看入党申请人的现实表现，不能简单地以票取人。

（4）严明工作纪律。党支部要加强对党员的组织纪律教育，并组织做好推荐工作，防止推荐过程中的拉票、投人情票等违纪行为和不正之风。

37.为什么党组织吸收28周岁以下的青年入党一般应是共青团员?

共青团是党领导的先进青年的群众组织，是广大青年在实践中学习中国特色社会主义和共产主义的学校，是党的助手和后备军。一个青年政治上积极要求上进，应首先加入共青团组织。28周岁以下的青年入党，一般应从团员中发展，发展团员入党一般应经过团组织推荐。长期以来，发展党员工作始终强调了这样一个要求。共青团员已经成为党组织发展青年党员的主要来源。

38.入党积极分子培养联系人的主要任务是什么？

入党积极分子的培养联系人，应当由经过一定时间党内生活的锻炼，能够用党员标准严格要求自己，先锋模范作用发挥得比较好的正式党员担任。预备党员不能做入党积极分子的培养联系人。

培养联系人的主要任务是：

（1）向入党积极分子介绍党的基本知识；

（2）了解入党积极分子的政治觉悟、道德品质、现实表现和家庭情况等，做好培养教育工作，引导入党积极分子端正入党动机；

（3）及时向党支部汇报入党积极分子情况；

（4）向党支部提出能否将入党积极分子列为发展对象的意见。

39.培养联系人一般多久向党支部汇报一次入党积极分子情况？

为加强对入党积极分子的培养教育和考察工作，培养联系人既可每季度向党支部汇报一次入党积极分子的培养教育情况，也可根据实际情况不定期汇报情况。对入党积极分子违纪违法、参加非法组织等重要情况，应及时向党支部汇报。

40.党组织对入党积极分子要进行哪些教育？

入党申请人被党组织确定为入党积极分子后，党组织要针对入党积极分子的思想和工作实际，结合党的中心任务，对他们进行马克思列宁主义、毛泽东思想和中国特色社会主义理论体系教育，党的路线、方针、政策和党的基本知识教育，党的历史和优良传统、作风教育，社会主义核心价值观教育，以及怎样争取做一名共产党员的教育等。

党组织应当对入党积极分子进行马克思列宁主义、毛泽东思想和中国特色社会主义理论体系教育，党的路线、方针、政策和党的基本知识教育。

（1）马克思列宁主义、毛泽东思想是我们党的指导思想的重要组成部分。

认真学习马克思列宁主义、毛泽东思想的基本原理，确立和掌握辩证唯物主义的立场、观点和方法，才能正确认识人类社会的发展规律，树立坚定的共产主义信念，解决好思想上入党的问题。

（2）中国特色社会主义理论体系，就是包括邓小平理论、“三个代表”重要思想、科学发展观、习近平新时代中国特色社会主义思想在内的科学理论体系，是对马克思列宁主义、毛泽东思想的坚持和发展。中国特色社会主义理论体系是改革开放历史新时期我们党推进马克思主义中国化所取得的理论创新成果，探索和回答了什么是社会主义、怎样建设社会主义，建设什么样的党、怎样建设党，实现什么样的发展、怎样发展，坚持和发展什么样的中国特色社会主义，怎样坚持和发展中国特色社会主义四大基本问题，深化和丰富了对共产党执政规律、社会主义建设规律、人类社会发展规律这三大规律的认识，是同马克思列宁主义、毛泽东思想既一脉相承，又与时俱进的科学理论体系，以新的思想、观点继承、丰富和发展了马克思主义。认真学习中国特色社会主义理论体系，有利于入党积极分子增强贯彻执行党的路线、方针、政策的自觉性和坚定性，引导他们积极投身改革开放和社会主义现代化建设。

（3）党的路线是我们党为完成一定历史时期的任务，根据其基本政治纲领而确定的行动方针和指导原则。党的方针是党在一定历史时期内，为达到特定目标而确定的指导原则。党的政策是党为实现一定历史时期的政治路线或完成某一重大任务而规定的行动规范和要求。只有认真学习和理解党的路线、方针、政策，才能自觉地在思想上、政治上、行动上同党中央保持一致，才能在全面建成小康社会、加快推进社会主义现代化的实践中，发挥一名党员应起的作用。

（4）党的基本知识是一名合格共产党员必须具备的知识。不懂得党的性质、纲领、宗旨、组织原则和纪律，不了解作为一名党员的权利、义务和历史责任，就不可能在实际行动中成为一名合格的共产党员。

党组织应当对入党积极分子进行党的历史和优良传统、作风教育。

（1）党史学习教育是牢记党的初心和使命的重要途径。我们党领导的革命、建设、改革的伟大实践，是一个接续奋斗的历史过程，是一项救国、兴国、强国，进而实现中华民族伟大复兴的完整事业。党的历史是我们党的宝贵财富，是最好的教科书。对入党积极分子进行党的历史教育，引导他们学史明理、学史增信、学史崇德、学史力行，有助于他们从党的历史中汲取开拓前进的智慧和力量，有助于他们加深对党的思想理论的理解，有助于他们坚定对党、对社会主义的信念。

（2）党风问题关系党的生死存亡。党在长期斗争中形成的理论联系实际，密切联系群众，批评和自我批评这三大作风，以及自力更生、艰苦奋斗等作风，体现着党的性质和宗旨，是我们党取得革命、建设、改革胜利的根本力量。党组织对入党积极分子进行党的优良传统和作风的教育，是为了使他们更加深刻地认识党、了解党，激励他们自觉地继承和发扬党的优良传统和作风，争取早日成为一名光荣的共产党员。

党组织应当对入党积极分子进行社会主义核心价值观教育。

以“富强、民主、文明、和谐，自由、平等、公正、法治，爱国、敬业、诚信、友善”为主要内容的社会主义核心价值观，是社会主义核心价值体系的内核，反映社会主义核心价值体系的丰富内涵和实践要求，是社会主义核心价值体系的高度凝练和集中表达。对入党积极分子进行社会主义核心价值观教育，帮助他们深刻领会、准确把握其精神实质和丰富内涵，有助于他们自觉培养和牢固树立正确的世界观、人生观、价值观和中国特色社会主义共同理想，增强走中国特色社会主义道路、为党和人民事业不懈奋斗的自觉性和坚定性，做共产主义远大理想和中国特色社会主义共同理想的坚定信仰者。

41.入党积极分子为什么要经常向党组织汇报自己的思想和工作情况？

入党积极分子经常向党组织汇报自己的思想和工作情况，是党组织有针对性地对入党积极分子进行培养教育的需要。党组织可以根据入党积极分子的思想和工作情况采取具体的培养教育措施，还可以根据入党积极分子汇报的情况来判断和衡量其政治上成熟的程度。同时，这也是增强入党积极分子组织观念的需要。入党积极分子可以通过汇报思想和工作情况，听取党组织的意见和要求，及时得到党组织的教育和帮助。

入党积极分子一般每季度向党组织汇报一次思想和工作情况。汇报思想和工作情况，无论是书面的还是口头的，都要实事求是，忠诚老实，一分为二，这样，有利于党组织全面真实地了解自己。

42.党组织对入党积极分子定期考察的主要内容是什么？

党组织对入党积极分子定期考察的主要内容是：入党积极分子的政治觉悟、道德品质、入党动机、工作学习情况和现实表现等。

党支部一般每半年对入党积极分子考察一次，考察结果要有记载，作为衡量入党积极分子是否具备党员条件的重要依据。

43.为什么要建立入党积极分子动态管理机制？

建立入党积极分子动态管理机制，及时调整不合格人员，是加强入党积极分子队伍建设的一项重要措施，也是切实保证发展党员质量的需要。

和社会上的其他人一样，入党积极分子也不是生活在真空中，社会上的各种思想和现象都会对他们产生影响。尤其是随着改革开放和社会主义市场经济深入发展，我国社会经济成分、组织形式、就业方式和分配方式日益多样化，所带来的影响和冲击，势必会影响到入党积极分子。一些不健康的思想、价值观念、生活方式等不可避免地要侵蚀他们的思想。在这种情况下，不是所有的入党积极分子都能经受住考验。一些过去表现很好的积极分子可能会发生变化，有的甚至走向堕落。而有的也会在复杂的环境中经受住考验、不断进步，过去表现一般的现在成了先进分子。另外，党组织对入党积极分子的认识也有一个过程，有的也不是一下子就看得十分准确。因此，党组织要对入党积极分子队伍进行动态管理。党组织要在考察的基础上，经常研究分析入党积极分子队伍的状况，及时把新发现的先进分子吸收到这支队伍中，把不能继续作为入党积极分子的人及时调整出去，使入党积极分子队伍这个“蓄水池”保持一个相当大的数量，而且保证这个“蓄水池”里的“水”都是较高质量。这样，才能切实保证新发展党员的质量。

实行入党积极分子动态管理，一方面要坚持条件，不能把不具备条件的人留在这支队伍里；另一方面，又要历史地、全面地、发展地看待一些基本素质好，但还有缺点和毛病的人，相信他们在一定条件下是会转变的。对于经过长时间的教育仍然不见效的，就应当作必要的调整。

44. 对新转来的入党积极分子，现单位（居住地）党组织应做好哪些工作?

对于新转来的入党积极分子，现工作、学习单位（居住地）党组织要及时负责地进行研究，审查其入党的有关材料，责成专人同新转来的入党积极分子谈话，了解其思想和各方面的情况，并指定正式党员作为培养联系人。对于新转来的入党积极分子，应与本单位（居住地）其他的入党积极分子一样，进行经常地培养教育和考察。现单位（居住地）党组织或上级有关部门转来的有关材料，应及时催要。

在原单位（居住地）党组织已经过一年以上培养教育的入党积极分子，经由现所在单位（居住地）党组织全面考察，确已具备党员条件的，则可按程序确定为发展对象人选。

如何做好出国（境）学习和工作的入党积极分子培养教育?

随着改革开放的深入和经济社会的发展，出国（境）学习和工作人员不断增多，其中的入党积极分子也越来越多。做好出国（境）学习和工作的入党积极分子培养教育工作，要按照规定办事，严格把好政治关。主要注意以下几个方面：

（1）出国（境）前，入党积极分子所在党组织要对其加强组织纪律、党性观念教育，要求他们出国（境）前向所在党组织报告有关情况，出国（境）后以适当方式主动与党组织保持联系。

（2）出国（境）期间，入党积极分子要与国内党组织保持联系，如实汇报自己在国（境）外的思想、学习、工作以及是否加入外国国籍或取得外国长期居住权等情况。国内党组织要主动关心他们，采取一定方式对他们进行党的基本知识、国内形势政策等教育，继续做好培养教育工作。

（3）入党积极分子回国后，要及时向党组织书面报告本人在国（境）外期间的思想、学习、工作等情况。党组织要采取多种方式进行调查了解，对认定其在国（境）外期间无损害党和国家利益行为、在我驻外使领馆无不良行为记录、未加入外国国籍或取得外国长期居住权的，报上级党委同意后，接续做好培养教育工作。国内的培养教育时间可以连续计算。

45. 发展对象应具备哪些条件？

确定入党积极分子为发展对象，应具备以下条件：

（1）一般应经过党组织一年以上的培养教育和考察。

（2）完成了规定内容的培训教育。党组织要对入党积极分子进行党的基本理论、基本路线、基本知识等内容的教育。

（3）基本具备党员条件。确定入党积极分子为发展对象，必须符合党章规定的党员条件。对先进性不明显、群众威信不高、不具备党员条件的，不能确定为发展对象。

46. 入党积极分子要经过多长时间的培养教育和考察才可列为发展对象？

入党积极分子经过一年以上的培养教育和考察，才可列为发展对象。这是根据多年来发展党员工作的经验和入党积极分子成熟的一般规律提出来的，是保证新党员质量的一项重要措施。

入党申请人被确定为入党积极分子后，党组织要对他们进行马克思列宁主义、毛泽东思想和中国特色社会主义理论体系教育，党的路线、方针、政策和党的基本知识教育，党的历史和优良传统、作风教育以及社会主义核心价值观教育，使他们懂得党的性质、纲领、宗旨、组织原则和纪律，懂得党员义务和权利；要帮助入党积极分子端正入党动机，确立为共产主义事业奋斗终身的信念；要通过多种方法和途径对入党积极分子进行认真的考察和审查，保证他们基本具备入党条件。要做好这些工作，没有一定的时间是不行的。从以往的经验看，一些新党员不能很好发挥作用，重要原因是入党前没有进行认真的培养教育，有的连做一名党员的基本要求都不懂。因此，非常有必要对入党积极分子进行一年以上的培养教育和考察，促使其尽快成熟。

47.入党申请人、入党积极分子、发展对象之间有哪些联系和区别？

入党申请人、入党积极分子、发展对象是发展党员工作中具有特定含义的三个概念。三者之间既有联系又有区别。对于要求入党的同志来说，这三者是其入党前逐步具备党员条件的不同阶段；对于党组织来说，是衡量要求入党的人培养成熟程度的标志。

从发展党员工作过程来看，凡符合党章第一章第一条规定，向党组织正式提出入党申请的人（一般应书面申请），均称作“入党申请人”。经党员推荐、群团组织推优等方式产生人选，由支部委员会（不设支部委员会的由支部大会）研究决定，可确定为“入党积极分子”。党支部要将入党积极分子报上级党委备案，对他们一般应指定培养联系人，并有具体的培养教育计划和措施。对经过一年以上培养教育和考察，基本具备党员条件的入党积极分子，在听取党小组、培养联系人、党员和群众意见的基础上，经支部委员会讨论同意并报上级党委备案后，对其中准备近期发展的，列为“发展对象”。

48.为什么确定发展对象必须听取党小组、培养联系人、党员和群众的意见？

确定入党积极分子为发展对象，必须先听取党小组、培养联系人、党员和群众的意见。这是因为，培养联系人担负着对入党积极分子直接培养教育的任务，对入党积极分子的思想、工作、学习等情况最了解。党小组是与入党积极分子接触最近的一个层次，党员和群众对入党积极分子的情况了解得最全面、最具体。这样做，有助于党组织更准确地掌握入党积极分子情况，看其是否符合党员条件，切实保证新发展党员的质量；也可以防止发展党员工作中的不正之风，避免把不具备党员条件的人吸收到党内来。

49.听取党员和群众意见的方式通常有哪几种？需要注意什么？

听取党员和群众意见时，通常采取以下几种方式：

（1）个别谈话。通过个别谈话听取党员和群众的意见，被谈话人一般顾虑较少，容易听到真实的反映。个别谈话如果方式得当，能够听到在一些场合听不到的意见。

（2）座谈了解。这是简便易行的听取意见的方法，也是比较传统的方法。根据被听取意见人的情况，邀请熟悉情况的同志参加，会上，可引导与会人员各抒己见，充分发表意见。如果对某一问题到会者没说清楚，可随时提问，其他人也可补充。这种方法可在较短的时间内听取较多人的意见。

（3）民意测验。这是一种充分发扬民主，依靠群众提供有关情况资料的调查方法。听取意见的对象可以随意确定，也可以选取有代表性的。操作起来简便，结果也比较直观。

听取党员和群众意见时，要根据采取方式的不同，分别注意以下问题：

（1）个别谈话事先要做好准备，先谈些什么，后谈些什么，哪些是谈话重点等都要做到心中有数。谈话时，态度要热情，语气要和蔼，气氛要宽松，讲究谈话的方式和艺术，使谈话对象有话愿讲，真实地反映情况。

（2）座谈了解时，首先，要选好参加会议人员，既要照顾到面，更要多请些熟悉情况的同志。其次，会前要让与会人员知道主要想听取什么意见，以便做好准备。最后，会上一定要引导好，让与会人员把话题集中到主题上，防止出现东一句、西一句的问题。

（3）民意测验时设定的项目力求具体，不能含糊，避免似是而非。最终汇总的结果要注意保密，不要扩散，以免引起不必要的矛盾。

50.入党积极分子列为发展对象后，党组织应做好哪些工作？

入党积极分子被列为发展对象后，党组织不能因此放松对他们的培养教育，而应当对他们提出更加严格的要求。要继续给他们分配适当的社会工作，让他们在实践中加强锻炼，促使他们自觉地用党员标准规范自己的言行。同时，要对发展对象进行政治审查，要组织他们参加入党前的短期集中培训，做进一步的教育和考察。

51.如何确定入党介绍人？

入党介绍人一般由培养联系人担任，或由党组织指定。入党介绍人一般由培养联系人担任，是因为培养联系人最了解发展对象的思想和工作情况。由培养联系人担任入党介绍人，有利于培养教育工作的连续性，也有利于发展对象被接收为预备党员后，进一步对其进行教育和考察。入党介绍人由党组织指定的，要经本人同意，不应硬性指派。

52.入党介绍人与培养联系人的任务有什么区别？

入党介绍人与培养联系人的任务从总体上讲是一致的。他们都是为了协助党组织，做好对入党申请人的教育、培养和考察工作。但是，他们的具体任务又有所不同。

培养联系人的主要任务是：向入党积极分子介绍党的基本知识；了解入党积极分子的政治觉悟、道德品质、现实表现和家庭情况等，做好培养教育工作，引导入党积极分子端正入党动机；及时向党支部汇报入党积极分子情况；向党支部提出能否将入党积极分子列为发展对象的意见。

入党介绍人的主要任务是：向发展对象解释党的纲领、章程，说明党员的条件、义务和权利；认真了解发展对象的入党动机、政治觉悟、道德品质、工作经历、现实表现等情况，如实向党组织汇报；指导发展对象填写《中国共产党入党志愿书》，并认真填写自己的意见；向支部大会负责地介绍发展对象的情况；发展对象批准为预备党员后，继续对其进行教育帮助。

53.发展党员为什么要有两名正式党员作为入党介绍人？

由什么人作为入党介绍人和介绍什么人入党，是十分严肃、慎重的事。规定应当有两名正式党员作为入党介绍人，一是为了使党组织对发展对象的考察更加全面、客观，避免片面性，有利于保证新党员的质量；二是不致因一名入党介绍人的变动而影响党组织对发展对象的考察，有利于工作的连续性。

54. 党支部书记可以担任入党介绍人吗？

党支部书记作为本支部的正式党员，党内生活时间一般较长，表现较好，发挥作用和一般党员相比要更突出，因此，党支部书记可以担任入党介绍人。

有人担心支部书记担任入党介绍人会影响支部发展党员的审查把关作用。这也有一定的道理。为了避免这种情况，要严格按党章规定办事，接收新党员要广泛听取党员和群众的意见，进行严格的审查，在支部大会上集体讨论决定和表决，并报上级党组织审查批准。任何个人都不得违反这些规定。

55. 入党介绍人要认真了解发展对象的哪些情况？

入党介绍人介绍一个同志入党，对党组织和发展对象都负有重要的政治责任。入党介绍人应认真了解发展对象的入党动机、政治觉悟、道德品质、工作经历、现实表现等情况，以及党员和群众对他的反映。介绍人应将所了解到的上述情况以及其家庭成员和主要社会关系等方面的情况，如实地向党组织汇报。入党介绍人了解发展对象的有关情况，可以采取同发展对象一起工作、学习，进行家访、谈话谈心，以及向周围群众了解调查等方法。

56. 党组织如何审查发展对象在重大政治斗争中的表现？

发展对象在重大政治斗争中的表现，是党组织对发展对象进行政治审查的重要内容。审查发展对象在重大政治斗争中的表现，首先要调查清楚发展对象亲身经历了哪几次重大的政治斗争。然后要调查清楚发展对象在这几次斗争中的政治立场、思想倾向，对重大原则问题的态度、认识和言行等。主要看他能否立场坚定，旗帜鲜明地捍卫党和国家的利益、捍卫人民的利益，勇于同一切错误思潮和倾向进行斗争；能否同党中央在政治上保持一致，认真贯彻党的路线、方针、政策；能否自觉清理思想，坚持真理，修正错误。

57. 党组织应如何审查与发展对象关系密切的主要社会关系的政治情况？

与发展对象关系密切的主要社会关系，通常指在政治上、思想上、生活上与其有密切联系的旁系亲属，如岳父母（公婆）、伯叔姑舅姨，以及与发展对象关系密切的朋友、同事、同学、同乡等。

审查发展对象的直系亲属、主要社会关系，并不要求调查上述范围内的每一个人，主要是了解那些在政治上、经济上与发展对象交往密切的人。情况清楚的，可以不再调查。

58.对发展对象进行政治审查时，什么情况下可以函调或外调?

对发展对象进行政治审查时，经过党组织同发展对象本人谈话，查阅档案和其他有关材料，找本单位有关人员了解后，仍有某些重要情况不清的，可以向外单位的有关人员进行函调或外调。函调或外调的问题必须是与发展对象能否入党密切相关的。对与发展对象入党没有多大关系的问题和一些不必要搞清楚的细枝末节，不必进行调查。同时要注意，在搞清问题的前提下，尽量节约人力财力，凡函调能解决的，就不要派人外出调查。

党组织对发展对象进行函调、外调时，接待单位党组织该怎样配合?

凡符合中央有关部门关于函调、外调材料的有关规定的，接待单位党组织均应积极配合，主动、及时办理，不得以任何借口推托或拒不受理。

受理政审调查中，所提供的材料必须实事求是。提供证明材料前，应经本单位党组织负责人审阅。由个人出具的证明材料，党组织应在材料上注明证明人的政治状况和对证明材料的看法。

调查过程中，证明人提供了新的调查线索，或遇证明人工作已经调动时，接待单位党组织要负责办理转接介绍信手续。

党组织在受理政治审查函调或外调时，如遇调查内容与政治审查目的不符等情况时，可及时向上级党组织反映，或向调查单位说明情况。

59.如何做好对发展对象的政治审查工作?

政治审查必须严肃认真、实事求是，坚决纠正忽视政治审查，或因为怕麻烦、图省事简化政治审查、不搞政治审查等问题。

（1）政治审查应由党性强、作风正、能坚持实事求是原则的正式党员负责。

（2）调查证明材料必须通过党组织进行，任何人不得私自索取或提供证明材料。

（3）调查过程中，调查人提供一些情况，帮助证明人回忆是可以的，但绝对不得对证明人采取指供、诱供、逼供等错误的调查手段。

（4）调查直系亲属和主要社会关系情况时，可通过党组织了解，一般不得查阅对方人事档案。

（5）由单位出具的证明材料应经单位负责人审阅。由个人出具的证明材料，所在单位应在证明材料上注明证明人的职务、政治情况等。

（6）要注意保密，不得随意泄露政治审查情况，不得将证明材料交给被证明人看。

（7）既要严格，又要从实际出发，不宜太烦琐。通过查阅本人档案等有关材料和与本人谈话，情况清楚的，不再调查；对与发展对象入党没有多大关系的问题和一些细枝末节，不必调查；对与发展对象无联系或联系不多、影响不大的非直系亲属，不用调查。

（8）党组织要在综合分析审查情况的基础上，认真负责地形成结论性材料。

政治审查对象所在单位（居住地）党组织不了解其情况时，该怎么办？

政审对象所在单位（居住地）党组织对其情况不了解的，党组织应主动找本人和有关人员谈话，查阅有关档案材料，了解有关情况。必要时，可向政审对象以前的学习、工作单位（居住地）党组织了解情况。

政审对象接受党组织审查时，要忠诚老实，主动向党组织提供情况和线索，积极配合党组织搞好政治审查，不能回避和隐瞒问题。

60. 如何正确理解“凡是未经政治审查或政治审查不合格的，不能发展入党”？

为了保持党的性质，坚持党全心全意为人民服务的宗旨，更好地担负起历史赋予我们党的艰巨任务，必须十分强调党的先进性和纯洁性。因此，《中国共产党发展党员工作细则》规定“凡是未经政治审查或政治审查不合格的，不能发展入党”，这是提高发展党员质量，保持党的先进性和纯洁性的具体措施之一，对于防止政治上有问题的人混入党内是非常必要的。

61.从列为发展对象到讨论接收预备党员需要多久?

《中国共产党发展党员工作细则》对从列为发展对象到讨论接收预备党员的时间没有作出具体规定。这是因为，列为发展对象以后，党组织还要做好政治审查、短期集中培训、支部委员会审查、基层党委预审等工作，这需要一定的时间。基层党委预审发展对象合格后，党支部一般应在一个月之内提交支部大会讨论接收预备党员事宜。

支部委员会在支部大会讨论发展对象入党问题前应做好哪些工作?

支部委员会在支部大会讨论发展对象入党问题之前，一般要做好以下工作:

（1）广泛征求党员和群众对发展对象的意见。

（2）由党支部负责同志或组织委员同发展对象谈话，进一步了解其对党的认识、入党动机以及其他需要了解的情况。

（3）召开支部委员会，听取入党介绍人关于发展对象的情况汇报，对发展对象有关问题进行严格审查。

（4）经支部委员会集体讨论，确认发展对象具备入党条件，手续完备后，报具有审批权限的基层党委预审。

（5）支部委员会将基层党委预审合格的发展对象提交支部大会讨论。

62.党支部应该将发展对象的哪些材料报基层党委预审?

（1）入党申请书、思想汇报;（2）入党积极分子培养教育和考察情况;（3）政治审查结论性材料;（4）参加短期集中培训情况;（5）发展对象综合审查情况;（6）其他需要上级党委审查的材料。

63.基层党委接到发展对象预审材料后，应做好哪些工作?

基层党委接到党支部上报的发展对象预审材料后，应做好以下工作:

（1）指定专人对发展对象的入党材料进行详细审阅，必要时，还应查阅本人的档案材料。发现材料不齐全的，应通知党支部补报有关材料。

（2）经审阅材料发现有不清楚或疑惑的问题，应听取发展对象所在单位和有关人员的意见，并对有关问题进行调查核实。调查核实有关问题和听取有关意见时，对情况的来源要力求准确、可靠，防止偏听偏信。

（3）根据发展对象实际情况，听取纪检、公安、信访、计生、工商、税务等相关执纪执法部门的意见。

（4）对发展对象的条件、培养教育情况、入党材料等进行认真分析和思考，研究提出预审意见，并及时书面通知党支部。

64.基层党委对发展对象进行预审时，主要应审查哪些内容？

基层党委对发展对象进行预审时，主要应审查以下内容：

（1）入党材料是否齐全、清楚，注意对材料的鉴别，防止有弄虚作假的现象。

（2）是否经过一年以上的培养教育和考察，培养教育和考察的措施是否扎实有效。

（3）是否经过政治审查，重要问题是否查清，本人主要经历、直系亲属和主要社会关系的政治情况是否清楚。

（4）是否广泛听取党员和群众的意见，群众反映是否好，群众威信是否高。

（5）入党信念是否坚定，入党动机是否端正，政治觉悟是否高，道德品质是否好。

（6）生产、工作、学习、社会生活等方面表现是否突出，先进性是否明显。

65.基层党委接到发展对象预审材料后，一般应多久完成预审？

为充分发挥基层党委的把关作用，又不影响党支部及时召开支部大会讨论接收预备党员，基层党委接到党支部上报的预审材料后，一般应在一个月之内完成预审。审查结果以书面形式通知党支部。

66.基层党委对发展对象进行预审，原则上要怎么做？

对发展对象进行预审，原则上要经党委会讨论，一般情况下，可由党委组织部门负责把关。对领导干部、新的社会阶层人员、民主党派人士等发展对象的预审，还应根据需要征求上级有关部门的意见。

67.如何衡量发展对象是否符合党员条件？

衡量发展对象是否符合党员条件，应着重考察其对党的认识、入党动机、政治觉悟、道德品质、本职工作和其他方面的表现。具体地说，就是要从发展对象的实际行动和实际表现中着重看他是否树立马克思主义信仰、共产主义觉悟和中国特色社会主义信念，积极拥护并认真贯彻执行党的路线、方针、政策；能否自觉践行社会主义核心价值观；能否密切联系群众，自觉地为人民服务；能否正确处理国家、集体、个人三者利益关系，自觉地以个人利益服从于党和人民的利益；是否模范地严格遵守党的纪律和国家的法律法规，在生产、工作、学习和社会生活中起先锋模范作用。

68.已调出的发展对象能否在原单位办理入党手续？

发展对象调出时，调出单位党组织应当认真负责地将对其培养教育和考察情况的材料，转交给调入单位（居住地）党组织。能否发展入党，由调入单位（居住地）党组织决定。

有的单位的党组织趁发展对象调动工作之机，不坚持原则，拿入党做人情，这是对党不负责任的表现，是党的纪律所不允许的。遇到这种情况，调入单位（居住地）的党组织应予以抵制，并向上级党组织及时反映。上级党组织应严肃查处。

69.为什么发展党员必须经过支部大会讨论通过？

发展党员工作中一个很重要的环节就是支部委员会要对发展对象进行严格审查，经基层党委预审合格后指导发展对象填写《中国共产党入党志愿书》，再提交支部大会讨论。支部大会上，发展对象要汇报自己对党的认识、入党动机、本人履历、家庭和主要社会关系情况以及需要向党组织说明的问题。支部委员会要向支部大会报告对发展对象审查的情况。与会党员要对发展对象能否入党进行充分讨论，并采取无记名投票方式进行表决。赞成人数超过应到会有表决权的正式党员的半数，才能通过接收预备党员的决议。从以上可以看出，发展党员必须经过支部大会讨论通过。那些发展党员不经过支部大会讨论，将发展对象的《中国共产党入党志愿书》交给党支部书记个人填写的做法，以及采取个别征求意见的方式形成支部大会决议的做法都是错误的，必须坚决予以纠正。

如何正确填写《中国共产党入党志愿书》?

《中国共产党入党志愿书》是党组织接收和审批新党员的主要依据，它记载着入党申请人的入党申请、入党时的主要情况和全部入党审批过程，是党员本人档案材料的重要内容，是党员的永久性档案材料。填写《中国共产党入党志愿书》应注意以下事项：

（1）填写《中国共产党入党志愿书》前，党支部负责人和入党介绍人应对发展对象进行党的基本知识和对党忠诚的教育，对填写《中国共产党入党志愿书》的目的和意义、填写内容和要求作详细说明。发展对象填写《中国共产党入党志愿书》要严肃认真，忠诚老实。

（2）《中国共产党入党志愿书》必须由发展对象自己填写有关栏目。如本人填写确有困难，可由党支部指定党员按照本人口述代笔填写。

（3）填写时均用钢笔、签字笔或毛笔，并使用黑色或蓝黑墨水。字迹工整清楚。表内的年、月、日一律用公历和阿拉伯数字。

（4）应向党组织交代或者说明的有些情况，没有填写栏目的，应另附纸说明。

（5）“姓名”应与居民身份证一致。

（6）“民族”填写全称。

（7）“籍贯”填写本人的祖居地（指祖父的长期居住地）；“籍贯”和“出生地”按现行政区划分填写到县（市、区）。

（8）“学历”分毕业、结业、肄业三种，填写接受相应教育的最高学历。

各类成人高等院校毕业生，应以国家教育行政部门或经其认可的部门、单位出具的学历证明为依据；接受党校教育的，以各级党校出具的学历证明为依据。不得填写“相当××学历”。

（9）“单位、职务或职业”据实填写，无单位、职务的，填写职业。

（10）“现居住地”填写现固定居住的详细地点。现役军人中的入党申请人不填写。

（11）“入党志愿”着重填写本人对党的认识、思想发展过程和对入党问题的态度。

（12）“本人经历（包括学历）”从上小学填起，起止年月要衔接。“在何地、何单位”要写全称。“任何职”应写明主要职务。参加电大、函大、夜大、职大、自学考试等学习的，都应填写；取得学位的在相应栏目中注明。“证明人”填写熟悉本人情况的人或一同学习、工作过的人。

（13）“何时何地加入中国共产主义青年团”“何时何地参加过何种民主党派或工商联，任何职务”和“何时何地参加过何种反动组织或封建迷信组织，任何职务，有何活动，以及有何其他政治历史问题，结论如何”栏中的“何地”，应填写到工作单位或乡镇、街道。

（14）“何时何地何原因受过何种奖励”，要写明受奖励的时间、经何单位批准、获奖名称、享受待遇等。

（15）“何时何地何原因受过何种处分”，填写受到党纪、政纪、团纪处分或刑事处罚的情况。经组织复查被平反纠正的不需填写。

（16）“需要向党组织说明的问题”，主要填写需要向党组织说明，而在其他栏目中不好填写的问题。

70. 召开讨论接收预备党员的支部大会应当注意哪些问题？

召开讨论接收预备党员的支部大会应当注意：

（1）要保证出席人数。如果有表决权的正式党员实到会人数不足应到会有表决权人数的一半，支部大会不能举行；虽超过半数，但缺席人数较多，一般也应改期召开。

（2）发展对象及其入党介绍人必须参加支部大会。

（3）在召开讨论接收预备党员的支部大会前，支部委员会要通知党支部全体党员。开会时，主持人要引导大家充分发表意见。

（4）支部大会讨论两个以上的发展对象入党时，必须逐个讨论和表决。

（5）因故不能到会的有表决权的正式党员，在支部大会召开前正式向党支部提出书面意见的，应当统计在票数内。

71. 党支部正式党员减少到不足三人，可以讨论接收预备党员吗？

党支部正式党员减少到不足三人，不能临时与其他党支部合并或约请其他党支部党员参加讨论接收预备党员。未经上级党组织批准，未履行任何手续，自行合并党支部或约请其他党支部党员参加讨论接收预备党员的做法是违反党章和党内有关文件规定的。党支部正式党员减少到不足三人，并在短期内不能增加党员时，应由上级党组织决定予以撤销，重新组建新的支部，或由上级党组织将有关部门的党员正式编入该党支部，然后才可以召开支部大会讨论接收预备党员。

72. 支部委员会向支部大会报告对发展对象的审查情况，一般应包括哪些内容？

支部委员会向支部大会报告对发展对象的审查情况，一般应包括以下内容：

（1）发展对象的基本情况和现实表现。

（2）对发展对象的政治历史和在重大政治斗争中的表现、遵纪守法和遵守社会公德、直系亲属和主要社会关系政治情况的审查情况。

（3）征求党员和群众意见的情况。

（4）基层党委对发展对象的预审情况。

（5）其他需要向支部大会说明的情况。

73. 支部大会讨论两个以上发展对象入党流程规定？

“个别吸收”，是发展党员必须坚持的原则之一。这反映在发展党员的工作程序上，就是逐个讨论和表决，这样可以使党组织和党员对发展对象有更充分的了解，也可以使参加支部大会的每一名党员更明确地表明自己的意见。支部大会讨论两个以上的发展对象入党时，逐个进行讨论和表决，体现了发展党员工作的严肃性，也体现了尊重党员的民主权利。这样做，有利于保证新党员的质量，防止不具备党员条件的人在成批讨论通过中混入党内。

74. 支部大会讨论通过接收预备党员决议主要包含哪些内容？

支部大会讨论通过接收预备党员时，支部大会决议主要包括：发展对象的主要表现（优缺点）；应到会和实际到会有表决权的党员人数；表决结果（赞成、不赞成和弃权的票数各有多少）；通过决议的日期；党支部书记签名等。党支部应当及时将支部大会决议写入《中国共产党入党志愿书》，并及时报上级党委审批。

75. 入党积极分子可否参加讨论接收预备党员的支部大会？

讨论接收预备党员的支部大会，可以吸收入党积极分子参加。实践表明，这样做是党组织培养教育入党积极分子的有效方法，对入党积极分子本人来说，也是一次加深对党的认识、提高政治觉悟和党性观念的学习机会，有利于进一步明确自己的努力方向，争取早日加入党组织。入党积极分子可以在会上谈自己的感想和认识，但不能参加表决。每次讨论接收预备党员的支部大会，吸收哪些入党积极分子参加，由支部委员会根据具体情况确定。吸收入党积极分子参加的人数一次不要太多，这样可以使参会的入党积极分子从中受到鼓舞和激励，其他入党积极分子也会学有榜样、赶有目标。

76. 党总支能不能审批预备党员？

预备党员必须由党委（工委）审批。为充分体现从严治党、严把入口关的要求，进一步强化党委的职责和把关作用，更好地落实发展党员总量调控任务，根据当前基层党组织设置的变化，取消了原来“县以上党委直接领导的独立单位的党总支和大型厂矿企业、大专院校直属的分厂、分校党总支，经县以上党委授权，可以审批党员”的规定，明确所有的党总支都不能审批预备党员，但应当对支部大会通过接收的预备党员进行审议。

77.党委对党支部上报的接收预备党员决议，应在多长时间内审批?

党委对党支部上报的接收预备党员的决议，应当在三个月内审批，并报上级党委组织部门备案。如遇特殊情况可适当延长审批时间，但不得超过六个月。这样规定是因为，按照党章规定，发展对象在支部大会讨论通过以后，要经过上级党组织批准，才能成为预备党员，预备期从支部大会通过之日算起。因此党支部报批以后，如果上级党组织不及时审批，就等于缩短了预备党员的预备期。审批时间拖长，不利于党组织对预备党员的教育和考察，在一定意义上也就失去了预备期的作用。所以，上级党组织对党支部上报的接收预备党员的决议，除特殊情况外，应当在三个月内进行审批。

78.党支部在党委批复接收预备党员决议后应做好哪些工作?

党支部接到党委对党支部报批预备党员的批复后，应做好以下工作：

（1）党支部书记、副书记或组织委员与被批准为预备党员的同志进行谈话，要教育其按照党章规定的党员标准严格要求自己，在预备期间进一步接受党组织的教育和考察，争取按期转正，对未被批准入党的同志，应向其说明未被批准的原因，肯定其优点，指出存在的主要问题和今后的努力方向，鼓励其克服缺点，继续进步，接受组织教育，争取早日入党。

（2）党支部应及时将党委审批结果在党员大会上宣布。

（3）将被批准接收的预备党员及时编入党小组过组织生活。

（4）要求入党介绍人继续做好预备党员的教育和考察工作。

79.新接收的预备党员在上级党组织批准之前能不能参加党的组织生活?

支部大会通过接收的预备党员，应经过上级党组织批准才能生效。因此，预备党员参加组织生活，应从上级党组织批准为预备党员后开始。从支部大会通过到上级党组织批准这一段时间内，预备党员虽然不参加党的组织生活，但是，为了加强对他们的教育，党组织可以吸收他们参加党组织的某些活动，预备党员也应当自觉地按照共产党员标准要求自己。

80. 举行入党宣誓仪式的主要程序是什么?

入党宣誓仪式是对预备党员进行教育的一种好形式，一定要庄重、严肃。程序一般为：

（1）奏（唱）《国际歌》。

（2）党组织负责同志致辞。

（3）预备党员宣誓（宣誓人、领誓人面向党旗，一般举右手握拳，领誓人领誓）。

（4）参加宣誓的预备党员代表讲话。

（5）自由发言（参加宣誓仪式的人员都可发言）。

（6）党组织负责同志讲话；如上级党组织派人参加，也应请其讲话。

根据实际情况，对以上程序可做适当调整。

81. 组织预备党员进行入党宣誓应注意哪些问题?

组织预备党员进行入党宣誓，应注意以下问题：

（1）入党宣誓仪式，一般由基层党委或党支部（党总支）组织举行。党小组一般不能组织入党宣誓仪式。

（2）预备党员入党宣誓必须在预备期内进行，而且要在上级党委批准接收其为预备党员后及时举行，不能放在转为正式党员后进行。

（3）举行入党宣誓仪式一定要严肃认真。会场要布置得庄重、简朴、整洁，主席台正中悬挂党旗。

（4）预备党员宣誓时，面向党旗，举右手握拳过肩，宣读誓词。领誓人一般由党组织负责人担任，也面向党旗，站在宣誓人的前面或一侧，举起右手握拳过肩。宣誓仪式按程序进行，领誓人逐句领读誓词，宣誓人齐声跟读，态度要认真，声音要洪亮、激昂。领读完誓词，领誓人读到“宣誓人”时，参加宣誓的人员要依次报出自己的姓名。

（5）只要条件允许，宣誓仪式一定要在正式的场合举行，如在革命历史纪念馆、烈士陵园和英雄塑像前举行入党宣誓仪式时，也要悬挂党旗。特别需要强调的是，悬挂的党旗一定要使用符合中央组织部规定的标准，不能使用不规范的党旗。

（6）入党宣誓仪式可有目的地吸收一些入党积极分子参加，但不能太多。要让参加宣誓仪式的入党积极分子能从中受到教育，对他们真正起到鞭策和激励的作用。

（7）举行入党宣誓仪式要严密紧凑，所有的讲话发言都要简短，时间不宜过长。

82.预备党员为什么要有预备期？

党章规定，申请入党的人，要填写《中国共产党入党志愿书》，要有两名正式的党员作介绍人，要经过支部大会通过和上级党组织批准，并且经过预备期的考察，才能成为正式党员。预备党员的预备期为一年。这是保证新党员质量的一项重要措施。党组织对发展对象虽然已经进行了一定时间的教育和考察，但他们入党后能否真正履行党员义务，执行党的决议，遵守党的纪律，在群众中发挥党员的先锋模范作用，还需要通过党的组织生活和实践锻炼，做进一步地了解和考察，看他们是否真正实践自己的入党誓言，确实符合党章规定的党员条件。因此，党章规定新党员都必须有预备期。预备党员在预备期内应当用党员标准严格要求自己，以实际行动接受组织的考验，争取在预备期满后按期转为正式党员。

83.怎样正确对待预备党员在预备期间的缺点和问题？

在预备期间，党组织发现预备党员在政治、思想、工作、作风等方面存在缺点或问题，应根据具体情况，帮助他们分析原因、提高认识。严肃认真地对他们进行批评和教育，帮助他们学会正确地运用批评和自我批评的武器。要求他们认真改正错误，自觉接受党组织和群众的监督。如果发现属于个人历史或社会关系方面的问题，一方面要教育本人对党忠诚老实，如实向党组织讲清楚；另一方面，要及时调查了解，弄清情况，作出结论。对预备党员在预备期间出现的问题，不能采取到预备期满算总账的不负责任的态度。

预备党员预备期满后，党组织要根据他们在预备期期间的表现，以及对待缺点错误的认识和改正情况，按照党员标准，讨论并提出其能否转为正式党员的意见。

84. 预备党员应在什么时候提出转正申请？

一般情况下，预备党员应在预备期满前一周主动向所在党支部提出转为正式党员的书面申请。因特殊情况，不能按时提出转正申请的，应当在其预备期满后一月之内向党组织提出书面转正申请。

85. 支部大会表决预备党员能否转正时，赞成人数正好半数，怎么办？

支部大会表决预备党员能否转正时，赞成人数必须超过应到会有表决权的正式党员的半数，才能作出同意预备党员转正的决议。如果赞成人数正好为有表决权党员的半数，一般可按下述情况处理：如果因党员对申请转正人的某些问题不清楚而出现意见不一致，支部委员会应介绍有关情况或加以说明，然后再进行表决；如果预备党员不完全具备党员条件，党员对其能否转正的意见有分歧，可以作出延长预备期的决议；如果支部大会上提出新的问题，一时难以弄清，可暂行休会，待查清问题后，在下一次支部大会上重新表决。

为什么延长预备期的时间不能少于半年、长于一年？

预备党员延长预备期的时间不能少于半年、长于一年。这样要求是因为，一个预备党员不完全具备党员条件，要转变为真正具备党员条件，需要有一个过程。同时，党组织对其进行教育、考察也需要一定时间。延长预备期的时间少于半年，就失去了这种作用。规定预备党员延长预备期的时间，不能超过一年，是因为预备党员在延长一年的预备期内，仍然不能正确认识自己身上存在的缺点、错误，不能明显改正自己的缺点和错误，说明他暂时还不具备党员的基本素质，没必要继续延长预备期考察。当他确实改正了自己的缺点和错误，可以重新申请入党。

取消预备党员资格的情形有哪些？

预备党员有以下情形之一，应作出取消预备党员资格的决议：

（1）理想信念动摇，对党的理论和路线方针政策产生怀疑，不能认真贯彻落实的。

（2）违反党和国家有关政策、法规，或不执行党的决议，情节严重的。

（3）因触犯刑律或违反治安管理处罚法，受到刑事处罚或管制、拘役的。

（4）在预备期间，不履行党员义务，或思想落后、觉悟很低，经党组织教育帮助，没有继续进步要求的。

（5）入党后，在思想、工作、学习等方面，出现一些较严重的缺点，或犯有一般错误，经党组织批评指出后，拒绝检查改正的。

（6）在预备期间，犯有严重错误，或发现本人隐瞒了入党前的严重错误的。

（7）延长一次预备期后，仍无明显进步的。

（8）因共产主义信念动摇、不愿接受党纪约束等原因而提出退党、放弃转正的。

（9）由于其他原因，党组织认为应当取消预备党员资格的。

86. 上级党委审批党支部上报的预备党员转正决议时应注意哪些问题？

党委审批党支部上报的预备党员转正决议，应当注意以下几点：

（1）按照党章规定的党员标准，对审批对象进行严格审查。

（2）要在三个月内召开党委会讨论审批。

（3）审批必须由党委会集体讨论、表决。一次党委会上如果同时审批两个以上的预备党员转正决议时，应当逐个审批。

（4）审批意见要及时填入《中国共产党入党志愿书》，写清楚党龄的起算时间，同时通知党支部。

不同时期入党的党员，其入党时间和党龄如何计算?

党员的党龄应从预备期满转为正式党员之日算起。只有正式党员才有党龄，预备党员虽有党籍，但不计算党龄。

在我们党的历史上，有些时期有预备期，有些时期则没有预备期；有些时期入党时间从党员大会通过之日算起，有些时期入党时间则从党委批准之日算起，情况不尽相同。这样，在不同的时期，党龄的计算就有了不同的情况。

1921年7月1日——1923年6月9日，入党时间为上级党委批准之日，无预备期，党龄同时开始计算。

1923年6月10日——1927年4月26日，入党时间为上级党委批准为预备党员之日，党龄从转正之日算起（转正之日等于入党时间加预备期，劳动者预备期三个月，非劳动者六个月）。

1927年4月27日——1928年6月17日，工人、农民、手工业者、店员、士兵入党时间为上级党委批准之日，无预备期，党龄同时开始计算，知识分子、自由职业者入党时间为上级党委批准之日，党龄从转正之日算起，预备期三个月。

1928年6月18日——1945年4月22日，入党时间为上级党委批准之日，无预备期，党龄同时开始计算。

1945年4月23日——1956年9月14日，入党时间为上级党委批准之日，党龄从转正之日算起。工人、苦力、雇农、贫农、城市贫民、士兵预备期六个月；中农、职员、知识分子、自由职业者预备期一年；其他人员预备期两年。

1956年9月15日——1969年3月31日，入党时间为支部大会接收为预备党员之日（须经上级党委批准），党龄从转正之日算起，预备期一年。

1969年4月1日——1977年8月11日，入党时间为上级党委批准之日，无预备期，党龄同时开始计算。

1977年8月12日——1982年9月5日，入党时间为上级党委批准为预备党员之日，党龄从转正之日算起，预备期一年。

1982年9月6日至今，入党时间为支部大会接收为预备党员之日（须经上级党委批准），党龄从转正之日算起，预备期一年。

87. 审查新转入的预备党员入党材料时，怎样正确处理离开原工作、学习单位前三个月内入党的问题？

发展对象未来三个月内将离开工作、学习单位的，一般不办理接收预备党员的手续。在审查新转入的预备党员入党材料时，发现其是离开原工作、学习单位前三个月内发展的，现单位党组织应及时向预备党员本人和原单位党组织了解有关情况，查明原因，并请原所在单位党组织提供情况说明。

对调查核实属于突击发展，经现单位党组织做进一步考察后，认为其不具备党员条件的，报县级以上党委组织部门批准，不予承认其党员身份；认为其具备党员条件的，由现单位党组织重新为其办理入党手续（包括基层党委预审，重新填写《中国共产党入党志愿书》，提交支部大会讨论通过并做出决议，报上级党委审批等）。

对工作、学习单位突然发生变动，确已具备党员条件的，报县级以上党委组织部门同意，对其党员身份予以承认。

88. 如何正确处理预备党员的《中国共产党入党志愿书》因组织保管不慎或转递中遗失的问题？

预备党员的《中国共产党入党志愿书》因组织保管不慎或转递中遗失，有关党组织应负责及时查找，如果查无下落，证明确已遗失，可让预备党员补填《中国共产党入党志愿书》。党组织要在其补填的《中国共产党入党志愿书》有关栏目上注明情况和原因，不应影响其按期办理转正手续。

89. 为何各级党委必须把发展党员工作列入重要议事日程，纳入党建工作责任制？

发展党员工作是党的建设一项经常性重要工作。党在不同的历史时期，都根据自己任务的变化，对党员的数量、质量和结构分布等提出不同的要求，以适应革命、建设和改革事业不断发展的需要和党员队伍自身建设的需要。在新时期新阶段，坚定不移地贯彻和执行党的基本路线，保证党和国家的长治久安，一个十分重要的问题就是必须毫不放松地加强和改善党的建设，全面推进党的建设新的伟大工程，经常地、有计划地把那些在社会主义现代化建设中涌现出来的先进分子及时吸收到党内来，不断补充新鲜血液，使我们党始终保持蓬勃的生机和活力，保证党的事业后继有人，实现历史赋予党的伟大使命。同时，发展党员是加强党与广大人民群众密切联系的途径之一。党同人民群众的联系是通过广大党员的桥梁作用、骨干作用和先锋模范作用来实现的。积极培养和发展工人、农民、知识分子和其他社会阶层中的先进分子入党，是密切党同人民群众的联系，增强党的阶级基础和扩大党的群众基础，提高党的战斗力，使党立于不败之地的重要措施。因此，按照党章规定的党员标准和入党程序，认真做好发展党员工作，是各级党委的一项重要任务，必须将这项工作列入重要的议事日程。

发展党员工作是一项政策性很强的工作，也是党委抓基层党建工作的一项主要责任。把发展党员工作纳入党建工作责任制，作为党建工作述职、评议、考核和党务公开的重要内容，既是逐级明确责任，强化工作措施，整合各方面力量，切实加强发展党员工作领导和指导的需要；也是研究新情况、解决新问题，创新工作机制，改进工作方法，进一步推动发展党员工作制度化、规范化、科学化的需要。因此，各级党委及其组织部门要从全局和战略的高度，充分认识发展党员工作的重要意义，把发展党员工作纳入党建工作责任制，加强领导，落实责任，明确目标，务求实效，切实把发展党员工作抓紧、抓好。

90. 为何要重视从青年工人、农民、知识分子中发展党员？

党的十八大明确提出：提高发展党员质量，重视从青年工人、农民、知识分子中发展党员，优化党员队伍结构。

这是因为，青年强，则国家强。青年是影响当前、决定未来的重要力量；赢得青年，才能赢得未来。广大青年热爱党，热爱社会主义，拥护党的基本路线和方针、政策，在社会主义现代化建设的各项事业中，发挥了生力军和突击队的作用。他们中的大多数人有理想，积极进取，愿意以自己的知识和才能报效祖国，不少人迫切要求加入党组织。无论过去、现在和将来，工人、农民、知识分子始终是我们发展党员的主体，这是由我们党的性质所决定的，也是由工人、农民、知识分子在整个社会构成中的主体地位所决定的。青年工人、农民、知识分子是推动先进生产力发展和社会全面进步的根本力量。及时把具备党员条件的青年工人、农民、知识分子吸收到党内来，是加强党的自身建设，保持党员队伍生机和活力的需要；是培养中国特色社会主义事业接班人，保证党的事业后继有人的需要；是巩固党的阶级基础，扩大党的群众基础，增强党在全社会的影响力和凝聚力的需要。

91. 怎样做好在工人中发展党员工作?

在国有企业，重点发展生产一线班组长、业务骨干、技术能手特别是优秀青年工人入党，做好关键岗位、艰苦岗位有党员，实现党员在生产班组的全覆盖。在非公有制经济组织，重视在生产一线职工、专业技术骨干及经营管理人员中发展党员。注重把生产经营骨干培养成党员、把党员培养成生产经营骨干，引导广大职工积极向党组织靠拢。

92. 组织员应具备哪些基本条件?

组织员应具备的基本条件是：

（1）具有坚定的共产主义信念，认真贯彻执行党的路线、方针、政策，在思想上、政治上、行动上同党中央保持一致。

（2）懂得党的建设的基本理论，熟悉党的组织工作业务，具有一定的党务工作经历。

（3）坚持原则，作风正派，严于律己，联系群众。

（4）具有大专以上文化文化程度，身体健康。

93. 组织员如何认真履行职责?

组织员能否履行好职责，对保证发展党员质量，提高党员队伍的战斗力至关重要。组织员在工作中应注意以下几点：

（1）认真学习，努力提高思想政治水平和业务能力。要认真学习马克思列宁主义、毛泽东思想、邓小平理论、“三个代表”重要思想、科学发展观、习近平新时代中国特色社会主义思想，学习党的基本理论，学习党的路线、方针、政策和业务知识，正确理解发展党员工作总要求，坚持党章和《中国共产党发展党员工作细则》规定的党员标准与入党手续。

（2）深入实际，调查研究。无论是制订和实施发展党员工作计划，还是检查和帮助基层党组织严把“入口关”，做好具体的发展党员工作，都要掌握第一手材料，虚心听取各方面意见，从实际出发，认真分析研究。切忌只凭道听途说或主观臆测，就对问题轻易下结论。要善于总结经验教训，运用典型推动工作。

（3）坚持原则，公道正派，严于律己，不谋私利。对发展党员工作中出现的违纪违规问题和不正之风，要坚决抵制和严肃查处。特别是在社会主义市场经济条件下，要自觉抵制和防止出现权钱交易的问题。要严守党的秘密，不准泄露不宜在群众中公开的事情。要坚持请示、报告制度，重大问题不得擅自处理。要认真履行职责，不包办代替，尊重基层党委的意见。

94. 怎样充分发挥组织员在发展党员工作中的作用?

要做好发展党员工作，党委应充分发挥组织员以下几方面作用：

（1）在制订和实施发展党员计划中的协调作用。在制订发展党员计划时，党委应要求组织员全面考察了解入党积极分子队伍建设的情况，指导基层党组织按照实际情况提出发展党员计划，并对基层上报的发展党员计划进行审查，提出指导性意见。在实施发展党员计划过程中，组织员要把工作的着力点放在对积极分子的培养教育上，全面掌握入党积极分子的成熟情况，经常分析计划实施情况，针对存在的问题，及时提出调整的意见。

（2）在坚持党员标准和履行入党手续上的把关作用。党委应要求组织员严把发展党员质量关，并将把关情况作为考核他们工作实绩的主要依据，不断增强组织员的政治责任心。对工作实绩突出者，要予以表彰。对不按照规定办事，工作不负责任的，要进行严肃的批评教育；经教育不改的，不能再做组织员。

（3）在经常性的发展党员工作中的督促指导作用。党委应要求组织员面向基层，深入实际，督促检查，实行对基层的面对面指导。要求他们认真总结推广基层党组织在发展党员工作中的先进经验，及时发现和纠正存在的问题。

党委要关心组织员，经常倾听他们的意见，帮助他们解决工作中遇到的难题和生活中的困难。同时，还要通过举办组织员培训班等形式，不断提高他们的政治和业务素质，为他们更好地发挥作用创造条件。

95.《中国共产党入党志愿书》如何印制和管理？

《中国共产党入党志愿书》是中国共产党党员的资格证明。印制和管理入党志愿书是一项政策性很强的工作，必须严格程序，切实加强统一管理，防止出现问题。

《中国共产党入党志愿书》的式样由中央组织部负责制定，省级党委组织部门按照式样统一印制，并严格管理。

各级党组织应当妥善发放、管理《中国共产党入党志愿书》，并把这项工作列入发展党员工作的检查内容，发现问题及时纠正和解决。任何单位和个人都不得擅自翻印《中国共产党入党志愿书》。

（三）党费管理工作

96.党员为什么要交纳党费？

党章规定，年满十八岁的中国工人、农民、军人、知识分子和其他社会阶级的先进分子，承认党的纲领和章程，愿意参加党的一个组织并在其中积极工作，执行党的决议和按期交纳党费的，可以申请加入中国共产党。我们党历来都把党员向党组织按期交纳党费，作为党员必须具备的起码条件之一。按期交纳党费，是党员应尽的义务，也是对党员党性的检验，也是党员关心党的事业的一种表现。党员交纳的党费不仅可以作为党组织活动经费的补充，给党组织以经费上的帮助，更重要的是可以增强党员的组织观念。每个党员应当增强党员意识，在规定的时间内主动按规定交纳党费。党的基层组织对不按期交纳党费的党员，要及时给予批评教育。对无正当理由，连续六个月不交纳党费的党员，应当按党章规定作出处理。

97. 党员交纳党费的基本要求是什么?

党员交纳党费的基本要求主要包括三个方面：

（1）自觉。党员交纳党费应当做到自觉、主动，一般应由本人亲自交给党支部或党小组负责收缴党费的同志。

（2）按时。按照党章要求和有关规定，党员交纳党费一般应当按月交纳，不能无故拖延。如遇特殊情况，经党支部同意，可以每季度交纳一次党费。对无正当理由，连续六个月不交纳党费的，按自行脱党处理。

（3）足额。党员交纳党费应当根据个人的实际收入，按照规定的比例和标准交纳，不准隐瞒收入或减少交纳党费基数少交党费。

98. 不同收入的党员以不同比例交纳党费，按“超额累进制”还是“全额累进制”?

“超额累进制”和“全额累进制”是税收工作中通常采用的两种缴税方法。“超额累进制”根据不同的税基，分段按不同比率计算之后加总，计算起来比较麻烦；“全额累进制”对于不同的税基不需分段计算和加总，不同的税基按同一比率计算，计算起来比较方便。考虑到党员交纳党费的比例上下两个档次之间只相差0.5个百分点，差距不大，为简便易行，这次颁发的《关于中国共产党党费收缴、使用和管理的规定》采用了“全额累进制”办法。据了解，历次党费文件在规定党员交纳党费办法时，也都是按“全额累进制”办法收缴党费的。

例如：某月，党员甲和党员乙交纳党费的基数分别为5100元和4900元。

甲交党费属于5000~10000元（含10000元）的档次，应按1.5%交纳党费，本月需交纳党费76.5元（5100×1.5%）；乙交纳党费属于3000~5000元（含5000元）的档次，应按1%交纳党费，本月需交纳党费49元（4900×1%）。

99. 实行年薪制人员中的党员如何交纳党费？

对于实行年薪制人员中的党员，每月以当月实际领取的薪酬收入为计算基数，年终兑现绩效薪酬的当月按本月实际领取薪酬的总数为计算基数，交纳党费的比例参照《关于中国共产党党费收缴、使用和管理规定》第二条规定执行。例如：某实行年薪制人员党员年薪为（税后）30万元，其中，基本薪酬为6万元，与绩效挂钩的薪酬为24万元。基本薪酬每月领取5000元，属于月收入3000~5000元（含5000元）的档次，1–11月份应按1%交纳党费，每月交纳党费50元；12月份兑现与绩效挂钩那部分薪酬时领取的薪酬和按月领取的薪酬之和为24.5万元，属于月收入10000元以上的档次，应按2%交纳党费，本月需交纳党费4900元（24.5万元×2%）。

100. 流动党员外出期间如何交纳党费？

流动党员外出期间交纳党费的标准，对在流入地就业的，参照《关于中国共产党党费收缴、使用和管理的规定》第一条、第二条规定执行；对未就业的流动党员，其中，有固定收入的，仍按其原交纳党费的标准执行，没有固定收入的，按以每月不低于0.2元的标准交纳党费。

流动党员外出期间一般应向流入地党组织交纳党费。由流出地党组织在流入地建立党组织并进行管理的流动党员，外出期间一般应向在流入地建立的党组织交纳党费；由流出地党组织委托流入地党组织管理的流动党员，外出期间一般应向流入地党组织交纳党费。因外出地点变动频繁而未能落实接收组织关系单位的流动党员，可向流出地党组织交纳党费，也可在落实接收组织关系单位后，向流入地党组织补交党费。

对于尚未落实就业去向，按有关规定将党员组织关系保留在原就读学校党组织的学生党员，仍向原就读学校党组织交纳党费，其交纳党费的数额，按在校学生党员交纳党费标准执行。

101.党员自愿一次性多交纳1000元以上党费如何处理？

党员自愿一次性多交纳1000元以上的党费，是指党员按规定比例或标准交纳党费后又交纳1000元及以上额度的党费，多交纳的党费全部上缴中央。具体办法是：由所在基层党委代收，并提供该党员的简要情况，通过省、自治区、直辖市党委组织部，中央直属机关工委、中央国家机关工委组织部，国务院国资委党委，中央各金融机构党委组织部，铁道部政治部、中国民用航空局党委组织部，解放军总政治部组织部转交中央组织部。中央组织部给本人出具有纪念性质的收据。

考虑到个人直接汇款给中央组织部无法核实其党员身份等因素，凡个人通过邮局汇款的方式直接向中央组织部交纳1000元以上党费的，中央组织部不予领取汇款，也不开具收据。

102.基层党组织收缴党费应该注意哪些事项？

基层党组织的组织委员或党小组长，在收缴下级党组织或党员的党费时，应当注意以下几个问题：

（1）准确核定党员交纳党费的计算基数和数额。要认真区分每一名党员的收入构成，不能图省事、嫌麻烦，笼而统之。

（2）党费的收缴必须公开、透明。收缴党员个人党费必须认真登记，作为党员个人交纳党费的凭证。党支部应当每年至少向党员公布一次党费收缴情况，接受党员的监督。

（3）手续必须完备。党小组长、组织委员和专兼职党费管理人员等党费收缴人员，在党费收缴的往来票据上，按规定要由收款人、经手人签字，立卷存档，以备查询；收缴党费要做到账账相符、账款相符。

103.如何正确理解“统筹安排、量入为出、收支平衡、略有结余”的党费使用原则？

关于党费使用的“十六字”原则，可以从以下几个方面来理解：

（1）注意统筹安排。各级党组织在使用党费时，要对《中国共产党党费收缴、使用和管理的规定》的“五项使用范围”进行统筹考虑，既不要顾此失彼，也不搞绝对平均。要增强使用党费的计划性，使有限的党费发挥最大的效能。

（2）力求收支平衡。一个地区、单位的党员队伍的规模和职业构成具有相对的稳定性，决定了党费收入具有的稳定性。因此，对每年能收缴多少党费要做到胸中有数，安排全年的党费使用计划应该以本地区、本单位实际收缴和留存的党费为依据，做到量入为出，大体平衡。

（3）应当有适当结余。由于有的党费开支往往是无法预知的，所以使用党费应当留有余地，不能全部花光。比如，应对突发的自然灾害，这就要求各级党组织必须有一定的党费结余，以备用于补助遭受严重自然灾害的党员和修缮因灾受损的基层党员教育设施。这是党费使用和管理的一条基本要求。

另外，使用党费还应做到公开透明。

104. 怎样正确把握党费的使用范围？

党费必须用于党的活动，主要作为党员教育经费的补充，其具体使用范围包括：

（1）培训党员。主要用于对广大党员进行政治理论、实用技术等方面的培训，以及开展主题实践教育活动所发生的费用，在实际工作中，应着眼于使一个单位、一级党组织范围内的大多数党员或某一类别的党员普遍受益。

（2）订阅或购买用于开展党员教育的报刊、资料、音像制品和设备。必须是直接用于订阅和购买以党员教育为主要目的报刊、资料、音像制品和设备，对于冒用党员教育工作的开支不能使用党费。

（3）表彰先进基层党组织、优秀共产党员和优秀党务工作者。包括购买或制作奖状、荣誉证书、奖牌、奖章、奖品的费用，表彰大会会议资料的印制费用、会议室和交通工具的租赁费用等，也包括必要的现金奖励费用。表彰应以精神鼓励为主，不提倡过高的物质奖励。

（4）补助生活困难的党员。包括用于对老党员的定期生活补贴、对生活困难党员的一次性生活补助，以及对老党员、生活困难党员发放慰问物品的费用。

（5）补助遭受严重自然灾害的党员和修缮因灾受损的基层党员教育设施。包括用于直接发放慰问金、救灾物资给受灾党员，修缮基层党组织因灾受损的活动场所、电教设备等教育设施的费用。

使用党费必须符合以上五项规定，不能随意扩大党费使用范围，不符合规定的一律不得开支。需要指出的是，党费仅仅是党员教育经费的补充，完全靠党费来开展党员教育工作是远远不够的，因此，即使是符合使用范围的开支项目，也不能完全依赖于党费开支。

105. 如何正确理解“请求下拨党费的请示，应当向上一级党组织提出，不得越级申请”？

（1）这是由党的组织制度决定的。我们党的组织体系是由党的中央组织、地方组织和基层组织三大层次构成的，而每一级党组织又是通过上下隶属关系逐级形成的。在经费上保证和支持下级党组织正常开展工作，是上一级党组织的重要责任。因此，下级党组织要求上级党组织在经费上给予支持，应当按照党的组织原则逐级反映，首先取得上一级党组织的支持，不宜越级申请。

（2）这是由党费的管理体系决定的。党费是严格按照党组织的隶属关系来收缴、下拨和使用的。任何一个党员都要在一个支部交纳党费，参加一个支部的组织生活。一个党组织申请党费上的支持，如果不按照隶属关系提出，就会造成管理上的混乱。

（3）这是加强对下拨党费监管的需要。如果越级申请、越级下拨党费，由于拨款单位不便经常直接越级到申请单位检查工作，党费专款专用情况难以得到有效监督。

106. 如何建立健全党费使用审批制度？

建立健全党费使用审批制度，是保证正确合理使用党费的重要措施。党费使用审批制度主要包括三个方面的内容：

（1）明确审批权限。使用和下拨党费，必须集体讨论决定，不得个人或者少数人说了算。请求下拨党费的请示，应当向上一级党组织提出，不得越级申请。

（2）履行审批手续。党费开支的所有票证和单据，要按照审批权限经领导和经手人签字，证明具体用途方可入账。

（3）严格使用范围。对于不符合党费使用范围的，不得在党费中开支。

107. 怎样理解党费的具体财务工作由财务机构代办？

各级党委组织部门内设的财务机构或者同级党委的财务机构（如办公室、财务科、会计结算中心等）代办党费的具体财务工作，主要指资金核算、往来结算、会计核算、账务管理、会计监督等。党费的具体财务工作由财务机构代办，有利于充分发挥财务机构设备齐全、有专业财务人员的优势，提高党费财务管理水平。具体财务工作和党费管理工作适当分开，也有利于形成党费工作监督制约机制，加强党费工作的检查与监督。但需要指出的是，党费具体财务工作由党委组织部门内设的财务机构或者同级党委的财务机构代办，不是党费管理权限的移交；属于党费使用范围、项目及额度方面的具体管理工作，如：党费支出计划的制定、审批，党费使用项目的报批、审批，党费收缴、使用和管理情况报告的起草，党费工作的检查监督等工作，仍然由党委组织部门及其承担党员教育管理职能的内设机构负责办理。党费具体财务工作由党员管理机构移交财务机构管理的，原党费账户、印章等仍可继续使用。党委组织部门及其承担党费管理的机构应当会同财务机构，根据财务管理规定和党费工作特殊性，研究制定具体的管理办法。

108. 如何设立党费账户及其具体要求？

根据中央组织部办公厅、中国人民银行办公厅联合下发的《关于党费账户继续单独设立的通知》（组电明字［2006］26号）规定，各级党组织将党费存入银行时，应当单独设立党费专用存款账户，不得同其他费用混在一起，不得按其他款项存入银行。开立党费专用存款账户时，应当向银行出具单位按《人民币银行结算账户管理办法》（中国人民银行令［2003］第5号）及其实施细则规定开立专用存款账户的证明文件。党费账户的名称为党的组织机构名称（如，中国共产党×××委员会，中国共产党×××委员会组织部，中共×××委员会，中共×××委员会组织部，×××党委，×××党委组织部，×××党群工作部，×××党务工作部，×××政治部等），预留银行签章应与账户名称一致。各地各单位党组织的公章有用全称的，也有用简称的，均可作为党费账户的名称。

按规定，党费应当存入中国工商银行、中国农业银行、中国银行、中国建设银行、交通银行、中国邮政储蓄银行，不得存入其他银行。对于暂时没有上述银行储蓄网点的乡镇，可以暂时存入农村信用社，待本地有上述银行储蓄网点时再将党费改存上述国有或国有控股银行。

109.党支部多长时间向党员公布一次党费收缴和使用情况？

定期公布党费收缴和使用情况，既能提高党员交纳党费的积极性，还能及早发现、消除党费收缴和使用工作中出现的差错和问题。党支部应当每年至少向党员公布一次党费收缴和使用情况，由党支部书记在党员大会上向全体党员进行公布，并在会议室或其他显著位置张贴上墙，接受党员监督。

110.如何起草党费年度工作报告？主要内容包括哪些？

为起草好党费年度工作报告，党委组织部门要尽早做出准备，逐项核实收支项目，做到账款相符。如出现有违章开支等问题，也应如实报告，接受审查。要认真总结本地区、本部门好的经验和做法，把存在的问题找准，提出切实可行的改进意见和建议。

报告的主要内容包括：上年度党费收缴、使用和结存的数额；党费开支的主要项目，党费收缴、使用和管理工作中的经验、存在的问题及改进的意见和建议等。

（四）党员教育管理

111. 党员教育管理工作的目标是什么？

努力建设政治合格、执行纪律合格、品德合格、发挥作用合格的党员队伍。

112. 党员教育管理工作应该遵循的原则是什么？

（1）坚持党要管党、全面从严治党，将严的要求落实到党员教育管理工作全过程和各方面，党员领导干部带头接受教育管理。

（2）坚持以党的政治建设为统领，突出党性教育和政治理论教育，引导党员遵守党章党规党纪，不忘初心、牢记使命。

（3）坚持围绕中心、服务大局，注重党员教育管理质量和实效，保证党的理论和路线方针政策、党中央决策部署贯彻落实。

（4）坚持从实际出发，加强分类指导，尊重党员主体地位，充分发挥党支部直接教育、管理、监督党员作用。

113. 党员教育管理的首要政治任务是什么？

把用习近平新时代中国特色社会主义思想武装全党作为党员教育管理的首要政治任务，引导党员充分认识学习贯彻习近平新时代中国特色社会主义思想的重大意义，自觉学懂弄通做实。

114. 如何深入学习领会习近平新时代中国特色社会主义思想？

组织党员读原著、学原文、悟原理，深入学习领会习近平新时代中国特色社会主义思想的核心要义、基本精神、实践要求，掌握贯穿其中的马克思主义立场观点方法，增强政治自觉、理论自信、情感融入。建立以学习贯彻习近平新时代中国特色社会主义思想为中心内容的党员教育教材体系。

115. 如何引导党员成为习近平新时代中国特色社会主义思想坚定信仰者和忠实实践者？

弘扬理论联系实际的马克思主义学风，引导党员把自己摆进去、把职责摆进去、把工作摆进去，学以致用、知行合一，提高政治站位，强化责任担当，增强过硬本领，做好本职工作，自觉做习近平新时代中国特色社会主义思想坚定信仰和忠实实践者。

116.党员教育七项基本任务是什么？

加强政治理论教育、突出政治教育和政治训练、强化党章党规党纪教育、加强党的宗旨教育、进行革命传统教育、开展形势政策教育、注重知识技能教育。

（1）加强政治理论教育，突出党的创新理论学习，组织党员学习党的基本理论、基本路线、基本方略，学习马克思主义基本原理和党的基本知识，引导党员坚定理想信念，增强党性修养，努力掌握并自觉运用马克思主义立场观点方法。

（2）突出政治教育和政治训练，严格党内政治生活锻炼，教育党员旗帜鲜明讲政治，提高政治觉悟和政治能力，严守政治纪律和政治规矩，永葆共产党人政治本色，做到“四个服从”，在思想上政治上行动上同以习近平同志为核心的党中央保持高度一致。

（3）强化党章党规党纪教育，引导党员牢记入党誓词，坚持合格党员标准，自觉遵守党的纪律，带头践行社会主义核心价值观，培养高尚道德情操，培育良好思想作风、学风、工作作风、生活作风和家风。加强宪法法律法规教育，引导党员尊法学法守法用法。

（4）加强党的宗旨教育，引导党员践行全心全意为人民服务的根本宗旨，贯彻党的群众路线，提高群众工作本领，密切联系服务群众。

（5）进行革命传统教育，引导党员学习党史、国史、改革开放史、社会主义发展史和中华优秀传统文化，铭记党的奋斗历程，弘扬党的优良传统，传承红色基因，践行共产党人价值观，激发爱国主义热情。

（6）开展形势政策教育，围绕贯彻执行党和国家重大决策、推进落实重大任务，宣讲党的路线方针政策，解读世情国情党情，回应党员关注的问题，引导党员正确认识形势，把思想和行动统一到党中央要求上来。

（7）注重知识技能教育，根据党员岗位职责要求和工作需要，组织引导党员学习掌握业务知识、科技知识、实用技术等，帮助党员提高综合素质和履职能力，增强服务本领。

117.党支部该如何对党员进行经常性的教育管理？

党支部应当运用“三会一课”制度，对党员进行经常性的教育管理。党员应当按期参加党员大会、党小组会和上党课，进行学习交流，汇报思想、工作等情况。党员领导干部应当参加双重组织生活。

118.在信教比较普遍的少数民族聚居地区，处理党员信教问题应注意什么？

在信教比较普遍的少数民族聚居地区，要把党员信教同参加某些民族风俗活动区别开来，对于为了不脱离群众，尊重和随顺本民族的风俗习惯，参加一些传统的婚丧仪式和群众性节日活动，不应视为信仰宗教或参加宗教活动。

119.党员为什么不能参加封建迷信活动？

封建迷信一般是指算命、相面、跳神、测风水等对神灵鬼怪的信仰，是一种愚昧落后的封建意识和唯心主义的世界观。封建迷信活动毒化社会风气，扰乱社会秩序，严重危害人民身心健康，造成资源、资金极大浪费，给社会主义精神文明建设带来巨大的破坏作用。共产党员是工人阶级的先锋战士，是彻底的唯物主义者，是遵守社会主义精神文明道德规范的模范，不能参加封建迷信活动。

各级党组织，尤其是城乡的基层党组织，对党员应加强教育，严格要求，严明纪律。不仅应教育党员不能参加封建迷信活动，还应当积极地在干部、群众中进行“无神论”教育。用科学战胜愚昧，用马克思主义的唯物史观批判封建迷信思想的唯心论，用社会主义思想占领城乡文化阵地。每一个共产党员都应当成为破除封建迷信的模范。应该做到，用马列主义、毛泽东思想、邓小平理论、“三个代表”重要思想、科学发展观、习近平新时代中国特色社会主义思想武装自己的头脑，牢固树立辩证唯物主义的世界观，懂得不信仰鬼神是做合格党员的起码条件，增强识别和抵制愚昧落后风俗习惯的能力；加强组织纪律性，在任何情况下都不参加封建迷信组织和封建迷信活动；带头学习、言传科学文化知识，移风易俗，弘扬社会新风尚，引导群众树立文明、健康、科学的生活方式；敢于抵制陈规陋习，同愚昧落后的观念和旧的风俗习惯作斗争。

党员从事封建迷信活动是违犯党纪的行为。对于党员参与封建迷信活动，党组织应坚决予以纠正。对于偶尔在治丧、民间节日搞一些封建迷信活动的，主要是进行科学知识教育，帮助他们提高觉悟，认识封建迷信活动的危害，要求他们今后不再参加封建迷信活动。对于组织迷信活动的，给予撤销党内职务或者留党察看处分；情节严重的，给予开除党籍处分。对于参加迷信活动，造成不良影响的，给予警告或者严重警告处分；情节较重的，给予撤销党内职务或者留党察看处分；情节严重的，给予开除党籍处分；对于不明真相的参加人员，经批评教育后确有悔改表现的，可以免予处分或者不予处分。

120. 党员能否加入民主党派？

共产党员一般不能加入民主党派。根据中央有关文件规定，为了积极帮助民主党派加强领导班子建设，进一步健全、巩固和发展中国共产党领导的多党合作和政治协商制度，对个别适合做民主党派领导工作的中共党员，在民主党派要求和同意的前提下，经上级党委批准，可以加入民主党派组织，调到民主党派中工作。

121. 民主党派或党外人士可以入党吗？

对要求加入共产党的民主党派的一般成员，只要他们具备共产党员条件，就可以按照党章规定为他们办理入党手续。民主党派负责人要求入党，应适当加以控制，注意鼓励一部分人留在党外工作。需要保留在党外的主要对象是：县以上人大常委会、人民政府、人民政协领导成员中的民主党派人士；省级以上人大代表、政协委员中的民主党派人士；民主党派和工商联各级组织的主要领导人。对于那些确已具备入党条件而又不能吸收入党的民主党派先进分子，我党负责和他们联系的组织的主要领导人应当亲自对他们做好思想工作，说服他们留在党外。

凡吸收民主党派各级主要负责人加入共产党，由同级党委审议后，先征求上级党委组织部、统战部的意见，然后按照党章规定办理入党手续，报上级党委审批。在省级民主党派主委、副主委、秘书长、组织部（处）长中发展中共党员，需经所在省、自治区、直辖市党委审议后，先由组织部、统战部联合报中央组织部、中央统战部征求意见，然后办理入党手续。吸收入党后，不登报，不宣传。

对从省级和省级以上人大、政府、政协及民主党派领导岗位退下来的，虽具备党员条件申请加入中国共产党，但原则上应继续劝说他们留在党外，不宜吸收他们加入共产党。

二、民营企业党组织党务工作

主要包括民营企业党支部工作、党员发展工作、党员教育管理工作等方面的内容。

（一）民营企业党组织机构及党支部工作

1. 民营企业党支部设置的基本要求是什么？

一般情况下，有正式党员3人以上，不足50人的单位，可设立党的支部委员会；党员超过50人以上、100人以下的，设立党的总支部委员会，经上级党组织决定，也可以成立支部委员会。

正式党员不足3人，或没有条件单独成立党支部的基层单位，可与邻近单位的党员组成联合党支部；为执行某项任务临时组织的机构，党组织关系不转接的，凡有正式党员3人以上的，经上级党组织批准，可成立临时党支部。

2. 民营企业党支部设置的基本程序是什么？

（1）向上级党委提交建立党支部的请示。请示的内容包括：建制单位的工作性质、人员数量等简要情况；现有正式党员、预备党员的数量，建立党支部的依据和理由；所建党支部的性质；党支部委员会组成人数和委员设置方案等。

（2）上级党委批复。上级党委召开会议研究决定并批复，批复时间一般不超过1个月。

（3）召开党员大会。上级党委审批同意后，应召开支部党员大会，以无记名投票方式差额选举产生支部委员会。

（4）召开党支部委员会。在党支部委员会上，选举产生党支部书记、副书记，并对委员进行分工。

（5）向上级党委上报党支部委员会组成的请示。请示的主要内容包括：选举支部委员会的依据；支部党员大会进行选举的简要情况，包括时间、出席大会的党员情况、候选人名额与应选人名额差额情况、选举结果等；党支部委员会选举书记、副书记的名单报上级党员审批，委员及分工情况报上级党委备案。

（6）上级批复。党支部委员会开始工作，主要履行以下职责：贯彻党的方针政策，引导和监督企业严格遵守国家法律法规，团结凝聚职工群众，依法维护各方合法权益，建设企业先进文化，促进企业健康发展。

3.哪些情况需要暂缓建立民营企业党支部?

以下四种情况的非公有制企业暂不设置党支部：其一，没有合适书记人选的企业暂不设置党支部，可抓紧培养、选调负责人，等条件成熟后再设置。其二，有血缘或姻缘关系的党员占半数以上的企业暂不设置党支部，其党员可编入相邻支部参加党的生活。其三，濒临倒闭的企业暂不设置党支部。其四，民营企业主要出资人对设置党支部有明显抵触情绪的暂不设置党支部，避免出现民营企业主要出资人与党支部对立，可在做好思想工作后再设置党支部。

4.民营企业党支部是如何选举支部委员的?

根据《中国共产党章程》的规定，民营企业党的基层委员会、总支部委员会、支部委员会经党员大会或党员代表大会选举产生以后，应在充分酝酿、讨论的基础上选举产生书记、副书记，并报上级党组织批准。不能采取由委员会协商分工的办法产生书记、副书记。非公有制企业支部委员应推选党性强、品质好，热爱党的事业，胜任工作的党员担任。支部书记一般应由思想作风正派，敢于坚持原则，善于团结同志，在党员和职工群众中有威信，并有较强的组织领导和解决实际问题能力的干部党员担任。党支部委员会每届任期一般为3年，期满后应按期进行换届选举。党支部书记、副书记、委员如有缺额，应当召开支部党员大会及时进行补选。确有必要时，上级党组织可以指派党支部书记或者副书记。

5.如何组建和选举民营企业党支部委员会?

民营企业新组建的党支部，由于员工的相对流动性大，党员之间相互不熟悉，尚无条件进行民主选举的，可由上级党组织先指派支部主要负责人。经过一段时间，党员之间相互熟悉后，再报请上级党组织批准，通过正式选举产生支部委员会。选举时，由支部书记根据多数党员的意见提出支部委员候选人，报上级党组织审查同意后，提交支部党员大会进行选举，并将选出的委员报上级党组织备案，选出的书记、副书记报上级党组织批准。党支部一般设书记一人，组织委员、宣传委员、纪检委员等，支部党员比较多的，还设有副书记、群工委员、青年委员等。

6.民营企业党支部委员会如何构成?

党支部的领导机关是支部党员大会，在党员大会闭会期间，支部委员会负责处理党支部的日常工作。党支部委员会的设置，应根据支部党员人数和工作需要来确定。正式党员人数不足7人的，设书记1名，必要时可设副书记1名；正式党员人数超过7名的，应设支部委员会；支委人数由3至5人组成，一般不要超过7人。支部委员会一般应从基层单位的负责同志和党员骨干中选举产生。支部委员会根据支委名额的多少和实际需要，酌情设组织委员、纪检委员、宣传委员、保密委员、保卫委员、青年委员、统战工作委员。党员少的支部，一个委员可以兼管几项的工作。

7.民营企业党支部设置的主要方式是什么？

有3名以上正式党员、条件成熟的，要单独建立党组织。暂不具备单独组建条件的，要以开发区（园区）、乡镇（街道）、村（社区）、专业市场、商业街区、商务楼宇等为单位，组建区域性党组织，或依托行业协会（商会）、个体私营企业协会和龙头企业、专业经济合作组织组建行业性党组织。联合党组织中具备单独组建条件的，要及时单独建立党组织。发挥党员服务中心、党建工作站“孵化器”作用，为建立党组织创造条件。

对未建立党组织的民营企业，可通过选派党建工作指导员、确定党建工作联络员、建立工会和共青团组织等方式，积极开展党的工作，推动企业建立党组织。对兼并重组的企业，注意保持党的工作连续性，妥善做好职工群众的分流安置和思想稳定工作。积极协调有关职能部门，推动党的政策进企业、政府服务进企业、先进文化进企业。

8.民营企业党支部的重点任务是什么？

非公有制经济组织中的党支部引导和监督企业严格遵守国家法律法规，团结凝聚职工群众，依法维护各方合法权益，建设企业先进文化，促进企业健康发展。

9.民营企业党支部如何建立党小组？

为便于党员开展活动，党支部一般应根据本单位党员的数量和分布情况，划分若干党小组，每组选举党小组长一人。一个支部所划分的党小组不宜过多。一个党小组不应少于3名党员，其中至少要有一名正式党员。有的党支部党员比较少，活动比较方便，也可不划分党小组，由支部书记直接组织党员的活动。党支部在建立党小组时，必须将支部内的每一位党员，包括支部书记、支部委员和党的组织关系在本支部的党员领导干部，全部分别编入党小组。对于担任领导职务的党员，不要将他们单独划出编成一个党小组。建立党小组，由支部委员会研究决定。组建党小组后，支部委员会应将本支部党小组的组建情况报告上级党组织，以便上级党组织了解。

10. 民营企业党组织书记如何处理好开展党建工作与生产经营的关系？

开展党建工作与生产经营的关系实际上是政治与经济的关系。因此，企业党组织书记必须明确把握这种关系，必须把党建工作的定位在促进企业发展上来。一方面，要明确党建工作的目的是促进企业生产经营。党的中心工作是经济建设，党建的根本目的是加强党执政的经济基础，因而在民营企业中开展党的活动也是为了促进民营企业的发展，也就是解放和发展生产力。因此，民营企业党组织书记必须坚持围绕促进企业的健康发展工作，努力寻找企业生产经营和党建工作的结合点，决不能脱离企业生产经营就党建抓党建，更不能为单纯搞党的活动而打乱企业的生产经营秩序。另一方面，要明确党建工作也是生产力。开展企业党建工作更能使企业得到上级党组织、政府在政策上的指导和资金、技术、项目、信息等方面的帮助。同时，在企业开展党建工作，发挥党组织的战斗堡垒作用和党员的先锋模范作用，为广大职工树立示范标杆，增强全体党员和职工参与生产经营管理的积极性，聚群体之智慧来为企业的发展献计献策，促进企业生产经营的发展。

11. 如何在培育企业文化上发挥党组织优势？

民营企业党组织在培育企业文化上具有独到的优势：其一，党组织是文化精神的创新之源，能提供市场社会缺乏的文化价值观念体系，把社会主义的价值观融入市场经济中，使民营企业的经济行为具有更高尚的动机。其二，民营企业要培养合格的职工离不开党组织的作用。充分利用已有的党员资源，发挥党的思想政治优势、推动民营企业素质升级，是党组织的一项重大的政治任务，也是强化职工凝聚力和稳定度的重要途径。其三，企业文化与企业党建工作有许多相同点，这些相同点成为企业文化担当企业党建工作新载体的基础。

12. 如何加强对企业群团组织的领导？

民营企业党组织要加强对群团组织的领导，指导他们按各自章程开展活动，使群团组织成为党组织联系企业职工的桥梁和纽带。在民营企业中，工会、共青团组织有特殊的优势，党组织必须注意充分利用和发挥工会、共青团等群团组织的优势，加强与企业职工的联系，发动他们积极、紧密地配合党组织的工作，把党组织开展的活动与各种群众组织开展的活动有机地结合起来，使党建工作目标和任务得以顺利实现。

13. 如何健全民营企业党组织与群团组织沟通协调制度？

要坚持以党建带群团建设、以群团建设促党的建设，制定和实施党工团建设规划，实行企业党组织负责人与企业董事会、监事会、经理会以及群团组织班子成员“双向进入、交叉任职”制度，提倡企业党组织负责人列席董事会、经理会，倡导企业党务工作者兼群团组织负责人，建立党组织与群团组织联席会议制度，为企业党组织发挥作用创造条件，要引导有条件的企业在成立党组织的同时，同步成立工会、团支部等群团组织，并统筹安排党组织和群团组织的活动。要鼓励各地根据实际情况，积极探索党组织班子成员与企业董事会、经理会和企业领导层交叉任职等途径，提高民营企业党组织负责人由企业中层以上管理人员或技术骨干兼任的比例。

14. 如何发挥民营企业共青团和青年工作的作用？

要做到为企业所需要，即坚持从实际出发，以民营企业健康发展为目标来找准团的工作、企业发展和青年成长成才的结合点，采取灵活有效的方式开展团的活动，努力使团的活动融入企业经营管理、科研开发、市场营销、人力资源开发、文化建设等各个环节，成为企业生产、经营和管理活动必不可少的组成部分。

（二）民营企业党员队伍建设

15. 对民营企业党组织书记的综合素质有什么要求？

一是政治信念坚定，党性观念强，组织协调能力强，熟悉并能够认真贯彻执行党的路线方针政策和国家的法律法规。二是了解党的基本知识，有一定的党务工作经验。三是在党员和职工群众中有一定影响和威望，群众观点鲜明，能够密切联系职工群众，善于做群众工作，能够调动广大党员和职工的积极性，团结和带领全体职工开展工作。四是政策观念强，政策水平高，既能够坚持原则，又能够灵活应变，善于协调企业内部各方面关系，既能与企业投资者和经营管理者合作共事，又能监督企业依法经营和维护员工合法利益。五是有一定的社会主义市场经济知识和现代经营管理知识，掌握适应企业发展需要的必要的科技知识和岗位技能。六是在企业中处于经营管理决策层的位置，或担任中层以上管理职务。七是有一定的社会阅历和社会活动能力，善于取得上级党组织和政府有关部门对工作的指导和支持，能够帮助企业协调与社会的关系。八是主要的党员出资人。此外，民营企业党组织书记处于基层生产、工作的第一线，必须由身体健康、年富力强的优秀党员干部来担任。

16. 民营企业党组织书记的来源有哪些？

从来源看，民营党组织书记主要有内选和外派两个方面。内选的书记基本是兼任，外派的往往是带着任务的兼职干部，其中有的是党政机关退二线的干部，有的是兼任党建指导员的当地乡村干部。一般来说，民营企业党组织书记主要是通过选举产生，即在征求民营企业主要出资人和党外群众意见的基础上，通过召开企业党员大会，企业内部党员或党代表选举产生；其次是选派，即在民营企业主要出资人同意的情况下，上级党组织为企业选派党组织书记，等等。

17. 民营企业党组织书记的任职主要有哪几种模式？

从目前民营企业党组织书记的任职来看，主要有以下几种模式：一是选聘或委派专职书记。主要出资人本身不是党员，或者主要出资人是党员，但不具备担任党组织书记条件的民营企业，在征得民营企业主要出资人同意和支持的前提下，通过对外公开招聘、上级党组织委派或者企业内部党员按党内法规选举产生企业党组织书记。这种情况下，要注重派党性强、作风正、懂经营、会管理，善于做思想政治工作、党建工作能力强的党员担任党组织书记。二是民营企业主要出资人担任企业党组织书记。这种情况，一般是民营企业主要出资人自身政治素质和道德修养比较高，能够自觉认识党建工作对企业健康发展的重要性，因而对企业党建工作十分重视。在民营企业主要出资人任企业党组织书记的情况下，通常会选配一名专职副书记负责企业党建的日常工作。这种类型的企业中，开展党建工作的时间、场地、经费等都会有充足的保障，实现党建工作与企业健康发展的协调运行。三是对于那些确无合适人选的企业，可由业务能力较强的专职党务工作者任企业党组织负责人，这样既保证了党组织的组建率，又便于针对企业特点分头组织活动。

18. 如何壮大民营企业党员队伍？

建立党组织，扩大覆盖面，基础在于发展壮大党员队伍。解决这个问题，一要开展“组织找党员、党员找组织”工作，加强流动党员管理，将流动党员统一造册，统一管理，统一开展活动，做到流动不流失。二要积极稳妥发展党员。按照“坚持标准、保证质量、改善结构、慎重发展”的方针，努力在一线员工和技术、经营、管理骨干中发展党员。研究制定党员发展工作规划，对符合条件的入党积极分子要加强培养，成熟一个发展一个。通过努力使规模以上民营企业高层管理人员中都有一定数量的党员，中层管理人员和业务技术骨干中党员比例达到二分之一以上。三要通过多种途径，积极推荐大中专毕业生、转业退伍军人中的党员到民营企业工作，有计划地向民营企业输送党员。

19. 如何建立民营企业党员的培养、激励机制？

人的成长，离不开组织的培养与激励。民营企业党员因为工作的关系所担负的现实压力更大，更需要党内同志的鼓励。建立民营企业党员的培养、激励机制，必须确立从大处着眼，从小处着手的原则，实施分类帮扶。其一，要以远程教育、组织开办培训班等各种方式为手段，加强对社会主义核心价值观和党员先进典型的宣传，帮助民营企业党员解放思想、转变观念，确立正确的世界观、人生观、价值观，树立自强自立意识。其二，要加强实用技术的培训，确保每个民营企业党员想有所学、学有所得。其三，要树立榜样，激励广大党员，使其在竞争中不断前进，达到集体优化的程度，成为带领群众共同前进的模范党员群体。从一个全新的层面上来说，这也应该是培养民营企业党员的目标所在。总之，组织上要重视民营企业党员，坚持以人为本，做到政治上关心，经济上关怀，生活上关照。通过物质和精神上的鼓励与帮助，不断提高党性修养和工作水平，使党的执政地位在民营企业中不断得到巩固。

20. 民营企业党员管理工作的具体内容是什么？

民营企业党员管理工作的具体内容是：根据党员数量、分布和流动情况，建立党的组织；对党员进行教育、审查和鉴定；严格党员的组织生活，加强监督和整顿纪律；发挥党员的先锋模范作用，表彰优秀党员，清除党内腐败分子，严肃处置不合格党员等。

21. 对党费用于非公有制经济组织党组织开展活动有何规定？

中共中央办公厅2012年3月印发的《关于加强和改进非公有制企业党的建设工作的意见（试行）》中明确规定：将非公有制企业党组织工作经费纳入企业管理费用，建立并落实税前列支制度。建立党费拨返制度，企业党员交纳的党费可全额返还企业党组织，用于开展党建活动；还可从各级党组织留存党费中，按照一定比例，采取以奖代补等方式，支持非公有制企业党建工作。有条件的地方，可对非公有制企业党建工作给予必要的经费支持。探索采取企业赞助、党员自愿捐助等方式，多渠道解决经费问题。

（三）民营企业党建指导员建设

22. 向民营企业选派党建指导员的目的是什么？

向民营企业选派党建指导员，是近年来各地党委适应新形势开展党建工作的新思路、新办法、新举措，通过这种方式，有效地促进了民营企业的党建工作向纵深发展，进一步加强了民营企业党建工作，有助于民营企业持续健康发展。

23. 向非公有制经济组织选派党建指导员有哪些必要性？

加强非公有制经济组织党的先进性建设，迫切需要扩大党组织的覆盖面，而选派党建指导员正是实现党的工作全覆盖的重要举措；加强非公有制经济组织党的先进性建设，迫切需要强化党的工作力量，而这正是选派党建指导员的主要动因之一；加强非公有制经济组织党的先进性建设，迫切需要区别情况、分类指导，而选派党建指导员正是实施分类指导的直接体现；加强非公有制经济组织党的先进性建设，迫切需要大胆探索、不断创新，而这正是党建指导员的重要任务。

24. 党建指导员的选拔条件是什么？

从中共正式党员中选派，政治立场坚定，具有较强的政策理论水平和基层党务工作经验，作风正派，事业心强；热爱党务工作，善于做思想政治工作，善于和民营企业主要出资人、企业员工沟通交流；掌握一定的社会主义市场经济理论和现代企业管理知识，能够为企业发展出谋划策，提供政策导向。

25. 党建指导员的主要职责是什么？

（1）积极向企业主和广大党员、职工宣传党的路线、方针、政策，宣传《中华人民共和国公司法》和关于民营企业党建工作的政策。（2）帮助民营企业建立健全党组织。积极培养入党积极分子，教育引导非党员企业主积极向党组织靠拢。（3）结合企业特点，建立有利于开展党的工作，有利于促进企业健康发展的规章制度，使企业党建工作步入规范化、制度化轨道。（4）按照上级党组织满意、业主满意、党员职工群众满意的要求，加强职工群众的思想政治工作，指导企业工会、共青团按照各自章程开展工作，调动各方面的积极性和创造性，构建和谐企业。（5）采取多种方式，组织企业党员开展创先争优活动，为民营企业党员发挥先锋模范作用创造条件，为非公有制企业发展做贡献。（6）及时向企业宣传、通报市场监督管理相关的法律法规和新政策，指导企业办理有关工商事务，帮助企业运用法律手段维护自身的合法权益；提供企业改制时相关法律、法规咨询及新型出资方式、网上年检、组建集团有关业务咨询服务。（7）帮助企业开展信用建设，为企业获得更多的信用资源出谋划策，提高企业的经营管理水平。（8）关心和支持企业的生产经营活动，征求企业对市场监督管理部门的意见和建议，协助做好企业与当地党委、政府、市场监督管理等党政部门的沟通协调工作，帮助企业解决生产经营中的实际困难和问题，派驻期间为企业办1–2件实事。（9）完成上级党组织交办的其他任务。

26. 党建指导员是如何选派的?

坚持从实际出发，因地制宜，因企制宜，针对不同类型民营企业的需求，尽量选派具有相关业务知识和技能的党员干部担任党建指导员。党建指导员人选，由派驻企业注册地的市（州、地、盟）统战部、工商联或县（市、区、旗）统战部、工商联推荐，报经同级党委组织部批准后，向企业派驻。重点派驻规模企业和党建工作示范企业，逐步向党建工作薄弱企业延伸。

27. 党建指导员的选派方式有哪些?

党建指导员工作坚持组织同意，企业认可，以派为主，以选为辅的原则。选派方法主要是下派，即由上级党组织与民营企业主要出资人协商沟通后，向企业选派党政机关在职党员干部作为党建指导员。另外，还有内选式和外聘式。企业内部有合适人选的，经上级党组织考察同意，任命其为该企业的党建指导员。企业内部无合适人选的，在上级党组织的指导下，面向社会聘任符合条件的党员作为党建指导员。内选式和外聘式党建指导员，经与民营企业主要出资人协商，可在企业担任相应的行政职务，工资报酬由企业支付。下派式党建指导员享受原单位工资待遇。行政村、社区党组织成员担任党建指导员的报酬，由所在村、社区或企业采取适当的方式予以补助。

28. 党建指导员的来源有哪些?

主要来源有：党政机关在职党员干部；各级党政机关和国有企事业单位中的离退休党员干部；农村和社区党组织成员；转业复退军人党员；民营企

业内的党员；其他符合条件的党员。

29.如何对党建指导员开展岗前培训?

制定培训规划，明确培训目标、任务和措施，开展好对党建指导员的培训，尤其要重视对党建指导员上岗前的培训，重点培训支部建设、发展党员、党员教育管理和党建工作制度等党建知识，还应结合实际安排领导科学、企业经营管理、工会法、劳动法等专题内容，使广大党建指导员在熟悉掌握党建知识的同时，进一步了解相关法律法规和企业经营管理知识，为开展党建工作奠定基础。另外，还要培训做好民营企业党建工作的基本方式方法，了解所去企业的基本状况，提高做好党建指导员的能力。

30.如何抓好党建指导员的思想政治教育?

加强对选派干部的思想政治教育，引导党建指导员加强学习，深刻领会中央精神，掌握民营企业党建工作方法，尽快成为党务工作的行家里手。在实际工作中，虚心向民营企业主要出资人学习生产经营管理知识和经验。虚心向企业党组织负责人学习，不断提高自身政治思想素质和业务素质。学习要理论联系实际，既当指导员，又当战斗员，以与时俱进的精神，抓好民营企业党建工作，开展好党组织活动，不断增强党组织的凝聚力、战斗力和创造力。紧紧围绕企业发展这个中心，探索民营企业党建工作的新方法、新内容、新途径，全面提高党员、职工队伍的政治思想素质，不断推动民营企业和群团组织健康发展。

31.如何抓好党建指导员的廉洁自律建设?

党建指导员到企业工作，民营企业主要出资人、党员、职工都比较关注，对他们寄予希望。党建指导员要廉洁，做到不在企业拿工资，不在企业拿奖金，不在企业吃喝，不享受企业的一切福利待遇，不增加企业的经济负担；要掌握吃透政策，把握工作方法，依靠党员、依靠职工、依靠民营企业主要出资人，在职工和民营企业主要出资人的利益共同点上多做工作。既注意细致地做好党员和职工的思想政治工作，充分认识发展非公有制经济对于促进经济发展、促进就业的现实意义，团结带领党员职工共同为企业发展努力工作，又注意向民营企业主要出资人宣传党的政策和有关法律，提高其思想觉悟，正确履行《中华人民共和国公司法》第19条规定的义务，支持和尊重党组织开展工作。要为企业多办事、办好事，当好党的路线、方针、政策的宣传员，企业思想政治工作和精神文明建设的协调员，企业和职工合法权益的维护员，企业经营决策的参谋助理员，企业和党政部门等外部关系的联络员。

32. 党建指导员需要遵守哪些工作制度?

派驻到企业的党建指导员必须严格执行政治纪律、组织纪律、廉洁纪律、群众纪律、工作纪律、生活纪律，以个人模范行为体现党的先进性。要严格执行到岗制度。党建指导员在企业工作期间，以加快企业发展、强化企业党建工作为己任，认真履行职责，忠于职守，充分发挥作用。遵守企业作息时间安排，认真记好工作日志，做到全日制驻企，全身心投入。要严格执行报告制度，党建指导员按时向派出单位上报工作进度、工作成效、存在问题等相关情况。企业变更、转让、撤销、兼并及出现一些对社会影响较大的突发事件、重大事项等，及时上报上级党组织。要严格执行请销假制度，党建指导员因各种原因需外出的，必须严格办理请销假手续。

33. 如何加强党建指导员的管理?

党委组织部门负责党建指导员的管理和考核。党建指导员在企业工作期间，不转工资行政关系，在原单位的工资待遇、职级晋升、职称评定及福利待遇等保持不变。应民营企业主要出资人要求，党建指导员在确保完成党建工作任务的前提下，可以参与企业经营管理，但兼职不兼薪，一律不得在企业领取任何报酬，不以任何方式增加企业负担。派出部门定期对党建指导员的工作进行考核，对工作认真负责、成绩突出、民营企业主要出资人和职工群众反映好的指导员，进行表彰奖励；对不认真履行工作职责、群众反映差的，要及时进行批评教育；对民营企业党组织以及民营企业主要出资人提出要求调整的，应及时调整。党建指导员在企业的表现和业绩作为评先选优的重要依据和提拔任用的重要参考。派出机构定期走访党建指导员派驻企业，听取民营企业主要出资人和党组织负责人的意见和建议，努力使党建指导员派得进、留得住、起作用、受欢迎。

34.党建指导员要做好什么工作?

党建指导员要当好企业党组织建设的指导员、党的方针政策的宣传员、企业依法经营的监督员、企业和员工利益的维护员、企业与政府部门的联络员。

一是企业党组织建设的指导员。针对大部分民营企业党组织组建时间短，工作不规范的特点，指导企业党组织制定党支部工作规则，建立健全“三会一课”、组织生活、发展党员等制度。按照党员活动室“五有”标准指导党支部加强阵地建设，保障企业党员学习、活动能正常开展。同时，指导企业建立工会、共青团、妇委会等群众组织。

二是党的方针政策的宣传员。派驻民营企业的党建指导员要充分利用各种场合，积极与民营企业主要出资人、党员职工交心谈心，向他们宣传在民营企业开展党建工作的重大意义和加强民营企业党建工作的目标任务、方法措施等，认真做好他们的思想政治工作，争取民营企业主要出资人理解、认可并支持民营企业党建工作的开展。

三是企业依法经营的监督员。通过在企业开展法律法规的学习宣传，增强民营企业主要出资人的法治观念、诚信意识和社会责任感，合法经营自觉纳税。经常深入企业了解企业依法生产经营情况，在环境保护、安全生产、照章纳税等方面做好监督，促进企业依法经营、健康发展。

四是企业和员工利益的维护员。派驻的党建指导员，一方面要充分发挥自身熟悉政策的优势，积极为企业搜集发展信息，同时，协调企业与地方的关系，化解矛盾纠纷，维护企业利益，促进企业发展。另一方面，要及时掌握企业内部员工的思想动态、工作、生活情况，引导企业改善职工生产、生活条件，维护员工的合法权益。

五是企业与政府部门的联络员。积极帮助企业解决发展中遇到的矛盾和问题，做企业与政府部门之间的桥梁和纽带。及时反映企业实际困难，增进政府部门对企业生产经营的了解，理解企业的困难，提高政府部门服务企业的意识，增进企业与政府部门的沟通和联络。

35.党建指导员如何帮助民营企业建立健全党组织？

建立健全党组织、扩大党的工作覆盖面，是党建指导员第一位的工作。一是加快党组织组建步伐。凡是有3名以上正式党员的民营企业，都应当及时建立党组织，开展党的活动。党员人数较多，需要分开设立党支部的，指导设立党支部。二是不断壮大党员队伍。党员人数较少，是影响民营企业党组织的组建率和工作成效的一个重要因素。注重在壮大民营企业党员队伍上下功夫，把企业生产一线职工、各个层次的经营管理人员和业务技术骨干中的优秀分子作为重点对象，采取切实措施加强培养，条件成熟的吸收到党内来。通过开展党组织活动，进行流动党员普查登记等工作，引导在民营企业从业的党员亮明身份，发挥党员作用。加强对民营企业人才需求状况的了解和掌握，通过人才招聘、职介服务等渠道，向企业推荐符合需要的优秀党员。三是做好基础性工作。对党员人数少、不具备建立党组织条件的民营企业，党建指导员要按照中央要求和有关政策法规，抓好工会、共青团组织的组建工作，依托工会、共青团组织及其活动，增强与企业和企业员工的联系，并做好在工会会员、团员青年中培养入党积极分子和发展党员工作，为建立党组织打好基础、创造条件。

36.党建指导员如何指导建设高素质党员队伍？

党建指导员到民营企业开展工作，必须严格遵循《中国共产党章程》及党内有关法规对党员权利义务的规定，认真落实中央关于保持共产党员先进性、纯洁性的有关要求，加强民营企业党员队伍建设。一是抓好阵地建设。争取派出单位和民营企业主要出资人支持，努力设立设施齐备的党员学习教育活动场所，做到有党员示范岗标牌、有党旗、有党员学习资料、有会议记录本、有党员电教设备。各项党建工作制度统一上墙，组织活动规范，特色鲜明。二是抓好制度落实。指导民营企业党组织根据企业特点和党员队伍实际情况，建立健全“三会一课”、民主评议党员、流动党员管理等制度，抓好党员的学习和思想教育，定期开好组织生活会和民主生活会，向党员分配一定的党的工作，督促党员按时交纳党费，自觉增强党员意识。三是注重开展实践活动。紧密围绕企业生产经营，组织开展形式多样的党性主题实践活动，引导党员在企业发展的各个重要岗位、各项重点任务中做标兵、当先锋，展示党员的风采。四是保障党员的权利。党的路线方针政策、上级党组织的有关指示要求，应该及时传达到每一个党员。以企业党组织名义向上级党组织或本企业决策层提出的重要意见建议，事先应该充分听取全体党员的意见。五是关心帮助党员。努力创造条件，为民营企业党组织教育管理党员提供支持，对工作生活上有困难的党员，可给予帮助。

37. 党建指导员如何指导党组织围绕企业发展发挥作用?

企业是经济组织，党的工作要坚持以经济建设为中心，努力在促进发展、提高效益上起作用、见实效。党组织在民营企业中开展的工作和活动，必须紧紧围绕企业的生产经营来进行。党建指导员到企业之后，要根据不同领域、不同行业、不同规模企业的实际情况，采取灵活多样、富有成效的方式方法开展工作，促进企业发展。一是宣传党和政府关于扶持促进非公有制经济发展的各项重大政策措施，帮助引导企业用好政策、抓住机遇、加快发展。二是教育引导党员正确认识为企业做贡献和对国家做贡献的关系，在企业的各个岗位上勇挑重担，在企业生产经营的各项工作中发挥模范带头作用。采取多种方式，组织企业党员开展党员示范车间、党员示范班组、党员示范岗、党员责任区、党员身边无事故等创先争优活动，为民营企业党员发挥先锋模范作用创造条件，为民营企业发展做贡献。三是主动地听取企业员工的合理化建议，通过向企业管理者建言献策，帮助企业提高管理水平。围绕企业生产经营，组织党员提出合理化建议，帮助企业尽快摆脱困境。四是帮助企业协调员工与管理者、企业与社会、企业与政府之间的关系，调解处理各种矛盾纠纷，维护企业和员工的合法权益。支持企业工会、共青团的工作，做好职工的思想政治工作，加强企业精神文明建设，培育健康向上的企业文化，为企业发展服务。五是加强舆论宣传。民营企业党建工作，总体上来说目前仍处于探索发展阶段，非常需要社会各方面的理解和支持，非常需要有一个良好的社会舆论氛围。注意宣传开展民营企业党建工作的重大意义，宣传民营企业党建工作的好经验好做法和先进典型，为民营企业党建工作顺利开展营造舆论环境。组织开展党建指导员参观典型、交流经验、相互探讨、开阔思路，提高做好工作的能力和水平。

38.党建指导员如何改进和完善工作方式方法?

一是沟通信息，做好上传下达工作。要及时向企业传达贯彻党的有关知识及党的路线方针、政策和国家的法律法规，让民营企业主要出资人了解党的政策和要求，要大力宣传选派党建指导员、加强民营企业党建工作的重要意义和作用；党建指导员则要经常深入党员和职工中，进行谈心交心，掌握思想动态，做好思想政治工作，确保上情下达、下情上报渠道畅通。二是以人为本，做好学习宣传工作。采取集体学习、座谈讨论、上党课等形式向民营企业的党员宣传马克思列宁主义、毛泽东思想、邓小平理论、“三个代表”重要思想、科学发展观、习近平新时代中国特色社会主义思想和党的路线、方针、政策，宣传加强党的建设的重要性和紧迫性，努力为开展民营企业党建工作营造良好的舆论氛围。三是培养纳新，做好党员发展工作。党建指导员要认真抓好积极分子的培养和纳新工作，及时进行调整补缺，保证企业中有相对稳定的入党积极分子队伍。四是切合实际，做好指导活动工作。党建指导员则应注意内容、形式、方法的不断创新，如：每周要主动与所联系企业的党团员骨干、职工群众谈心1人次以上，了解党员、入党积极分子和企业员工的思想动态；要通过采取上党课、专题教育、座谈等方式，对企业党员、职工进行思想教育，培养中青年优秀分子积极向党组织靠拢；要通过采取灵活多样的方式，激发广大员工的工作热情，增强企业党员的荣誉感和使命感；要指导企业建立健全工会、共青团、妇女组织，成立职工之家，还要积极开展走访慰问贫困户和献爱心活动、开展各种文体活动等丰富职工业余生活，使广大职工紧紧团结在党组织的周围，进一步增强企业党组织的凝聚力和向心力。

（四）民营企业主要出资人教育培训

39. 民营经济人士如何界定？

依据有关规定，这类人员掌握一定的生产资料，雇用一定数量的员工，从事生产经营活动。大体为以下几类人：民营企业主要出资人、实际控制人，民营企业中持有股份的主要经营者，民营投资机构自然人大股东，以民营企业和民营经济人士为主体的工商领域社会团体主要负责人，相关社会服务机构主要负责人，民营中介机构主要合伙人，有代表性的个体工商户。

40. 怎样考察民营企业主入党积极分子的入党动机？

对入党动机的考察，要采取考察历史表现与考察现实表现相结合、组织考察与征求群众意见相结合等方法，全面考察了解其入党动机和一贯表现，在此基础上，分析本质和主流，客观公正地作出评价。

41. 怎样对民营企业主发展对象进行政治审查？基本方法有哪些？

对民营企业主发展对象进行政治审查，县级党委组织部门要加强领导，基层党委负责组织实施，并吸收有关部门协助配合。针对民营企业主的特点，在对其进行政治审查时，要注意考察他们的入党动机、个人历史、政治表现，特别是在重大政治问题上的表现，以及直系亲属和主要社会关系的政治情况及其对本人的影响。同时，还应注意把握以下具体要求：财产来源合法，用之得当，模范守法经营，自觉依法纳税；关心爱护员工，保障员工的合法权益；诚实守信，有良好的品行，热心社会公益事业，群众公认；积极支持建立企业党组织和工会、共青团组织，为其开展工作提供必要条件。

政治审查的基本方法是：要求发展对象提供基本情况；同本人谈话；查阅有关档案材料；到发展对象所在企业进行实地考察；通过统战、工商联、工会、市场监督管理局、税务、人社、质监、公安、环保、安监等有关部门，发展对象所在企业的合伙人、合作伙伴，发展对象居住的街道社区等多种渠道了解情况；必要的函调或外调；等等。工作中要注意掌握政策和依法办事，既要了解真实情况，又要简便易行，还要注意保护被调查人的商业秘密，避免带来负面影响。政治审查结束后，要对审查情况形成结论性材料。

42. 吸收民营企业主入党的审批权限有何规定？

在接收预备党员前，基层党委要将发展对象的有关材料报县一级党委组织部门审查，审查合格后由支部大会讨论，通过后，报基层党委批准。对那些所在企业规模较大、跨地区跨国经营或其他情况特殊的发展对象，经支部大会讨论通过后，可以由县级或县级以上党委审批。预备党员转正的审批权限与接收预备党员的审批权限一致。

43. 民营企业主入党后，党组织应怎样继续加强对其教育管理？

要保持党员的先进性、纯洁性，既要严把“入口”，还要加强教育管理，使每个党员不仅在组织上入党，而且在思想上入党。党组织应及时将预备党员编入党支部、党小组，并通知其居住地党组织。入党介绍人要认真履行职责，继续对预备党员进行教育帮助。预备党员转正前，党组织要广泛听取有关部门和居住地党组织的意见，全面了解其思想政治状况、工作和生活情况。针对新党员的特点，应采取多种形式，着重对他们进行党性观念、社会责任意识等方面的教育，进一步解决思想入党问题。充分发挥政府有关部门党组织及工商联、行业协会党组织的作用，加强对民营企业主党员的教育管理和监督，使他们自觉履行党员义务，正确行使党员权利。落实这些规定，基本可以保证对民营企业主党员的有效管理，较好地防止他们成为“特殊”党员。

44. 民营企业中有3名正式党员，可以不成立党支部吗？

民营企业中有3名正式党员，必须要成立党支部。按照党章和《中国共产党支部工作条例（试行）》第四条规定，党支部设置一般以单位、区域为主，以单独组建为主要方式。凡是有正式党员3人以上的，都应当成立党支部；按照《中国共产党党员教育管理工作条例》第二十五条相关内容规定，党员外出学习、工作、生活6个月以上并且地点相对固定的，应当转移组织关系。对私企中的党员，工作在半年以上的均应及时转接组织关系。同时，按照全面提升非公有制经济企业党的组织和工作“两个覆盖”的工作要求，正式党员人数达到3人的，均应成立党支部。

45.怎样正确把握非公有制经济组织、社会组织党委审批预备党员问题？

规模和影响较大的非公有制经济组织、社会组织党委，经县级以上党委同意，可以审批预备党员。具有审批预备党员权限的非公有制经济组织、社会组织党委必须是领导班子健全，有专门的组织工作机构和人员，且能够保证发展党员质量。

具备审批预备党员条件的非公有制经济组织、社会组织党委，需要向县级以上党委提出申请。县级以上党委讨论同意后，应书面批复申请审批预备党员的非公有制经济组织、社会组织党委。

46.为什么说做好民营企业主要出资人的工作属于新形势下党的一项特殊的群众工作？

这是因为，一方面，民营企业主要出资人也是人民群众中的一分子，是自己人，党要巩固自己的群众基础，必须把他们纳入群众工作的范围；另一方面，民营企业主要出资人在企业的财产处置和生产经营中处于主导地位，党在民营企业中开展工作必须取得民营企业主要出资人的理解和支持。

47.如何加强民营企业主要出资人和管理层党员管理？

民营企业主要出资人和管理层党员在企业起着重要的作用，做好民营企业主要出资人和管理层党员管理工作，使民营企业主要出资人和管理层党员在决策时能体现党组织意图：一是与加强民主管理和民主监督相结合；二是与加强企业管理和制度建设相结合；三是与加强领导班子建设相结合。

48.加强民营企业主要出资人教育的方针是什么？

坚持信任、团结、服务、引导、教育的方针，正确处理一致性和多样性关系，一手抓鼓励支持，一手抓教育引导，不断增进民营经济人士在党的领导下走中国特色社会主义道路的政治共识。教育引导民营经济人士用习近平新时代中国特色社会主义思想武装头脑、指导实践，在政治立场、政治方向、政治原则、政治道路上同党中央保持高度一致，始终做政治上的明白人。大力宣传党中央关于民营经济发展的大政方针，进一步推动思想理论创新，及时回应广大民营经济人士思想关切。

49. 如何深化对民营企业主要出资人的理想信念教育？

深化对民营企业主要出资人的理想信念教育，要持续深入开展理想信念教育实践活动，创新教育形式和话语体系，不断扩大覆盖面，提升实效性。依托革命老区、贫困地区、改革开放前沿地区等主题教育示范基地，加强世情国情党情教育，引导民营经济人士不断增进对中国共产党和中国特色社会主义的政治认同、思想认同、情感认同。发挥党员民营企业家、民营经济代表人士在理想信念教育中的示范作用，充分调动广大民营经济人士的主观能动性，加强自我学习、自我教育、自我提升。

50. 如何引导民营企业主要出资人争做“四个典范”？

倡导争做“四个典范”。强化价值观引领，引导民营经济人士树立正确的国家观、法治观、事业观、财富观，做爱国敬业、守法经营、创业创新、回报社会的典范。深化中国梦宣传教育，引导民营经济人士树立家国情怀，以产业报国、实业强国为己任，脚踏实地干事，谦虚低调做人。注重发挥典型案例的警示作用，开展常态化法治宣传和警示教育，筑牢依法合规经营底线，倡导重信誉、守信用、讲信义，不断提升民营经济人士法治修养和道德水准。大力弘扬优秀企业家精神和工匠精神，充分激发创新活力和创造潜能。倡导义利兼顾、以义为先理念，坚持致富思源、富而思进，认真履行社会责任，大力构建和谐劳动关系，积极参与光彩事业、精准扶贫和公益慈善事业，克服享乐主义和奢靡之风，做到富而有德、富而有爱、富而有责。

51. 如何加强对民营经济代表人士的教育培养？

做好民营经济代表人士建设规划，形成规范化常态化教育培养体系。充分发挥非公有制经济人士优秀中国特色社会主义事业建设者表彰的激励作用，进一步扩大其社会影响。以弘扬优秀传统文化、优秀企业家精神为主要内容，加强对民营企业家的教育培训。地方各级党校（行政学院）注意加强对党员民营经济人士的教育培训。坚持政治标准，积极稳妥做好在民营经济代表人士优秀分子中发展党员工作，把政治素质好、群众认可度高、符合党员条件的民营经济代表人士及时吸收到党内来。所在单位没有党组织的，县级以上党委（党组）组织人事部门可直接做好联系培养工作。

52. 如何规范民营经济代表人士的政治安排？

坚持思想政治强、行业代表性强、参政议政能力强、社会信誉好的选人用人标准，严把人选政治关和遵纪守法关，并按规定事先征求企业党组织和各有关方面的意见。完善民营经济代表人士综合评价体系，确保选人用人质量。做好民营企业家担任省工商联主席试点工作。稳妥做好推荐优秀民营企业家作为各级人大、政协常委会组成人员人选工作，把好入口关。开展聘请民营企业家担任特约检察员、特约监察员工作。引导民营经济代表人士强化履职尽责意识，建立健全履职考核制度和退出机制。

53. 如何加大对年轻一代民营经济人士的培养力度？

加大年轻一代培养力度。制定实施年轻一代民营经济人士健康成长促进计划，加大教育培养力度。发挥老一代民营企业家的传帮带作用，大力弘扬中华民族传统美德，注重家庭、家教和家风建设，引导年轻一代继承发扬听党话、跟党走的光荣传统，努力实现事业新老交接和有序传承。

54. 如何加强工商联所属商会党建工作？

加强工商联所属商会党建工作，探索完善工商联党组织领导和管理所属商会党建工作的有效机制。探索在工商联所属商会党组织中建立统战工作联络员制度。积极培育和发展工商联所属商会，使商会组织覆盖民营经济发展各个行业和领域。鼓励引导民营企业加入商会，商会发展会员不得设立资产规模等门槛。对以民营企业和民营经济人士为主体的行业协会商会，工商联要加强联系、指导和服务。

三、程序方法①

做好党务工作，要掌握程序方法，下面将一些重点党务工作用图表的方式进行介绍。

（一）组织生活会程序

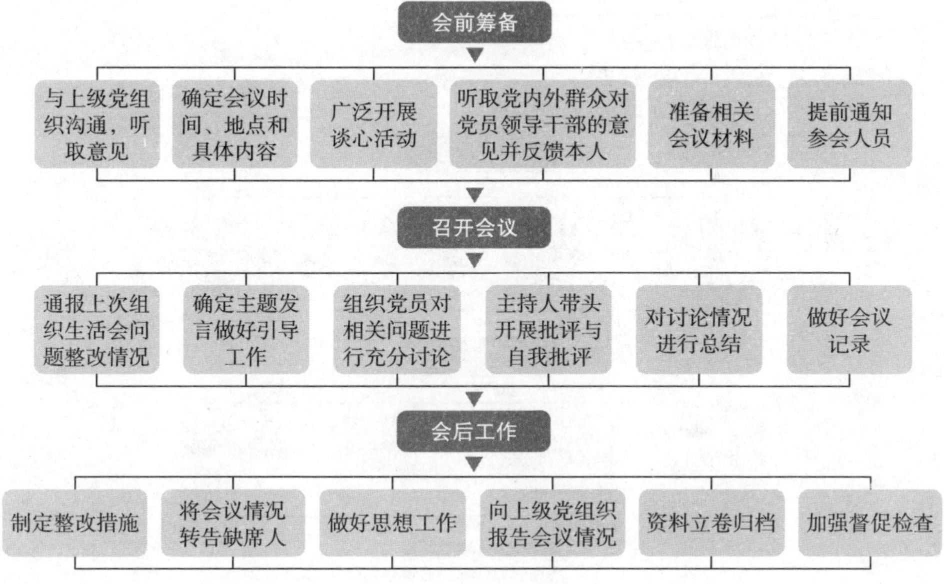

① 人民网：《党务工作者必备！基层党务工作规范化流程图大全》，见（http://dangjian.people.com.cn/n1/2019/0703/c117092-31210353.html）

（二）民主评议党员工作程序

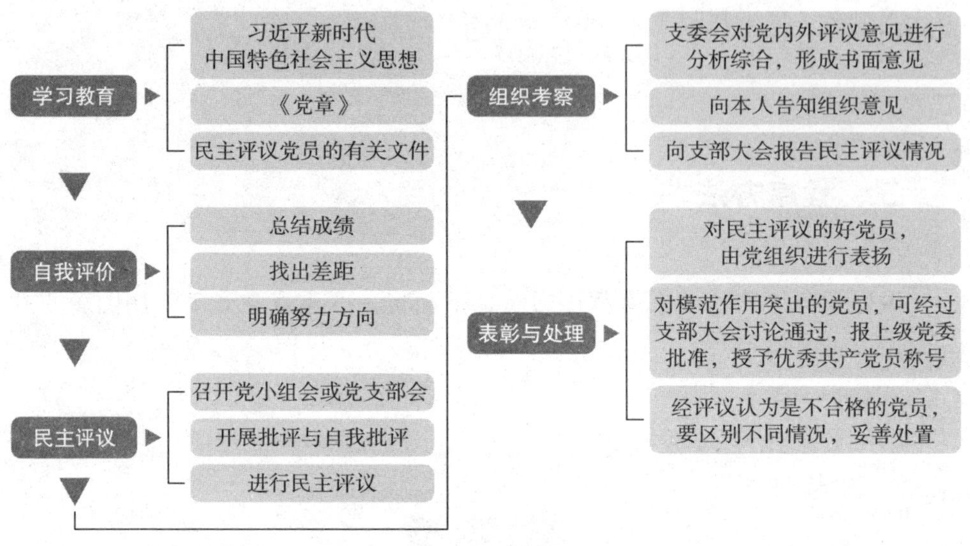

（三）民主生活会程序

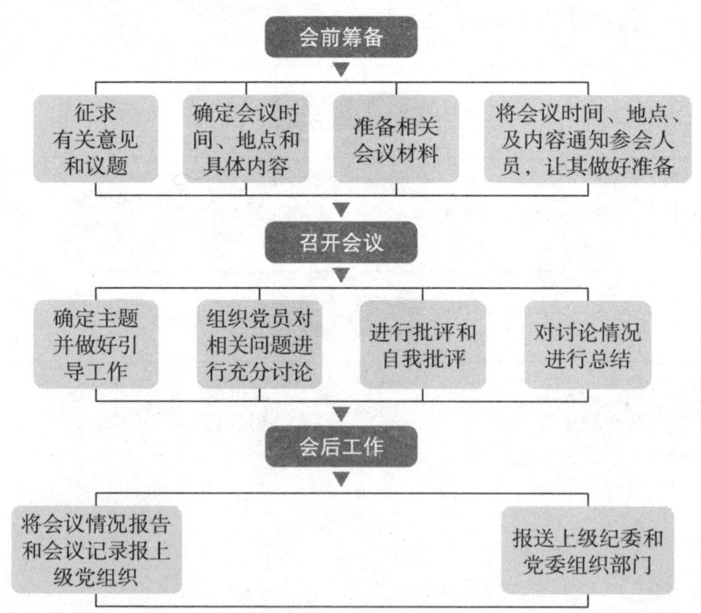

（四）谈心谈话工作程序

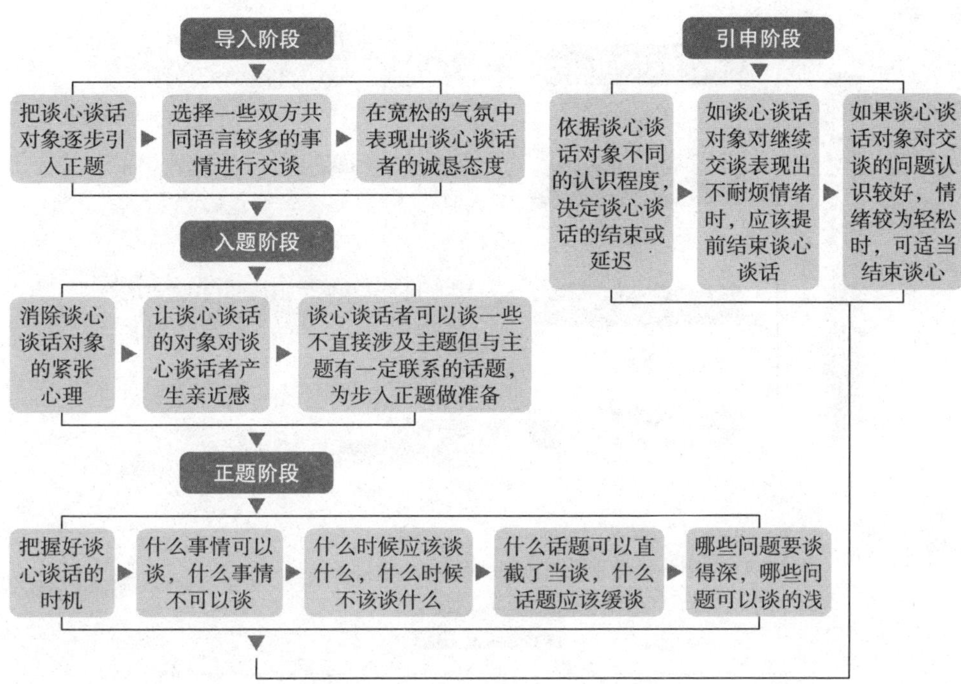

（五）支部党员大会程序

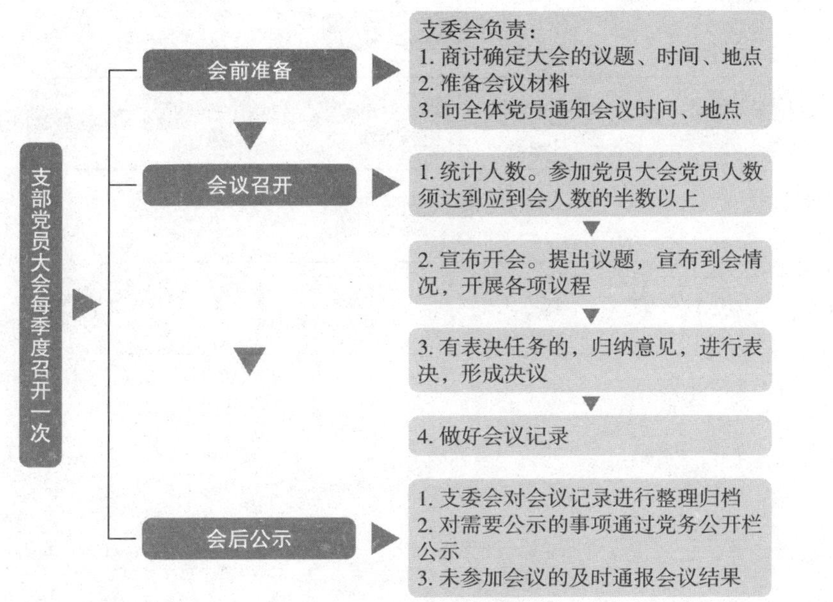

（六）支部委员会程序

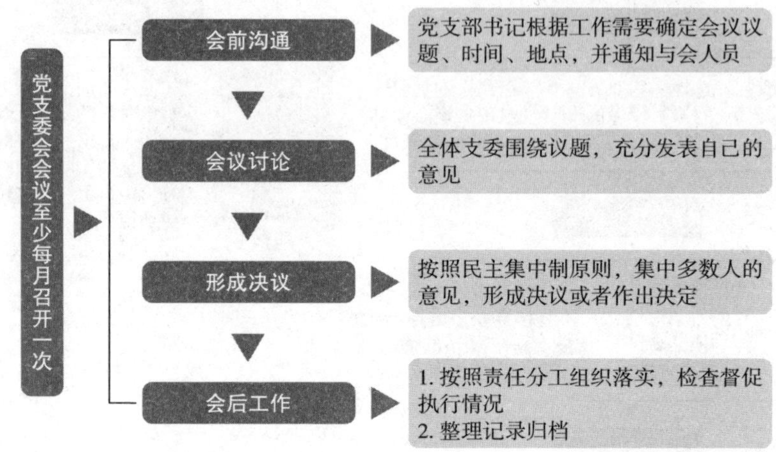

（七）党小组会程序

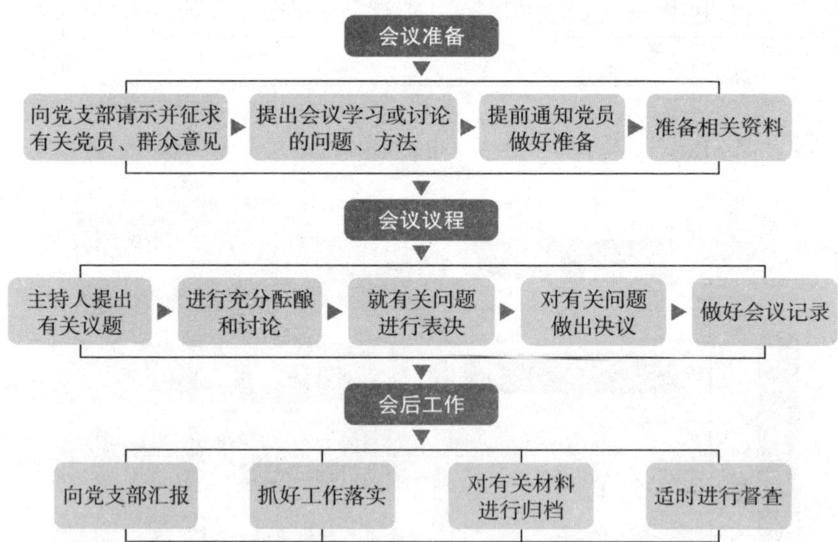

（八）党课程序

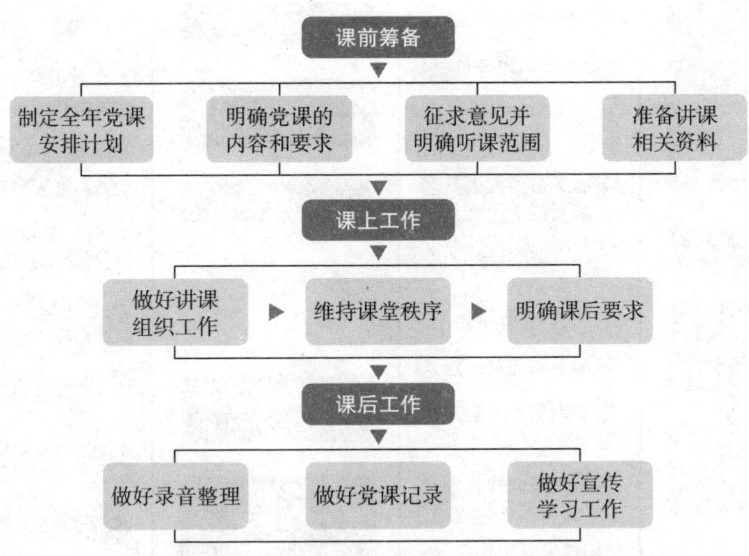

（九）主题党日活动程序

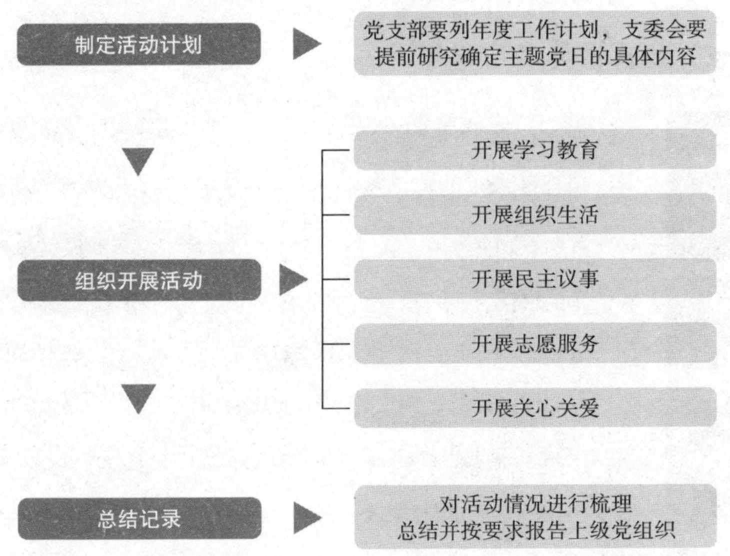

（十）党总支（支部）换届选举程序

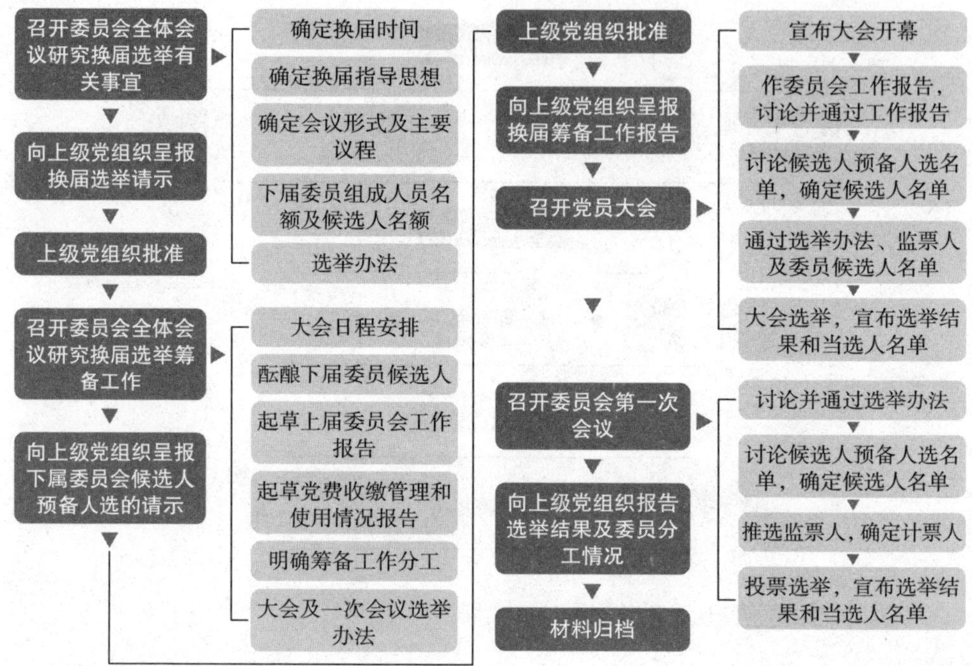

（十一）发展党员工作程序

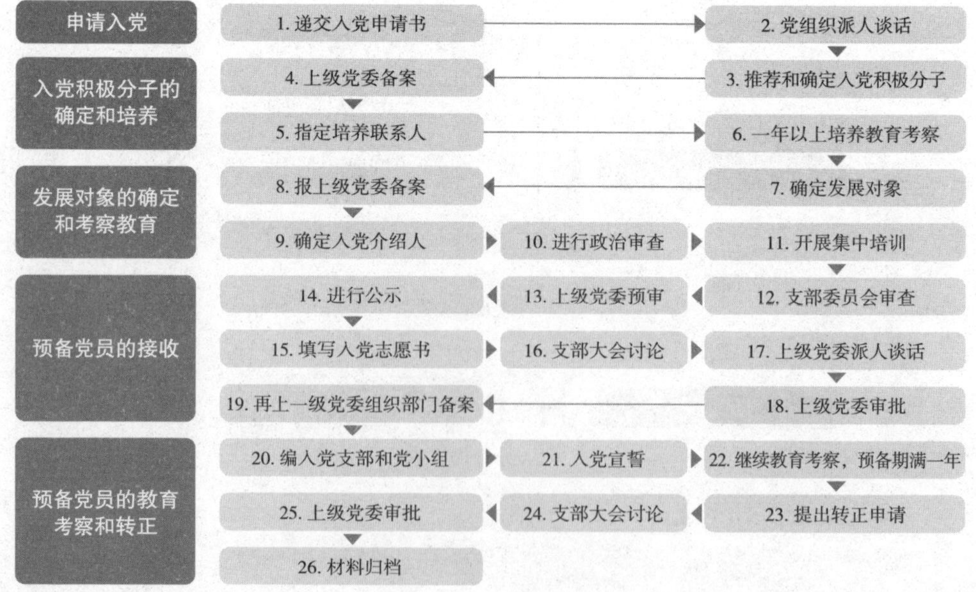

（十二）入党宣誓程序

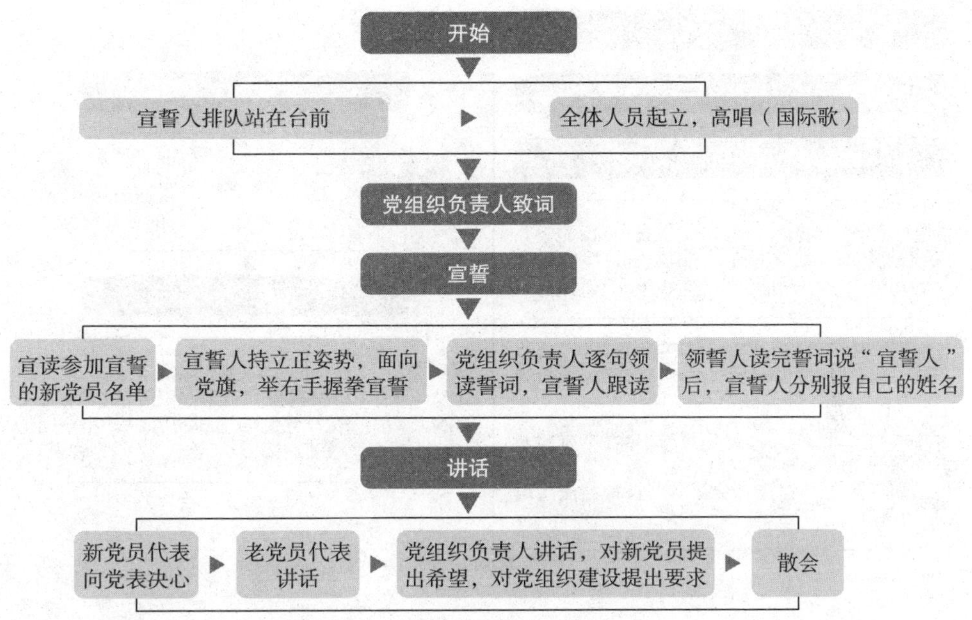

（十三）党员组织关系转移和接收工作程序

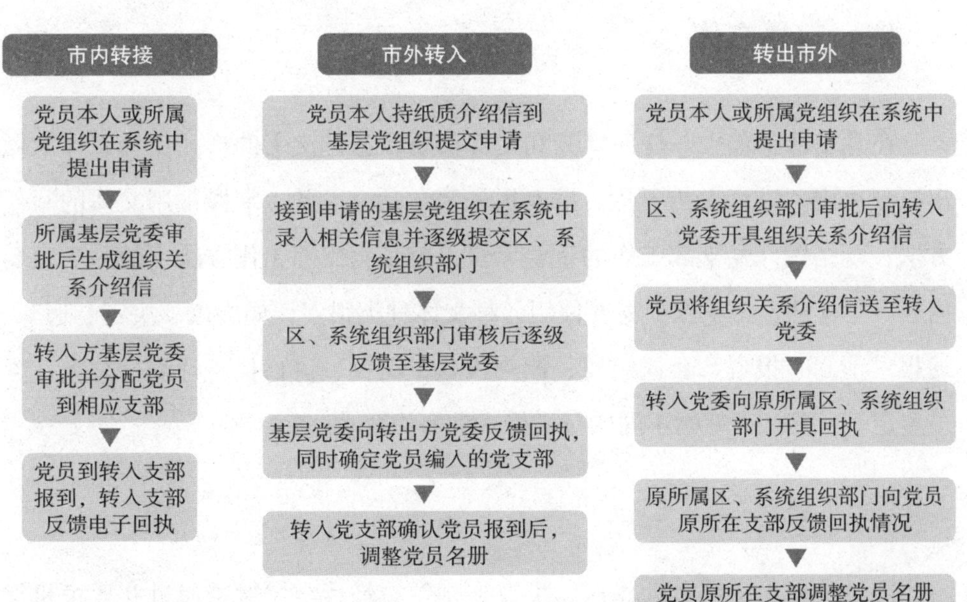

（十四）流动党员教育管理工作程序

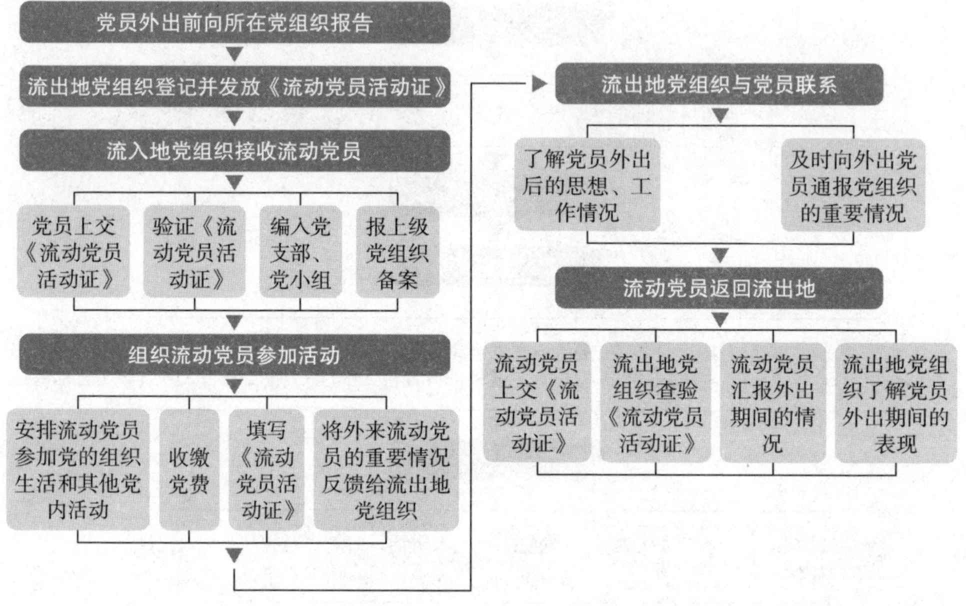

四、常用文体

在党支部工作中，任何事务和工作都要以各种文书的形式作为载体来做出决议决定，进行上传下达、请示报告等活动。因此，掌握常用文体的写作方法，既是做好党支部工作的重要手段，也是党支部工作方法中的一项重要内容。党支部日常工作中需要使用各种文体种类很多，如决议、决定、通知、通报、请示、报告、会议纪要、调查报告、简报、讲话稿、计划、总结、党员鉴定等，要认真掌握不同的行文格式和写作要求。

（一）决议

决议的含义、特点和作用。决议，是发布经过会议讨论通过并要求贯彻执行的重要决策事项时使用的文件。对于党组织来说，如支部大会或支部委员会决议的事项，可以以决议的形式来发布。决议的主要特点：一是决议的议题，必须经党组织的法定会议进行集体讨论；二是议题讨论的结果，必须由党组织的多数表决通过；三是表决通过的议题讨论结果，必须形成正式文件，并以会议名义在一定范围内公布。

决议的作用。决议要求有关部门和人员必须贯彻执行，所以起着统一思想，推动工作的重要作用。

决议的写作方法和注意事项。决议在写作方法上的一般要求是：

标题。标题包括会议名称、事由、文种等，如《中国共产党××××党组织关于××××的决议》，并要在标题下注明做出此决议的时间、何种会议通过，如×年×月×日，党组织大会或党组织委员会通过。

正文。正文包括决议引据、决议事项、决议号召。决议引据即要写明通过此决议的依据或原因；决议事项即要写明此决议通过了什么事，一般要回顾和总结前一时期在这方面的工作情况、对今后这方面工作的基本部署和要求等；决议号召即写明党组织对此决议所决定事项的鼓动性号召。

写作决议应当注意的问题是：

一是要正确运用决议文种，即必须是经过会议讨论和通过的重要文件或事项，凡未经会议讨论或虽经会议讨论但未获得通过的，甚至个人决定的文件或事项，均不可使用决议文种。

二是决议的内容要详略得当，行文要层次分明。

三是选词用语要恰当、概括、凝练，要讲究语言的运用和文字的推敲。

范文：

×××支部党员大会关于接收×××同志为中共预备党员的决议

×××同志在列入入党积极分子和培养考察期间，能认真学习党的路线、方针、政策和党的基本知识，对党认识比较深刻，树立了全心全意为人民服务的思想，具有坚定的共产主义信念；工作积极肯干，任劳任怨，特别是担任车间主任期间，工作认真负责，得到了工人们和领导的一致好评。该同志平时能尊重领导，团结同志，为人诚恳，在群众中的威信比较高，已具备入党条件。不足之处是……

经×年×月×日支部大会表决，同意×××同志为中国共产党预备党员，并呈报上级党组织审批。支部大会党员到会情况是：应到会正式党员×名，预备党员×名，实到会正式党员×名，预备党员×名，与会有表决权的正式党员×名。党员表决结果是：同意×××同志为中国共产党预备党员的×名，不同意的×名，弃权的×名。

支部名称（盖章）

支部书记签名（盖章）

×年×月×日

（二）决定

决定的含义和特点。决定，是对重要问题或重大行动做出安排及决策时使用的文种。对于党组织来说，如支部党员大会或支委会决定的事项，可以用决定的形式来发布。

决定与决议是两个文种，二者之间有明确的区别。主要包括：（1）决定既可以由法定的会议讨论通过后公布，也可以由领导机关直接形成后公布，而决议是只能由法定的会议讨论，并按照少数服从多数的原则表决通过形成文件后，以会议的名义公布。（2）决定有的要求下级执行，有的则只起知照作用，并不要求执行，而决议则要求下级必须执行。（3）决定一般适用于具体的规定和要求，履行法定权力，而决议用于表示肯定或否定的意见，履行法律程序。（4）决定在写法上多是着重提出要求和措施，而不注重理论上的阐述，写得具体、明确，而决议一般要对有关问题做理论上的阐述。

决定的基本写法。决定在写作上的行文格式一般是由标题、正文两部分组成。

标题。主要写明做出决定的机关、决定的事项、文种，如《中国共产党××××党组织关于××××的决定》，并在标题下注明做出决定的具体日期。

正文。包括决定缘由和决定事项。决定缘由，即要写明对某一重要问题或重大活动做出决定的原因或依据，写法上要开门见山、简明扼要。决定事项，要写明决定的内容，即决定了什么就写什么，语言文字要准确，切忌模棱两可，含糊其词。一般在正文的最后还要简短地写上一些号召性的内容。

范文：

×××党支部关于开展向×××学习的决定

我支部×××同志，1968年4月出生，1986年11月入伍，1992年从部队转业到我公司工作。转业后，他热爱工作，刻苦学习，严于律己，忠于职守，哪里需要就到哪里去，表现了高度的政治觉悟和强烈的事业心。2006年6月，他主动接受组织挑选参加援藏工作，任×××县委副书记。为尽快改变×××县经济发展落后的局面，他走遍了全县8个乡（镇）48个村，深入开展调查研究，提出了一系列符合×××县发展的工作思路和措施，争取社会各界对×××县的支持，为×××县注入了源源不断的发展后劲。×××同志与当地藏族同胞同甘苦、共命运，把火热的心献给了援藏事业，赢得了当地干部群众的高度赞誉，树立了援藏干部的良好形象。为表彰先进，树立典型，市委授予×××同志“模范共产党员”称号。这是×××同志的光荣，也是我们党组织的光荣。现党组织决定在全支部开展向×××同志学习的活动。

向×××同志学习，就是要学习他坚定理想信念、牢记党的宗旨的崇高精神。×××同志从入藏那天起，就把藏族同胞的冷暖挂在心上，始终把当地群众最关心、最直接、最现实的利益作为想问题、办事情的出发点和归宿。他深刻理解和积极回应群众的需要和愿望，以解决群众迫切需要解决的困难为己任，做到情为民所系，权为民所用，利为民所谋，尽心竭力为群众办实事、解难事、做好事。

向×××同志学习，就是要学习他顾全大局、报效祖国、哪里艰苦到哪里去的党性觉悟和组织观念。×××同志把个人的前途和命运融入党和人民的事业，为祖国富强、民族团结、社会进步而努力工作。他坚持全局观念，倾情援藏事业，把带领欠发达地区群众实现共同富裕作为自己义不容辞的责任，充分发挥了党员干部的先锋模范作用。

向×××同志学习，就是要学习他艰苦奋斗、不畏生死的优良品格。×××同志为了党和人民的事业，始终保持昂扬向上、务实进取的精神状态，敢于克服一切困难，敢于超越前人，挑战自我，在艰苦的工作和生活条件下磨炼意志、提高本领、干事创业，为党和人民的事业不懈奋斗。

向×××同志学习，就是要学习他顾大家舍小家、乐于奉献的高尚情操。×××同志视职责如生命，不计个人得失，不畏生死考验，顾大家、舍小家，把无私奉献当作人生的一种崇高境界，以对党、对人民高度负责的坚强信念，自觉服从国家的利益，奉献自己的青春岁月。

当前，开展向×××同志学习的活动，要同深入贯彻落实党的十九大精神结合起来，同深入贯彻落实习近平新时代中国特色社会主义思想结合起来，使广大共产党员在自己的工作岗位上解放思想、求真务实、开拓创新、锐意进取，为坚持和发展中国特色社会主义，为实现中华民族伟大复兴的中国梦而努力奋斗！

×××党支部

×年×月×日

（三）通知

通知的含义和特点。通知，是传达上级机关的指示，批转下级机关的文件，转发上级机关、同级机关和不相隶属机关的文件，要求下级机关办理，需要众所周知或共同执行的事项时所使用的文种。对于党支部来说，如要求各党小组或党员群众参加的会议、开展的活动、要做的工作等，可以用通知的形式发出。

通知的特点是：通用性比较强，是各级机关都可以使用的文种，在文种体例要求上不太严格，使用频率比较高，适用范围广，形式灵活简便，文体朴实，易于掌握。

通知的基本写法。通知在行文格式上一般有标题、正文。

在标题中要写明发文的机关、事由、文种。由于通知的适用范围很广，所以，在“事由”方面有着与其他文种不同的要求。如要注明此通知是“发布”，还是“批转”“批发”等字样。常见的有《中国共产党××××委员会关于××××的通知》《中国共产党××××委员会关于批转（中国共产党××××委员会关于××××通知）的通知》。标题下注明发文时间。

在正文中主要写明发出通知的原因、通知的事由等内容。说明原因的文字要简明，不宜过长。写完原因后，往往要写承启用语，如“为此，特作如下通知”或者“现通知如下”等，将原因和事由连接起来。事由主要写明对有关通知事项的安排和要求。党组织常用的通知如会议通知，一般要写会议的目的、内容、地点、参加人员、需要携带的材料、会期及报到日期和地点，等等。

通知的写作要注意的问题是：通知具有较强的适用性，但不可滥用；语言力求简洁，以告之于人为目的，不可赘述道理。批示性通知还要注意讲究措辞，如对所批转或批发的文件的态度来说，可用“同意”“原则同意”“望认真执行”“遵照执行”“研究执行”“贯彻执行”“照此执行”等，究竟要用哪种词语，需要精心选择。

范文：

关于召开支部大会的通知

全体党员：

经支部委员会研究，定于×日下午4：30在行政楼三楼第一会议室召开支部大会。大会的主要内容有：

1.接收预备党员

2.预备党员转正

3.布置评选优秀党员工作

请全体党员准时参加。同时，欢迎入党积极分子旁听。特此通知。

×××党支部

×年×月×日

（四）请示

请示的含义及适用范围。请示，是下级向上级机关请求指示和批准时使用的文种。下级机关向上级机关行请示文件，主要常在遇到以下问题时使用：一是对有关方针、政策、批示中有不了解的问题；二是本级职权范围内不能决定或解决不了的问题；三是工作中发生比较重大的问题自己不能决定的、或原无决定、难以处理的问题；四是因本单位特殊情况难以执行统一规定，需要变通处理的问题；五是因本单位意见分歧，无法统一，有待上级裁决的问题；六是对某项工作提出建议，需要上级答复的；七是要求分配工作任务等。

请示的基本写法。请示分标题和正文两部分。

标题。一般由事由和文种组成。事由要准确、简要地概括出请示的基本内容，使人一见标题，就大体了解请示的主要事项。在事由前面一般习惯用“关于”，组成“关于某某事项的请示”这样的介词词组。如《××××党组织关于××××的请示》。在标题下，要另行顶格写接受请示的主要机关，一般只写一个主送机关，如需送其他机关可在文尾用抄送形式。

正文。一般包括三部分内容。第一，请示缘由。即请示的开头，说明原因、理由，也就是请示的必要性。这部分内容要写得充实，方能给上级深刻印象，便于尽快解决所请示的事项。第二，请示事项。即需要上级解决的问题，这是请示的落脚点。这部分内容要写得明确、清晰、具体，不能含糊不清。该请示什么问题就写什么问题，这样才能便于上级妥善解决。第三，请示尾语。针对文中内容和行文的目的，提出明确的请示要求，作为惯用的结束语。经常使用的有：“以上请示妥否，请批复”“当否，请批示”“以上意见如无不妥，请批准”等。

写作请示需要注意的问题。

一是要一文一事。一篇请示应当只请示一个问题或一件事情，不能同时提出两个或两个以上互不相关的问题或事情，使上级机关难以办理和答复，造成漏批或误批。

二是不搞多头请示。请示只主送一个机关，不应主送两个以上机关。其他有关机关，可以抄报。如同时对多方请示，势必弄不清主办，以致延误工作。

三是一般不能越级请示。要根据隶属关系和职权范围确定请示的行文关系，通常只主报所属的一级机关。因特殊情况必须越级行文的，应当抄送越报的机关。

四是请示事项的理由必须正确、充分。要使请示的问题和事项得到上级批准，首先，请示问题的事项和理由必须符合党和国家的方针、政策和法规，这是个大前提。其次，正确的理由也必须讲充分。这就要把请示的理由写得有说服力，使上级机关切实感到解决问题的必要性。同时对请示中所涉及的问题要积极提出力所能及的解决办法，为上级机关批准请示减少阻力，创造条件。

五是要讲究行文语气。对上行请示文是自觉争取上级机关的支持的表现，也是上下级正当关系的反映。因此，写请示时除了要注意评议的简明扼要外，还要讲究行文语气。词语选用要分寸得当，讲理由时要真诚恳切，提请求时要尊重理解，不能将那些要挟、命令一类生硬词语写入请示。特别是体现行文语气的结尾用语，不能遗漏不写。

范文：

关于召开支部换届党员大会的请示

×××党委：

本届支委会从×××成立始，至今已满三年。根据党章和党支部工作条例相关规定，现提出召开支委会换届选举的支部党员大会的请示。当否，请批示。

×××党支部

×年×月×日

（五）报告

报告的含义和特点。报告，是下级机关向上级机关汇报工作，反映情况，提出建议，答复上级机关的询问或要求时使用的文种。

报告和请示都是上行文，但二者是有区别的。报告是供上级机关了解和掌握下级机关的各方面情况和问题，以指导工作、做出正确决策。所以与请示相比，报告所涉及的事项是已经过去或正在进行中的事项，属事后或事中行文；报告的目的是向上级机关汇报本级机关的情况，取得上级机关的了解和指导；报告的内容面较为广泛，在写法上通常以情况或意见为线索，行文较长，结构安排也较为灵活，报告一般不需要上级机关予以答复。

报告的一般写法。报告一般分为综合报告和专题报告两种。综合报告的写法是：一要突出重点。综合报告虽然注意反映全面情况，但也不能面面俱到，要有重点地选择影响全局或上级关心的事情来写，这样才能使报告更具有普遍的指导意义。二要搞好综合分析。写综合报告不能简单地罗列情况，而要把写入报告的情况或意见等进行综合分析，特别要搞好定性、定量分析，从中找出反映本质、有规律性的东西。三要注意处理好“点”与“面”的关系。“面”上的情况要写得概括，“点”上的情况要写得具体。这样可使报告显得既概括又充实，既具体又不零碎。四要注意反映新情况、新问题。尤其是写年度综合报告时，一定要注意一个“新”字，既可避免老调重弹，又可反映出自己工作中的创造性。

专题报告，是就一具体问题所作的报告，如情况报告、建议报告、回复报告、检讨报告等，大都以专题报告的形式出现。其基本写法是：一是标题。由事由和文种组成，如《××××党组织关于××××的报告》。二是开头。一般要概括写出事由的背景和主要事件，然后常用“现将有关情况报告如下”一类的承启用语，引起下文。三是主体。如反映工作情况的报告，一般要按照主要做法或经验、存在的问题及原因、解决问题的意见、办法这样的结构来安排。当然可根据实际情况对某些方面有所侧重。主体部分如果内容较多，可采用分条或分题来写，以使报告眉目清楚，层次分明。四是结尾。常用“特此报告”来收尾。

范文：

××党支部关于×××事故的报告

×××党委：

×年×月×日，我支部党员×××在×××中，发生了×××事故，造成××受伤，在群众中产生了严重的不良影响。现将有关情况报告如下：

事故发生的时间、地点、造成的损失等情况……（略）

事后，党组织进行了深入调查，并广泛听取了群众的意见，我们认为应对此次事故做如下处理：1.2.3……（略）

特此报告，请审示。

×××党支部

×年×月×日

（六）总结

总结的含义和分类。总结，是对已经过去或正在进行的工作进行回顾，以找出经验教训时使用的文种。总结是一种用途广泛的文种，其分类也较多，如有从时间方面来写的月份总结、阶段总结、年度总结等；有从工作性质方面来写的工作总结、生产总结、学习总结等；也有从范围方面来写的单位总结、个人总结等；还有从总结内容的多少来写的综合总结和专题总结等。

总结的基本写法。一般说来，总结是由开头和主体两部分组成的。

开头部分。简要概括总结的全文内容。一般是着重写出完成工作的基本情况，多以说明成绩为主，以引起下文。这部分要开门见山，不要写一长串“在××××领导下，××××上，××××努力下”之类的套话。有的这一部分内容只一两句话即可。

主体部分。一般写成绩和经验教训，如主要做了些什么工作，是怎么做的，取得了哪些成绩。经验教训主要是写在做这些工作的过程中有什么体会，正面的、反面的都可以写，以便通过总结，对以后的工作产生借鉴作用。

写总结的基本要求：一是坚持正确的指导思想。总结是对以往工作的认识，也是对客观事物的认识，要写好总结，首先要有马克思主义的认识论观点，这是唯一正确的指导思想。党和国家的方针、政策和法律法规，也是评判和衡量工作的标准，所以，总结在写作中也要遵从党纪国法。二是要揭示事物的本质和规律性。总结的根本目的不是机械地回首往事，而是为了开创未来，目的是吸取经验教训，更好地发展进步。所以，不能把总结写成大事记或流水账，而应当注重在事物的现象基础上揭示出规律性的东西，从个性中找到共性的东西，从而使过去的历史成为今后的财富。三是要坚持“两点论”，如实反映客观实际。做了什么写什么，是怎么做的怎么写，对成绩和缺点都不可随意地夸大或缩小，做到实事求是。

范文：

×××党支部关于宣讲中央一号文件宣讲阶段工作总结

为深入贯彻中央一号文件精神，促进农民增加收入，促进农村全面建成小康社会，根据×××党委的统一安排，党支部积极开展宣讲活动，并取得了一定成绩。在宣讲阶段即将结束之际，现将宣讲阶段的工作做一简要总结。

一、因地制宜开展宣讲

进入宣讲阶段以来，党组织积极安排，严格要求。各宣讲组根据实际情况，因地制宜、因时制宜地开展宣讲，坚持做到了“五个结合”，即宣讲与优化经济发展环境相结合，宣讲与发展农村经济相结合，宣讲与积极引导农民调整农业产业结构相结合，宣讲与农时相结合，宣讲与实施“亲民工程”相结合。总之一句话，就是宣讲与农村实际、农民利益相结合，受到了农民群众的普遍欢迎。

二、多种途径开展宣讲

在宣讲过程中，我们全方位地利用各种途径，如会议、板报、广播、标语、电视、散发明白纸、走家串户、深入田间街头等，使农民不论在什么地方，不论在什么时候，不论做什么工作，都能够了解中央一号文件精神。农民们说，这真是把中央的政策、中央对农民群众的关心送到农民的家里、心里了。

三、切实加强对宣讲工作的督促检查

党支部严格按照上级党委的部署，对宣讲阶段的工作积极安排，严格要求，健全工作台账和工作日志，做到了“组有日志、人有笔记”。特别是对发现的问题，深刻分析原因，制定解决措施。如××××××最终得到了很好的解决。

当然，在宣讲阶段，我们还存在一定差距，主要是……（略）

总之，我们要在宣讲阶段取得的成绩基础上，将下一阶段的工作做得更加深入扎实，圆满完成宣讲任务。

×××党支部

×年×月×日

（七）通报

通报的含义和作用。通报，是表彰先进，批评错误，传达重要精神或情况时使用的文种。所以，通报具有典型性，无论是表彰还是批评，都离不开典型事例；通报还具有教育、沟通的功能。通报可分为表彰性通报、批评性通报和情况通报三种类型。

表彰性通报。这类通报的正文一般有三个部分：一是概要叙述所要表彰的先进事迹或典型经验，这部分要写得实在、简洁。二是分析先进或典型经验的意义，或提出学习先进事迹或典型经验的目的。三是发出向先进学习的号召，提出意见和要求。

批评性通报。主要用于通报对所犯错误及有关人员的处理，并提出告诫。正文部分要写明：一是错误事实，如错误情节、危害程度及有关数字等；二是错误性质，主要分析所犯错误的性质及其原因，或者应当吸取的教训；三是处理意见，要写明对错误的直接责任人所做出的处理，有的还可提出一些要求。

情况通报。情况通报是通过传达重要情况、领导机关的意见或倾向，以引起有关方面的注意，推动工作的开展。这种写法要写明：一是所通报的是什么情况，如果内容较多，就须列出条目，明确交代；二是要写明发文机关的意见和要求，或者说明发此通报的目的。写作通报要注意选择典型事例，即对面上的工作具有普遍意义的事例，还要注意坚持实事求是，不得在通报中掺杂任何虚假或主观的东西，还要注意掌握好对事实评议的分寸。

表彰性通报范文：

×××党支部关于表彰×××优秀共产党员和先进党务工作者的通报

在过去的一年里，我支部广大党员和党务工作者，认真学习习近平新时代中国特色社会主义思想，自觉用党员标准严格要求自己；认真钻研业务知识，争做本职岗位的业务标兵。在全体党员的共同努力下，党组织工作以及本单位工作不断开创新局面。

他们在平凡的工作岗位上，以共产党人的不懈追求，孜孜不倦地勤奋学习，兢兢业业地忘我工作。有的××××××；有的××××××；有的××××××。他们的模范事迹，为我们树立了学习的榜样。

广大共产党员一定要虚心地向他们学习。学习他们××××××；学习他们××××××；学习他们××××××；被评为优秀党员和先进党务工作者的同志，要谦虚谨慎，再接再厉，在今后的工作中做出更大的成绩。

×××党支部

×年×月×日

批评性通报范文：

×××党支部关于×××、×××等四名同志违反工作纪律的通报

近来，我支部委派×××、×××、×××、×××四名同志做×××工作。在工作期间的一天晚上，其四人在一家饭馆喝酒，为结账与服务员发生口角，双方言辞激烈，并有拉扯行为，招来一些群众围观，在群众中产生了不良影响。在整个事件过程中，×××身为此项工作的主要负责人，事发时不冷静，负有主要责任。他们违反了工作中禁止喝酒的工作纪律，是导致这一事件的直接原因。

事发后，党组织对其进行了严厉批评和耐心教育，让其做出深刻检查，以挽回不良影响。×××等四名同志认识到了事件的严重性，诚恳地承认错误，对自己的言行深感痛心，并向当事人赔礼道歉，表示一定吸取教训，以实际行动做好党组织所委派的工作。

×××等四名同志的行为，影响了党的干部在群众中的形象。广大党员干部一定要引起高度重视，防止此类事情的发生。为此，要切实做到：

一要牢记宗旨，不辱使命，即牢记全心全意为人民服务的宗旨，树立立党为公、执政为民的思想观念，加强同群众的联系，增进与群众的感情，完成党交给的各项任务。

二要健全制度，严肃纪律，即加强党组织制度建设，严格执行各项制度，自觉遵守党的纪律，特别是要建立健全责任追究制度，发现问题，一查到底。

三要转变作风，严于律己，要进一步发扬党的艰苦奋斗的工作作风和生活作风，不大吃大喝，厉行节约，艰苦朴素，在生活上严格要求自己。

四要强化督导，严格管理，党组织要加强对党员的管理，加强对党员完成任务过程的督导，对于在工作中做出成绩的要大张旗鼓地表扬，对于在工作中出现问题的要勇于批评并帮助其纠正。

×××党支部

×年×月×日

（八）计划

计划及其写作内容。计划，是安排在今后一段时间中要做的工作时使用的文种。计划分为文字叙述式计划和表格填充式计划。

就文字叙述式计划来说，计划正文的写作内容主要包括三个方面：一是情况和依据。主要写明在什么情况下制定的计划，或根据什么制定计划等。这部分文字要简明扼要，实事求是。有时也可省略这些而直叙计划事项。二是任务和要求。这是计划不可缺少的内容。任务，就是计划要“做什么”；要求，就是计划“做到什么程度”或什么时候完成，也就是指标或时限。任务和要求一般有两种具体写法：一种是与情况和依据一起在开头一段写，下文则是为完成任务和达到要求所制定的具体计划；另一种则是与情况和依据分开写，这种写法往往在写完情况和依据后，用“特制定如下计划”这样的承启用语，使其与任务和要求相衔接。三是措施与办法。主要写完成任务和要求所采取的措施和实行的办法，也就是针对计划所提出的“做什么”和“做到什么程度”，来回答“怎么做”。这部分内容是完成计划的保证，要写得具体、周详、切合实际。因此，措施和方法一般可根据任务和要求分成若干段来写。也有的把措施与方法和任务与要求放在一起，这种写法适合于任务要求比较多，为便于弄清什么措施是为了完成什么任务，所以就在写完一项任务后，接着写完成这一任务的措施。

制定计划需要注意的问题。一是要坚持从实际出发。因为计划是对未来要做的事情的一种打算，是一种主观现象，所以要使计划能够如期完成，就必须使计划这种主观愿望与客观实际相符合，就要从实际出发。因此，要防止两种倾向：一种是把计划定得过高，无法实现；另一种是把计划压得过低，影响发展。二是要注意走群众路线。制定计划的目的是执行计划，执行计划是群众的共同行为，在制定计划的时候，就要广泛听取群众的意见，集中群众的智慧，这样才能使群众了解制定计划的意图，使群众看到实现计划的前景和希望，从而在实施计划的过程中凝聚群众的力量，保证计划的实现。三是要考虑实施计划的可能性。全面分析各种情况，充分预测计划实施中可能出现的问题，并制定出相应的防范和应对措施，增强计划的可行性。

（九）讲话稿

讲话稿可分为规范式讲话稿和灵活式讲话稿两种。

一是规范式讲话稿。规范式讲话稿一般适用于党的法定会议上的工作报告。在写法上，要求有标题、开头、主体、结尾四个部分。标题。多采用正、副标题的写法，正题揭示讲话的中心思想，副题写明什么人在什么会议上的报告。有的也可采用没有副标题的写法，此时须在标题下写明报告的具体日期，日期下面写报告人的姓名。开头。首先顶格写报告对象的称呼，然后另起一行对报告的内容作简要概括，接着写“现报告如下，请予审议”之类的话。也有的报告只写一句报告对象的称呼，就直接提起下文。主体。一般写形势和任务两部分。如当前形势的特点是什么，在这样的形势下都做了哪些工作，完成了哪些任务，今后还要完成哪些任务以及怎样完成任务等。为了条理清楚，一般都把这一部分分成几个专题来写。结尾。一般写希望、要求和号召。主要是为了完成任务有针对性地提出有关的希望和要求，最后以简短的、鼓舞人心的号召作结尾语。

二是灵活式讲话稿。这种讲话稿的写法相对于规范式讲话稿的写法来说比较灵活。但其基本的行文结构与规范式讲话稿基本一致。同样是由标题、开头、主体、结尾四个部分组成。标题的灵活表现在除了可用规范式讲话稿的标题之外，还可以直接用《×××同志在××××会议上的讲话》或《×××同志在××××会议上的发言》。开头的灵活表现在，有的开门见山，如“我讲几点意见”“讲点个人看法”等开头；也有的一语道破，如“这次会议主要讨论了××××问题”；也有的简要回顾、提出主题，如“改革开放以来……”；还有的是做出估价、引出主题，如“这次会议开得很好”。主体灵活表现在可围绕讲话的中心思想安排内容，或分成几个段落，或列出几个专题。结尾灵活表现在，有的以做出结论、强调主题的方式结尾，如“总之……我们一定能胜利”；有的明确形势、提出希望，如“同志们，在××××形势下，我们为××××而奋斗”；有的饱含激情、鼓舞斗志，如“让我们向着××××前进吧”；也有的提出商讨、征求意见，如“如有不妥，请批评指正”。

写讲话稿要注意的问题是：一要考虑听讲的对象，做到有针对性，有的放矢。二要主题集中，条理分明，给人以深刻的印象。三要语言生动活泼，还要注意口语化，尽量使人听得懂、记得住，句子不宜太长，讲话稿不宜太长。

（十）会议纪要

会议纪要的含义、作用和特点。会议纪要，是记载和表达会议精神和议定事项时使用的文种。会议纪要的作用是：总结会议的成果、通报会议精神、记载会议活动、积累留存资料，约束和指导有关单位和人员贯彻执行会议精神，促进工作的开展。会议纪要的特点是：具有特定的记载对象、记载内容，可以反映取得一致意见的内容，也可以反映未取得一致意见的内容。具有很强的提炼和择要功能。会议纪要不同于会议记录，不是对会议的所有内容的机械记录，而是对会议内容加以整理和提炼，择其精华和主要精神予以记之，以突出“要”字。具有惯用的称呼用语，通常采用第三人称，段首惯用“会议认为”“会议提出”“会议决定”“会议强调”“会议号召”等。

会议纪要的一般写法。会议纪要的写法一般由标题、开头、正文和结尾四个部分组成。

标题。由会议名称和文种组成。这有两种情况：一种是直接以会议的名称和文种组成，如《××××委员会纪要》。另一种是由正、副标题组成，正标题突出会议的主要精神，副标题列明会议名称和文种，如《努力实现新世纪的良好开局——中国共产党×××委员会××××会议纪要》。标题下面写明会议纪要的形成时间。

开头。一般写会议的概况，包括会议的依据、目的、召开的时间、地点、参加会议的人员、会议的议程、主要收获或基本评价等，文字上力求简洁、精炼、实在。

正文。这是会议纪要的主要内容。主要写会议研究的问题，讨论的意见，作出的决定，提出的任务、要求等内容，写好这部分内容，需要对会议的全部内容进行分析、概括和提炼加工。写这部分内容常用的方法：一是概述法，即把会议的程序、进展的情况综合在一起，概括地叙述出来，主要写会议的情况及成果，而不反映意见性、要求性的东西。写情况性纪要常用此方法。二是分项法，即把会议内容归纳为几个问题来写。会议规模较大、内容较多、涉及面较广时，可以在深度、广度上有条理地反映会议内容，常用“会议认为”“会议指出”等词语引领下文。三是提要法，即把会上有代表性的发言，按顺序抓住要点写出来，如实反映与会人员讨论情况及其态度。

结尾。一般有两种情况：一是在会议纪要的最后提出希望，一般单独一段结束全文；二是不做结尾语或结束段，最后一个问题讲完就是全文的结束。

写会议纪要需注意的问题：一是善于正确集中会议讨论的意见，全面了解各种意见，既要反映多数人的意见，也要反映少数人的正确意见，并须经过与会人员的反复讨论修改，取得与会人员的同意后，方可发出。二是突出会议中心和要点，做到重点突出，主题明确。三是条理化，对会议讨论的问题和意见分类别、分层次、分顺序地加以归纳，使人看后把握要领，便于记忆和落实。

在党组织工作中，还有一些常用的文种，如函、规定、简报、调查报告等，这里不再一一讲述。总之，在运用各种文种时，要以写作的意图和内容为基础，根据各文种的特点和要求，选择适当的文种。

第 五 编 ▶▷

互联网（智慧）党建篇

进入21世纪，在新一代信息技术的引领下，以移动互联、量子计算、大数据、云计算、物联网、人工智能为基础，构成了信息技术平台，形成了新型信息化生产力，[①]推动着第四次工业革命迅猛发展，人类正在进入信息社会和互联网社会。[②]截至2022年6月，我国网民规模达10.51亿，较2021年12月增长1919万，互联网普及率达74.4%，较2021年12月提升1.4个百分点。其中，手机网民规模达10.47亿，较2021年12月增长1785万，网民使用手机上网的比例为99.6%，与2021年12月基本持平。我国城镇网民规模达7.58亿，占网民整体的72.1%；农村网民规模达2.93亿，占网民整体的27.9%。[③]这对党建工作带来了新机遇、新挑战。2018年，习近平总书记在全国组织工作会议上明确指出："要探索加强新兴业态和互联网党建工作，扩大党在新兴领域的号召力和凝聚力。……要高度重视信息化发展对党的建设的影响，做到网络发展到哪里党的工作就覆盖到哪里，充分运用信息技术改进党员教育管理、提高群众工作水平。"[④]深刻认识互联网党建的理论基础，促进互联网党建的实践创新，加强互联网党建的技术支撑，是我们有效推进新时代民营经济党建工作的必然要求。

① 张弛、张曙光：《新经济对经济学理论的挑战》，学术月刊2018第1期。

② 陈禹等：《互联网时代的经济学革命》，《财经问题研究》2018第5期。

③ 中国互联网络信息中心：《第50次中国互联网络发展状况统计报告》，见http://www.cnnic.net.cn/n4/2022/0914/c88-10226.html

④ 习近平：《在全国组织工作会议上的讲话》，人民出版社2018年版，第6页。

一、互联网党建理论基础

（一）互联网党建的内涵

新一代信息技术的突出特征就是互联网，尤其移动互联网的出现彻底改变了一个组织获取、处理和利用信息的方法和效果，出现了“互联网+”思维，相应地，“互联网+党建”也应时而出，给党建工作带来了新的机遇。互联网党建指的是，将网络信息技术与全面从严治党的基本要求结合起来，以互联网思维搭建党组织与党员之间教育、管理、服务和监督的平台，并依托和运用新平台、新技术来拓展党组织建设的方式方法。其中，全面推进电子党务工作、建立党建工作平台、实施党务工作的信息化管理都是互联网党建的重要组成部分，而借助互联网优势，借助微博、微信等各平台开展工作也将成为互联网党建的未来发展方向。

（二）互联网党建发展的必然性

在互联网中，信息具有便捷性、廉价性、多样性、互动性和开放性，符合党建工作的现代发展、开放发展、互动发展和服务发展要求，互联网党建的发展具有必然性。

第一，互联网信息的便捷性适应了党建工作现代性转变。一是党员学习主动性增强。依托各个党建网站，通过直播、音频、图片等方式，可将学习内容更快、更全面、更直接地传达给广大基层党员、群众，互联网党建突破了传统学习内容和方式的局限性，学习内容更丰富，学习形式更多样，增强了党员学习的主动性。二是党员管理更先进。针对党员流动性大、分散性强、主动性不断提高的新挑战，各基层党组织不断探索，将互联网技术运用到党建工作实际中，建立互联网党支部、党员e家等虚拟在线党建组织，打造了一系列党员动态管理平台，提高了党员管理的先进性。三是党的工作更先进。

依托互联网技术打造在线党支部，提供在线学习、培训、民主评议、党员代表大会等活动，有效地开展党的工作，党建工作变得越来越具有现代性。四是联系群众更紧密。通过互联网可以便捷地开展视频连线、问卷调查、意见反馈等民意收集行为，各级党组织可以利用这些方式加强与群众的联系、沟通，及时、全面地了解基层群众的意见和建议，有效地拓展党组织与人民群众之间的联系渠道，密切了党组织与群众的关系。五是服务更加具有针对性。大数据、云计算、自媒体平台等现代化互联网技术的使用大大增强了党建工作的智能化、个性化，通过对海量党建数据的智能化处理，能够有效分析、梳理出党员群众对于党建服务的偏好、行为特点等，进而能够提供更加具有针对性的服务，能够有效推动党建工作的深入发展。

第二，互联网信息的开放性适应了党建工作的开放性转变。一是提高党务公开度。通过互联网，各级党组织积极推动党内重大事项、社会重点事件、与群众切身利益息息相关的事件的第一时间公布，增强了党建工作的透明度。如有的村级基层党组织依托互联网平台及时推动村务、党务、财务公开，并为普通群众提供了查询渠道，及时回复群众的在线留言，有效地推动了基层党组织的民主建设。二是增强干部工作透明度。传统的干部工作对普通群众而言，似乎总存在一面“神秘面纱”，随着互联网技术的不断发展，组织部门主动利用互联网平台对干部选拔任用和人事工作的相关内容及时进行公开，在干部考察环节增加了网络公示，切实保障了普通群众的知情权、监督权，增强了组织工作的民主性、透明性。三是强化网络监督功能。各级纪委打造了大量的监督网站，有效地拓展了群众的监督、反馈渠道，并且取得了显著的反腐成效，有效保障了人民群众的监督权。

第三，互联网信息的互动性适应了党建工作的互动性转变。一是互动性调研。通过互联网可以开展问卷调查、民意收集等调研活动，能够有效收集基层的意见建议，增强管理工作的互动性，提高了组织部门决策的科学化水平。二是互动性交流。利用互联网的开放性、互动性等特征，积极与普通网民开展互动交流，推动传统党建工作的创新。例如，通过网络问政，及时收集群众的意见建议，通过打造在线沟通、交流平台，开展党组织与普通群众的互动交流，将传统的到办公室谈事情的方式转移到了互联网空间，方便了群众，提高了效率。

第四，互联网信息的廉价性适应了党建工作的服务性转变。一是互联网党建成为创业致富的新助手。如在线远程教育培训平台为广大党员群众提供了学习技能、了解资讯的便捷渠道，有效地增强了其创业致富的能力。二是成为服务民生的新平台。互联网平台能够有效拉近与人民群众的距离，便于开展各种民生服务活动。如政策、思想及时传送；技能培训、医疗咨询、法律援助等远程服务，以及各种自然灾害的快速动员组织等。三是成为传播文明的新载体。依托互联网平台，可以打破地理空间的局限，通过视频、广播等方式开展文化活动，能够有效地丰富党员群众的文化生活，成为文明传播的新载体。四是开创了基层党组织工作的新格局。党的基本细胞充满活力，党才能青春永驻，而基层党组织作为党的基本细胞，是宣传党的大政方针的前沿阵地，是党的战斗堡垒。如何有效组织管理、教育培训党员是摆在党建工作面前的一大难题。由于互联网技术的迅猛发展，互联网党建为解决上述难题提供了“良方”，依托互联网的开放、交互等优势，我们缩短了党委组织部门与广大基层党组织的距离，拓宽了同党员之间的沟通渠道。目前，基层党组织综合利用微信公众号等新媒体创新管理教育党员方式，减少了中间环节，提升了党委同基层党组织传递信息的效率，紧密联系了党员与党组织之间的关系，形成了强大的凝聚力、战斗力。针对一些流动性强、较为分散的党员，借助于将党支部建在网上的形式，能够破解这部分群体活动难、指导难、学习难等难题，加强了流动党员的归属感，汇聚了党建工作的向心力。

（三）互联网党建的重要意义

互联网党建为全面加强和改进党的建设提供新策略、新渠道、新手段、新战略和新要求。

第一，互联网党建是保持党的先进性的新策略。互联网作为高科技发展的产物、人类文明进步的标志，其内涵、形态、特征都能体现先进性，利用互联网已被视为政党现代化的一个衡量标准。目前，世界各国的主流政党纷纷主动适应互联网趋势，主动利用互联网技术改进政党服务，进而创新政党的管理方式和理念，不断增强政党的执政能力。例如，2008年美国总统选举中，奥巴马80%的竞选资金来自网络募集；奥巴马在费城的演讲视频在互联网上的观看率远超电视转播收视率；世界舆论普遍认为，互联网成就了美国民主党和奥巴马；奥巴马访问中国时，在上海与青年学生的对话中明确表示，他能当上总统全靠网民。[①]作为世界上第一大政党的中国共产党，必须以积极的态度、创新的精神，切实把互联网建设好、利用好、管理好，以便能够更好地适应互联网发展的新趋势，及时回应互联网给新时期政党建设带来的挑战，不断推动社会经济的发展。

第二，互联网党建是党密切联系群众的新渠道。不断增强党与人民群众之间的联系对于党的建设至关重要，在“互联网+”时代，运用互联网无疑是我们党密切联系群众的新的重要渠道。互联网作为现代信息传递手段，以其强大的影响力、渗透力和独特的互动性、流动性，成为广大网民相互交流、发表意见、参与民主的重要平台。我国网民数量众多，而且网民的知识水平、政策水平、对社会事件的敏感度在不断提高，在这样的背景下，为了更好地巩固党执政的阶级基础和扩大党执政的群众基础，各级组织必须提高对互联网的认识程度，主动利用互联网技术改进群众工作方式，不断加强同群众的互动交流，倾听群众的呼声，满足群众的诉求，为群众提供更好的服务，吸引更多的群众积极参与政治生活，进一步密切党群干群关系，主动赢得民心，

① 何伟、程鹏：《“互联网+党建”——新时代下的基层党组织建设》，北京邮电大学出版社2020年版，第49页。

巩固党的执政地位和党执政的阶级基础、群众基础。

第三，互联网党建是提高党执政效率的新手段。执政效率是执政党执政能力的集中体现，对于党的宗旨的实现以及公信力的维护至关重要。在“互联网+”时代，面对信息增长速度比人口增长速度快20万倍所形成的“信息海洋”，信息接收者可能陷入“信息恐慌综合征”而无所适从。执政党如何利用信息手段获取反映群众呼声、蕴含社会发展趋势的必要信息，为正确决策提供依据，以提高科学执政的效率，是加强党的执政能力建设的过程中必须解决的一个难题。在“互联网+”时代，各级党组织利用互联网技术可以充分获取信息，使决策的过程成为不断深入进行“信息汇集”“数据挖掘”的过程，从而增强决策的科学性、可操作性。通过大数据技术可以将各种大政方针、政策纲领转换为数据，借助于数字化、电子化、网络化的信息传播技术使其迅速为全党、全体人民所了解与接受，以确保各种政策的顺利推进，并取得预期的政策效果。引入互联网技术能够有效减少组织内的沟通层级、压缩组织规模、提高沟通效率，从而减少对工作人员的数量要求，对于推动政府职能转变、精简机构具有重要意义。

第四，互联网党建为党打赢意识形态斗争的新战略。美国前国务卿奥尔布赖特说：“有了互联网，对付中国就有办法。”[①]西方媒体也曾扬言：“互联网的出现使中国遇到了真正的对手”“要用互联网崩裂中国的长城”。对传播渠道的掌控是传播文化的重要方式，并且这种掌控力度越强，文化传播的效果就越好。当前，西方国家在互联网技术的掌控方面具有优势，凭借这种技术优势对我国开展了许多文化传播活动，企图从文化方面分裂中国。与此同时，国内的一些敌对势力也纷纷在境外利用互联网开展违法活动，宣传其思想，意图制造动乱，抹黑政府，发展壮大其组织，破坏社会稳定。面对国内外敌对势力利用互联网对我国进行的思想文化渗透和政治上的颠覆破坏，网络舆

① 刘阳：《积极把握互联网条件下意识形态工作的主动权》，《前线》2007年第7期。

论战将成为意识形态斗争的主要形式，能否在这场斗争中取胜，不仅取决于我国的综合国力，还取决于我们党的执政水平和统御能力。全党务必增强忧患意识，采取有力措施，主动出击，积极引入互联网技术，掌握网络时代的舆论主导权，抢占网络阵地制高点，加大在互联网上宣传主流意识形态的力度，沉着应对并打赢这场“没有硝烟的战争”。

第五，互联网党建是中国特色社会主义新时代发展的新要求。2018年1月11日，习近平总书记在十九届中纪委二次全体会议上对新时代的党建工作提出新要求：“党的队伍和自身状况发生重大而深刻的变化，迫切要求提高党的建设质量、增强党组织的政治功能和组织功能。”新时代的党务工作更加复杂、要求更高，迫切需要一种更有效、更便捷、更规范的党务工作方式。互联网技术已经为意识形态领域、处置现实中出现的新情况和新问题提供了最大的可能，利用互联网技术构建的“互联网+党建”平台为党务工作的开展，为党的政治建设、思想建设、组织建设、作风建设、纪律建设提供了便捷的渠道，大大提高了党建工作效率，对于提高党的建设质量具有重要意义。

具体来说，一是创新党建工作理念。“互联网+”是以开放、平等、透明、变革为特点的网络思维，为党建工作创新思路、突破传统管理和构建民主氛围提供了新理念、新视角、新方法。二是拓展党组织活动空间。“互联网+”时代由现实空间拓展到虚拟空间，打破了党组织活动的空间和时间局限，为党建工作提供了广阔的实践维度。三是创新了形式内容。在实现传统党建与互联网融合的同时，还可以通过利用大数据、云技术和智能终端等平台，增加新媒体的资源分享、意见交互和评价体验等功能，为提升工作实效创造可能。

二、互联网党建实践创新

新一代信息技术革命的飞速发展，不仅推动着党建理论创新，也推动着互联网党建的实践创新。下面主要从互联网党建带来的思想建设、组织建设、反腐倡廉建设、党员的教育管理等实践创新方面进行简要分析。

（一）以互联网党建为基础，推动思想建设实践创新

第一，加快建设网上理论宣传阵地。以党的各级组织机构网站为主干、各级党报党刊网络版为依托，以各类商业网站为辅助，建立网上马克思主义理论宣传阵地，将马克思主义经典著作、党的基本路线和方针政策、党和国家领导人重要讲话等文献资料上网，形成党的理论学习网上资源库。同时，要针对不同层次的受众，设计内容深浅不一、表现形式不同的党建网页或栏目，精心组织网上党校、网上党课等活动，让党的政治纲领、宗旨、主张、方针、政策更好地走进人民群众，真正为人民群众所了解、所掌握、所运用。另外，在网上定期发布党建理论研究成果，并通过开设“理论网上沙龙”“热点问题论坛”等活动，采取“留言板”“网上聊天”等形式，引导党员和群众关注理论热点，加强理论探讨，掌握最新研究成果。

第二，加快建设网上舆论导向阵地。当前，互联网已成为社会舆论的重要发源地和风向标，对社会思潮的形成和社会情绪的变化发挥着举足轻重的影响作用，对互联网的掌控力直接影响舆论宣传的话语权。利用互联网的组织功能，加大互联网与传统媒体的信息资源整合，建立互动的网络系统和新型的传播机制。着眼全球、立足受众，开通网上新闻信息发布渠道，使互联网成为党的重要新闻和信息的发布站。要注重新闻价值，讲究传播效果，不断更新内容、创新形式，增强网上新闻宣传内容的针对性、吸引力和感染力。坚持教育疏导和人文关怀，围绕时政新闻热点和网上焦点问题，适时发表政策解读文章与正面评论，提高网民的分析、识别能力和“免疫力”，筑牢党员和群众的精神防线。

第三，加快建设网上思想政治教育阵地。加强党员现代远程教育网络一体化建设，将党的思想政治教育的精髓融入互联网的各个层面。以社会主义

核心价值体系引领互联网建设，坚定党员在多元文化价值影响下的政治信仰，增强党组织的凝聚力。建立网上英雄模范、先进典型等荣誉库，大力宣传先进事迹，弘扬党的优良传统。建立网上优秀文化艺术作品展示平台，组织网上鉴赏活动，使人们在浏览欣赏中愉快地接受主流文化价值观的熏陶与灌输。开设“说句心里话”“网络谈心”“网上心理咨询室”等栏目，针对党员、群众的思想问题答疑解惑，发挥网上思想政治工作应有的效果。

（二）以互联网党建为基础，推动思想建设实践创新

第一，加快推动党员干部队伍建设透明化。建立党员干部资料库，利用网络全面系统地记录每名党员干部的基本信息、工资状况、家庭关系、年度考核和培训情况，以便于高效快捷地查找出符合某些条件的党员干部人选，为领导决策提供参考，为年轻党员干部的培养和新任职党员干部的培训提供更加准确的数据。建立网上干部公示栏，对拟提拔和任用的干部进行网上公示，接受群众的广泛评议。建立干部网上推荐制度，让广大人民群众参政议政的积极性、主动性得到更好的保护，使真正符合革命化、年轻化、知识化、专业化的方针和德才兼备标准的人才走上领导干部工作岗位。

第二，加快推动党员队伍建设信息化。按照建设一支“素质优良、结构合理、规模适度、作用突出”的党员队伍的要求，充分利用互联网高效、新颖生动的信息传播途径，开展党员信息管理、党组织管理、实时在线交流、党内视频会议、党内统计报表、网上党费缴纳、网上党课等党务活动，为流动党员转接组织关系、寻找党组织等提供咨询服务，为广大党员及群众查阅党员信息资源提供便利，及时反映党的组织建设动态，交流党的建设经验，传播党的建设知识，探讨党的建设实践，把党员教育、管理、监督和服务有机结合起来，不断提高党员的思想素质，不断提高党员服务科学发展的能力。

第三，加快推动组织决策制定民主化。坚持和完善民主集中制，推动互联网党建下的组织建设，充分尊重群众的首创精神，及时总结来自基层和实

践的丰富经验，进一步完善党委内部的议事和决策机制。在进行政策措施制定、工作计划拟订、重大事项决定等工作前，要开展网上信息调查，通过互联网收集广大党员群众的意见和要求。决策过程中，在利用传统工作方式的基础上，通过网上“建言献策”“问政于民”“问计于民”等形式，让广大党员群众参与决策、充分表达意见。同时，建立健全领导、专家、网民相结合的决策机制，成立网上决策研究和咨询机构，在民主的基础上实行科学集中，使党的重大决策程序更加民主，充分代表党员群众的意愿，体现各级党组织的意志。

第四，加快推动网上党组织活动多样化。活动创新是目前党的基层组织创新的一个突破口。应改变传统的“开会、学习、看报和发展党员”这种固有模式，通过创新活动载体，扩大党员之间的交流，增强党组织的亲和力和感召力。例如：通过QQ、微信等互动讨论平台增加党员之间的交流，尤其要加强对流动党员的管理和服务；通过红色影片资源加强革命传统教育，加深党员对理论的理解，提高党员的认识实践水平。

（三）以互联网党建为基础，推动反腐倡廉建设实践创新

第一，加快推动网络反腐倡廉格局的建设。充分认识互联网发展带来的深刻影响，切实加强新形势下反腐倡廉网络信息收集、研判和处置工作，拓宽了解社情民意的渠道，充分发挥广大人民群众在反腐倡廉建设中的积极作用，不断推进党风廉政建设和反腐败工作。将纪检监察法律法规查询、政府网上采购、网上行政审批、人大议案管理、政协提案管理等内容整合集中到网上。通过互联网这个阵地，大力宣传党开展反腐倡廉工作的路线、方针和政策，及时上传反腐倡廉重要言论、政策理论和工作动态，针对一些网民的模糊认识，解疑释惑，澄清谣言，从而赢得广大人民群众的普遍理解和支持。大力弘扬优秀传统廉政文化，营造积极向上的网络反腐倡廉文化氛围，用廉政文化占领网上阵地，以廉政氛围熏陶人，以优良风尚影响人，以优秀品德

感召人，培养人们的廉洁从政的信仰和追求。

第二，加快推动网络反腐倡廉机制的完善。采取网上党风廉政建设问卷调查等形式开展民意调查，及时了解人民群众对党风廉政建设和反腐败斗争的意见和建议；设置网络廉情直报点，广泛收集信息，建立健全测评预警信息收集网络；建立网络信息发布制度，通过多种手段适时发布有关地区或部门的党风廉政测评预警信息，及时准确地掌握党员干部在党风廉政建设方面存在的苗头性、倾向性问题，做到早发现、早提醒、早预防、早纠正。积极探索网上举报、信访等新的方法和途径，拓宽信访渠道，方便群众监督；对与群众利益密切相关的重大事项的决策采取网络公示制，提高行政行为的透明度；完善经济发展环境投诉中心建设，构建方便快捷、统一有序的廉政投诉网络等。

第三，加快推动网络反腐倡廉体系的健全。利用网络公开透明的特点，促进政务公开建设，将公务活动及服务要求在网上公示于民，自觉接受群众监督；制定行政信息公开办法，明确公开范围、方法和程序；积极推行网上审批，完善行政服务中心内部运行管理机制，建立行政服务中心与部门办事大厅间互联互通的自动化信息管理系统，为群众提供公开、透明、高效的公共服务。利用在网上注册领导干部生活圈、社会圈监督网站，对每名干部实行动态监督管理，为今后发现线索、处理问题拓宽渠道，构建八小时外生活圈监督体系。大力推进“阳光工程”建设，把重要政务活动、工程项目招投标、政府采购等在网上发布，最大限度地扩大人民群众的知情权和监督权。

第四，加快推动网络反腐队伍的壮大。反腐败斗争是民心所向，治理腐败问题必须要有良好的群众基础。作为党反腐败斗争的新途径，网络反腐一定要坚持密切联系群众的优良传统，争取广大人民群众的支持和信任，保持政府与群众间的良好沟通与互动，通力合作，纪检监察部门要充分发挥反腐败斗争中的主导作用，聚集社会上包括广大网民的各方力量，齐心协力推进反腐败行动。完善网络反腐制度平台，对于群众的举报信息一定要积极回应，并根据举报信息充分调查。

（四）以互联网党建为基础，推动党员队伍管理实践创新

第一，构建开放统一的党建信息平台，完善党员管理体系。一是完善党建信息平台，分级开放信息管理权限，进一步发挥其党员管理、多边互动、信息发布的基本功能。地方党委组织部负责党组织机构增减和地方综合性信息维护，各基层党组织负责本党组织及本党组织内党员的基本信息维护，党员个人申报信息的维护由党员自己负责。根据互联网开放性、多样性强的特点，各基层党组织要进一步通过电子邮件、视频对话、网上聊天、博客留言等多种方式，引导广大党员群众利用党建信息平台进行互动交流。

二是实行党员电子活动证制度，建立全域覆盖、多边互动的全员动态信息库，实现党员的城乡一体化管理。在基于互联网、面向全社会的党建信息平台上为每名党员统一制作电子活动证，将其作为党员网上身份识别、活动记载的凭证，电子活动证主要记载党员基本情况、党费缴纳、学习培训、义工服务、组织生活、群众帮扶等信息，党员凭电子活动证可以到任何基层党组织和党员活动中心报到或参加活动。各级党组织要借助于党员电子活动证，分类建立党员全员信息库、流动党员信息库和困难党员信息库，切实加强党员管理。

三是实行网上转接组织关系制度，确保党员能够通过手机支付等手段缴纳党费，简化程序，方便党员履行义务。各级党组织要按照以人为本的原则，大力推行网上转接组织关系，为党员转接组织关系提供方便。针对党员流动性增强、缴纳党费不便的实际情况，在实行传统的现金缴纳党费的基础上，全面推行网上缴纳党费和手机缴纳党费；各级党组织要进一步加大对网上和手机缴纳党费的培训和宣传力度，让党员熟知网上和手机缴纳党费的程序，推进党务工作信息化进程。

四是运用大数据技术可以对基层党员、流动党员实施有效管理。大数据

技术可以使党务管理和服务直接针对党员的个性化需求。大数据技术具有强大的区域、行业和部门渗透力，能够充分利用信息化手段组建全新的党建数据平台，为存储数据、分析问题和进行党务决策提供支持。这对于加强基层党员和流动党员管理、提高基层党组织的战斗力具有深远意义。

第二，建设开放便利温馨的党员服务中心平台。一是建设功能完备、服务周到、面向全社会开放的党员服务中心。按照服务社会、服务群众、服务党员的要求，在机关、社区、农村、企业和互联网建设面向所有党员和群众的服务、教育、活动、管理四位一体的党员服务中心。各级党组织要加强对党员服务中心的管理和应用，不断拓展和完善功能，为广大党员群众提供用工、房屋租赁等信息，解决他们的实际困难。努力把党员服务中心打造为：吸纳流动党员，加强流动党员教育管理的接纳地；推进“两新”组织党组织建设，扩大党的组织和工作覆盖面的孵化器；引领党员思想、规范党员管理、提供党务服务、发挥党员作用的根据地；开展各种服务活动，满足党员和群众多样化需求，促进党组织和党员作用充分发挥，树立基层党组织和党员良好形象的资源共享平台和服务窗口。

二是建立党员活动日制度。各级党组织要借助于党建信息平台的“短信群发”等功能，用手机短信、电子邮件等形式提醒党员在“活动日”到党组织或党员服务中心报到，并为报到的党员提供活动、就业、培训等相关信息。广大党员特别是流动党员要按照就近、就便的原则，每月至少到相应的党组织或党员服务中心报到一次，积极参加义工服务活动和讨论决定重大事项等。提倡机关党员以“网上报到”形式参与党组织活动。

第三，建立开放灵活的党员义工团队，培育党员发挥作用的有效载体。一是组建和培育以党支部为依托、以党员为主体、面向社会群众开放的义工服务团队。充分发挥各级党组织、群团组织以及其他社会组织的优势，全面整合党群资源，按照“自愿参加、无私奉献，整合力量、注重特色，持之以恒、务求实效”的原则，成立以党员为主体、面向社会群众开放的义工服务团队，引导广大党员、群众结合自身特长和爱好自由选择活动，切实为群众办实事、解难事、做好事，为社会公益事业献爱心、做贡献，实现义工服务活动的经常化、长期化和规范化。

二是全面实行党员义工计时制度，凡男性未满60周岁，女性未满55周岁，身体条件允许的党员，每年必须完成16小时以上的义工服务。各级党组织要将党员开展义工活动的情况录入党建信息平台，通过信息平台对党员做义工的时长进行公开，并将其作为党员年度考核、民主评议的重要内容和依据，确保参加公益性、社会性的义工服务成为每名党员的自觉行动。

第四，建立开放透明的党员发展与退出机制，加大对党员发展和管理的监督力度。一是全面实行发展党员公示制度。各级党组织要将入党积极分子的培养、发展对象的确定以及发展计划、党员标准、发展程序等通过党建信息平台在一定范围内公开，接受党员和群众的监督，着力构建开放、民主的党员发展新机制，保证党员发展质量。

二是建立预备党员、入党积极分子义工服务制度。各级党组织在开展党群义工服务活动中，要重点搞好预备党员和入党积极分子的义工服务管理，并将每名预备党员和入党积极分子的义工服务情况作为转正和吸收为发展对象的依据。

三是探索党员有序退出的形式。探索对失去联系、长期不缴纳党费、不履行党员义务的党员进行有序退出的具体方法，规范党籍管理，树立党员良好形象。

第五，建立流动党员管理体系，完善流动党员的管理。一是创建流动党员组织结构。创建适合流动党员管理的组织结构，由于流动党员多数是外出务工人员，其在流入地往往在非公有制经济组织和社会组织中工作，因此，必须在非公有制经济组织和社会组织中建立党组织，把流动党员纳入党组织管理，工作单位没有党组织也不符合设立党组织条件的，以就近企业联合组建党组织，或以住宅区、商业区、专业市场为地域单位组建党组织，或在投资服务中心、行业协会等单位和行业联合组建党组织进行管理。流动党员党组织的创建是一个智慧型和技术型的问题，绝不能浮在表面、流于形式，责任方要根据党员的文化素质、从业状况、年龄结构等实际情况，把党员划分为不同类型，根据党员的类型和特点分层次分类型加强管理，从而形成城乡互动、城乡一体、静态和动态互补的党员管理体制。

二是构建流动党员管理平台。构建开放、互通、共享的流动党员管理平台，利用互联网交互式的联络手段，在党员与基层党组织之间、党员与党员之间建立起便捷的交流渠道，更有效地保护流动党员的利益，提高流动党员的参与意识和积极性，形成党组织与流动党员的良性互动机制。在党建网站上开辟“流动党员之家”专栏，登载党内动态、学习辅导、家乡变化、创业信息等内容，满足流动党员的不同需求。利用QQ、微信等为流动党员创建相互交流学习的平台，加强与流动党员的联络，增强党的凝聚力。

三是建立流动党员信息库。为进一步加强和改进流动党员教育、服务和管理工作，各乡镇（街道）党（工）委要结合党组织和党员信息库建设工作，对所有外出三个月以上的党员、从外地流入本地本单位三个月以上的党员、本地本单位已在外地建立的流动党组织、外地在本地本单位建立的流动党组织的有关情况进行登记，建立准确的流出党员、流入党员和流出党组织、流入党组织台账，建设流动党员信息库，并及时对流动党员信息库进行更新和维护，利用大数据技术挖掘隐藏于数据库内部的潜在信息，把握发展趋势，解读大数据结论，据此制定出行之有效的流动党员教育管理方案。依托中国共产党党务管理系统，构建代表流动党员身份的电子标识，以实现党组织与流动党员之间的有效互动，加强对流动党员的管理。

四是构建虚拟党组织。运用互联网技术建立虚拟党组织，创新管理模式，突破时空界限，实现对流动党员的动态管理。流动党员外出打工，他们的作息时间不统一，要组织他们在一起开会、过组织生活非常困难，但绝大部分流动党员都有手机，有些党员还有计算机，针对流动党员的现状，可构建虚拟党组织，引导流动党员通过网站、微信公众号和手机短信等多元化方式加强与党组织的联系，随时随地汇报学习和思想。

五是建立流动党员的思想政治教育机制。流动党员的思想政治教育是当前党员队伍建设的重点和难点之一。要在服务和激励中加强流动党员教育管理工作。把便捷有效作为教育管理的突破口，把发挥作用作为教育管理的落脚点，搭建互联网平台开放式地引导流动党员接受教育和培训多种形式，让流动党员能够得到和乐于接受思想政治教育，增强党性观念、组织观念和光荣感、归属感、责任感。特别是在当前的创建先进基层党组织、争当优秀共产党员活动中，一定要做到活动全覆盖、精神全覆盖。

六是创新流动党员教育管理工作的评价方式。可以转换评价主体和丰富创新评价方式，以此为导向创新流动党员教育管理工作。可以把流动党员教育管理工作的成效作为衡量和评价基层党组织工作实绩的一个重要指标。在这个信息反馈评价的运转体系中，流动党员无疑是工作成效的主要评价者，最有发言权。因此，要改变以往的评价方式，实现评价主体的转换，以这种倒逼形式推动基层党组织工作者落实各项服务内容、推进各项管理机制的创新。在这一过程中，基层党组织的管理和评价创新又激活了两地组织对流动党员的评价方式的创新。

（五）以互联网党建为基础，推动党员教育培训实践创新

第一，明确网上教育培训的原则。一是趣味性原则。最大限度地发挥网上教育培训的优势，激发广大党员的学习兴趣；充分利用声音、图片和影音等多媒体文件，以党员喜闻乐见的形式展示培训内容的魅力和趣味性，提高培训效率和质量。

二是个性化原则。最大限度地体现个性化特点，克服“大统一”的传统培训模式弊端，开放性地对待不同的培训内容和不同的培训个体。根据不同岗位确定不同培训内容，结合实际需要，分级分类地开展教育培训。

三是互动性原则。最大限度地体现教育培训内容的内在互动性，包括人与机器间的互动性、教师与学员间的互动性、学员与学员间的互动性，将学习寓于交互活动之中，以体现学习本质，激发潜能。

四是开放性原则。互联网可以向党员提供近乎无限的学习资源，设计网络软件时要充分运用这一优势，尽量开发学习资源，满足党员个性化学习需要，提高党员的综合素质。

五是时间性原则。与时俱进是新形势下对党员教育培训工作所提出的新任务和新要求。随着当今时代的发展，党员教育培训工作应当要求党员们能够紧抓机遇不放松，勇于面对挑战，这就决定了党员群体教育培训工作无论是从内容上还是从形式上均要做到与时俱进，顺应当今时代发展之大潮，真正地站在时代发展之最前沿，全力以赴让广大党员干部的思想水平与知识素养能够跟上时代前进之步伐。

六是实效性原则。最大限度地激发党员群众学习的主动性和创造性，分析培训需求，制订培训计划，评估培训质量，避免无效培训，努力提高培训效果。

七是精准性原则。利用大数据分析技术，通过对数据的收集统计、分析研判能准确掌握党员群众的思想状况、实际需求，并针对党员各自的特点实现按需施教、分类培训，让“学习套餐”变成“私人订制”，使党员教育内容变得兴趣化、个性化与精准化。

第二，突出网上教育培训的意识。一是提升现代意识。突出网络的客观性、时效性、互动性，增强新颖性、丰富性和实用性。在网页设置上，要符合时代发展要求，从栏目、版面、图片、标识、色彩、内容等方面精心设计，力争做到形式新颖、内容丰富、信息容量大、图文并茂，充分满足党员群众的不同需求，增强吸引力。

二是突出阵地意识。互联网技术的发展及影响告诉我们，网络社会不是思想政治教育的“真空地带”，更不能成为党建工作的“盲区”。因此，要充分发挥网络在传播马克思主义中的主阵地作用，从占领和争夺新世纪思想舆论阵地的高度，切实重视党员教育管理工作。

三是强调精品意识。在党员教育管理中运用互联网技术，一个重要的表现形式就是党建工作要上网，即办好党建网站。而要办好党建网站，一定要树立品牌意识。要科学筛选内容，树立品牌栏目，突出网络党建的特色，有党徽、党旗等体现党的形象的统一标志。要突出网站的“四性”，即思想性和战斗性、丰富性和实用性、新颖性和亲切性、交互性和即时性。

四是提高安全意识。技术性和安全性是建好党建网站的保障，网站信息必须严格遵守有关规定，不得泄露党和国家的任何秘密。这就要求：首先，加强技术力量，采用先进的网络安全技术，不断提高网站的安全性、可靠性，加强对网站的维护和安全管理，及时发现和制止针对网站的恶意攻击行为；其次，搞好业务培训，提高网络管理人员素质，建设一支新型的既有较高马列主义素养、又有较高网络技术水平的网络传播干部队伍；最后，加强网络管理，严格相关文件和材料的上网审批制度，认真执行有关网络安全的各项规定，确保网络运行安全。

第三，完善网上教育培训的方法。一是探索党员培训项目管理制度。按照党员培训全覆盖的要求，各基层党组织每年要对党员进行一次以上的集中或分类培训。各级党组织要结合党员的特点，积极推行菜单式培训，探索实行项目管理的方式方法，把重点培训的项目按照市场运作的方式面向社会培训机构公开招标，以进一步整合培训资源，提高培训质量，增强培训实效。

二是试行机关党员学分制度。改变过去党员只能参加本人党籍所在党组织的教育培训，学习结果运用比较单一的实际情况，对机关党员学习教育采取“学分制”管理。各级党组织要把党员参加组织生活、学习培训、实践锻炼等折算成学分进行量化管理，对党员的学习成果通过党建信息平台进行统一管理，把党员学分完成、评比情况作为机关干部评先评优和提拔晋升考察的重要内容。对当年未完成学分计划的党员取消“优秀党员”评选资格。

三是建立党员教育培训电子档案制度。结合党员管理权限的开放，党员可以根据自身的职业、兴趣和流动状况，自行安排时间参加任何党组织的学习教育活动。各级党组织要结合党员电子活动证的全面推广使用和党员全员信息库的建立，按照一人一档的原则，将每名党员的培训情况及时录入党员电子活动证，并借助于党建信息平台对每名党员的培训情况进行适时掌控和定期分析。

四是建立党员干部在线学习平台。在党建信息平台上开设党员教育培训在线学习与管理窗口，建立党员教育培训动态信息库，各级党组织要适应新形势的发展和需要，充分利用在线学习平台加强对党员教育培训的管理。党员领导干部要带头积极利用在线学习平台开展学习，并对在线学习情况以适当的方式进行鼓励。

第 六 编 ▶ ▷

疑难问题篇[①]

① 王建均:《新时期非公有制经济组织党的建工作研究》，中共中央党校出版社2014年版，第42~77页。

2021年4月26日下午，习近平总书记在广西考察调研指出，我们鼓励民营企业发展，党和国家在民营企业遇到困难的时候给予支持、遇到困惑的时候给予指导，就是希望民营企业放心大胆发展。应当说，关于民营经济发展及其党建工作，还存在一些深层次的理论和实践问题，阻碍着民营经济的发展，制约着民营经济人士的思想，需要我们积极认真思考，积极回应。

一、基本理论方面的疑难问题

制约民营经济发展及其党建工作的理论方面的问题，主要包括民营经济发展的深层根据、民营经济的剥削问题，以及民营经济人士的定性问题。

（一）民营经济发展的深层根据

认识民营经济存在的深层根据，对于发展民营经济，推动民营经济组织党的建设工作，具有重要理论和实践意义。就目前的理论而言，生产力发展水平说、市场经济说，从不同的视角说明了民营经济存在的根据，但是有很大的片面性和局限性，其解释力有限。马克思主义的分工理论从分工与所有制的内在关系上揭示了民营经济存在的深层根据，厘清了分工、所有制和市场经济的逻辑关系。深化对马克思主义的分工理论和民营经济关系的认识，将进一步推动民营经济的发展和党的建设，促进全面建设社会主义现代化国家的进程，推动中华民族伟大复兴的实现。

1. 生产力发展水平和层次是民营经济存在的根据

民营经济之所以存在，是因为我国社会生产力发展水平低、不平衡、多层次所决定的。这曾是主流解说，在今天还有一定的影响。[①]这种观点认为，我们的社会主义革命是在经济文化落后的条件下成功的，在这种情况下建设社会主义，不可能做到一切生产资料归全社会所有，这就决定了它必然存在包括私营经济在内的多种所有制关系。特别是在一定条件下，当消费资料和生产资料相互转化时，必然创造出私有者和民营经济。

生产力水平说，对于民营经济存在有一定的解释力，但并没有揭示出民营经济存在的深层根据。因为它无法解释，为什么在当今生产力极其发达的西方资本主义国家，仍然存在个体等经济形式；它更不能解释，在新经济条件下出现的个体和家庭工作方式，如以IT技术为基础的个体工作方式。同时，这种观点还有很大的副作用，即发展民营经济是暂时的权宜之计，当生产力发展到一定程度时，就要重新取缔民营经济。这种认识曾制约了民营经济的发展规模，甚至导致民营经济资本外逃和大量假外资现象，影响了经济与社会的发展。

2. 市场经济是民营经济存在的根据

民营经济存在的根据在于市场经济。国内的一些主流经济学家都持此说。[②]而在国外，无论是新古典经济学还是新制度经济学，无论是经济学家还是政治学家，都一致主张，私有制是市场经济的基础和灵魂，说到市场经济必然是私有制市场经济，此外没有什么其他的市场经济。因此，发展市场经济，就要发展私有制经济。如乔·萨托利在其名著《民主新论》中指出，不

---

① 王克忠主编：《非公有制经济论》，上海人民出版社2003年版，第16页。

② 董辅礽认为，要发展市场经济就必须发展非公有制经济。但是不同于西方经济学家的观点，即认为私有制是市场经济的唯一基础和灵魂，他认为市场经济是包括公有制和非公有制等多种经济成分构成的“八宝饭”，只有公有制经济就不存在市场经济。董辅礽：《走向市场化的中国经济》，经济科学出版社2001年版，第82—86页。

是资本主义创造了市场经济，而是市场经济创造了资本主义。[①]市场经济是私有制存在的深层根据。对此，布罗代尔也认为，市场经济是人类最基本的社会生产、生活形态，经历了长期的发展和演进，资本主义制度只不过是在市场经济基础上获得发展和繁荣的社会制度。[②]但是，就私有制经济与市场经济的关系而言，私有制是市场经济的原因而非结果，把市场经济作为私有制的根据，颠倒了两者的逻辑关系，同时也不符合两者发展的实践。更为重要的是，私有制及其市场经济根源于分工。分工是民营经济存在的深层根据。

3. 民营经济存在的深层根据在于分工

马克思主义的分工理论内容极为丰富。就分工与私有制和市场经济的逻辑关系来说，马克思认为，分工是私有制的根据，并进而由它们决定了市场经济，成为私有制和市场经济的根据。众所周知，马克思认为，分工和私有制是市场经济的前提。也就是说，没有分工和私有制就没有市场经济，分工和私有制是市场经济的根据。但是，进一步的问题在于，分工和私有制的内在关系。如果分工决定私有制，那么分工就是私有制以及市场经济的根据。实际上，马克思的分析逻辑正是如此。马克思指出："分工发展的各个不同阶段，同时也就是所有制的各种不同形式。这就是说，分工的每一个阶段还决定个人的与劳动材料、劳动工具和劳动产品有关的相互关系。"[③]这说明分工不同，所有制的形式也就不同，分工决定所有制的形式。那么分工又是如何与私有制产生内在联系的呢？马克思进一步分析道："分工和私有制是相等的表达方式，对同一件事情，一个是就活动而言，另一个是就活动的产品而言。"[④]

---

① 乔·萨托利:《民主新论》，东方出版社1998年版，第456页。

② 布罗代尔:《资本主义的动力》，三联书店2007年版，第78页。

③ 《马克思恩格斯选集》第1卷，人民出版社1995年版，第68页。

④ 《马克思恩格斯选集》第1卷，人民出版社1995年版，第84页。

这就是说，就活动而言，分工是生产不同商品的活动；[①]就活动产品而言，不同分工活动生产的产品属于不同的所有者，也就是不同私有者。从这个意义上讲分工就是私有制，两者没有本质不同。所以，分工决定私有制并进而决定了市场经济。分工是私有制和市场经济的深层根据。我们还可以根据生产力与生产关系理论更进一步说明分工与私有制的关系问题。由于生产力决定生产关系及其所有制形式，那么，要说明分工是私有制的根据，就要说明分工与生产力的关系，即分工就是生产力，因此分工决定了私有制。马克思指出："一个民族的生产力发展的水平，最明显地表现于该民族分工的发展程度。任何新的生产力，只要它不是迄今已知的生产力单纯的量的扩大（例如，开垦土地），都会引起分工的进一步发展。"[②]而且"受分工制约的不同个人的共同活动产生了一种社会力量，即扩大了的生产力"。[③]这就是说，分工及其发展不仅仅是生产力量的扩大，而且是生产力质的发展。推进分工的发展，实际上就是推动生产力的进步。在某种意义上，分工就是生产力，并且是扩大的生产力。

综上所述，马克思主义的分工理论阐明了分工与私有制和市场经济的内在联系，揭示了分工是私有制和市场经济的深层根据。但是，正因为分工决定私有制和市场经济，[④]要消灭私有制和市场经济，特别是资本主义私有制，就要消灭分工。马克思认为，包括资本主义在内的以往分工都是自发的，对人来说是一种异己的力量，它强制了人的活动范围和领域，人为其所驱使，

---

① 马克思指出："各种使用价值或商品体的总和，表现了同样多种的、按照属、种、科、亚种、变种分类的有用劳动的总和，即表现了社会分工。"（《马克思恩格斯全集》第二卷，人民出版社1995年版，第120页。）

② 《马克思恩格斯选集》第1卷，人民出版社1995年版，第68页。

③ 《马克思恩格斯选集》第1卷，人民出版社1995年版，85页。

④ 当然，私有制和市场经济对分工具有反作用，它们也推动分工的发展，因此分工与私有制和市场经济是互为前提的；但是，归根结底分工是前提。

成为畸形和片面的人。[①]因此，只有消灭这种自然分工及其私有制，才能使“任何人都没有特殊的活动范围，而是都可以在任何部门内发展，社会调节着整个生产，因而使我有可能随自己的兴趣今天干这事，明天干那事，上午打猎，下午捕鱼，傍晚从事畜牧，晚饭后从事批判，这样就不会使我老是一个猎人、渔夫、牧人或批判者。”[②]人驾驭着分工和生产力而不是相反，每个人成为全面发展的人。这就是与公有制相联系的共产主义社会。[③]当然，消灭自然分工及其私有制和市场经济有其物质前提和基础，这就是资本主义的机器大工业。马克思指出，机器大工业的发展是消灭旧的分工的物质基础，而旧的分工的消灭也是机器大工业得以发展的条件。[④]因为，大工业的本性决定了劳动的变换、职能的更动和工人的全面流动性。[⑤]因此，马克思分工理论的逻辑是，只有消灭束缚人、使人片面发展的这种自然分工，才能消灭私有制和市场经济。但是，这种逻辑也说明，只要存在自然分工，就会存在私有制和市场经济。另外，私有制和市场经济对分工也具有反作用，它能够推动分工和生产力的发展（当然，现代市场经济并不是纯粹的私有制市场经济，而是混合市场经济）。这不只是逻辑理论更是现实实践。客观地说，马克思对资本主义机器大工业过于乐观了。事实上，当时马克思所看到的最发达的资本主义机器大工业不能消灭分工，就是今天人类进入自动化机器时代也不能消灭分工，从而也就不能取消私有制和市场经济。因为，在今天，分工不仅不能取消，还在加速细化和深化，而且不同层次之间以及同一层次之间的分工彼此相关，形成相互合作的产业链和产业网。分工越发展，产业链和产业网也就越长，生产力越发展，经济社会也就越进步；与之相应，这种专业化分工还

---

① 《马克思恩格斯选集》第1卷，人民出版社1995年版，第85~86页。

② 《马克思恩格斯选集》第1卷，人民出版社1995年版，85页。

③ 《马克思恩格斯选集》第1卷，人民出版社1995年版，85页。

④ 《马克思恩格斯选集》第3卷，人民出版社1995年版，第644~645页。

⑤ 《马克思恩格斯选集》第3卷，人民出版社1995年版，第645页。

成为个人理性选择职业和发展的基础，人因此也越来越专业化，而不是随自己心愿可以精通各个领域的“全才”。分工，特别是人的专业化，使生产和消费更依赖于交换，这一方面推动了市场经济全球化的发展，另一方面也丰富了人们的生活。尽管分工的弊端在于人片面化发展，但是，对于发达的市场经济国家来说，分工还在深化和发展，那么对于初识市场经济并融入市场经济全球化的我们来说，不仅要积极推动和发展国内分工，还要加快进入国际分工体系，这样才能推进我国的市场经济及其体制的完善。既然分工及其市场经济是必然和必须发展的，那么，其中关键环节私有制也就不可避免。所以，我们今天发展民营经济和市场经济，其深层根据就在于分工。

阐明了分工与私有制和市场经济的内在关系，这里有必要对马克思主义经典作家和新兴古典经济学关于分工与工业化和城市化的理论作简要说明，这将有助于我们推动全面建设社会主义现代化国家的进程。

马克思、恩格斯指出，工业以分工为基础，而且只有依靠分工才能存在。[①]正是分工和私有制的发展产生了大工业，它采用机器生产以及实行最广泛的分工，[②]而分工必然要引起更进一步的分工，机器的采用必然要引起机器的更广泛的采用。[③]但是，分工和私有制的意义不仅仅在于工业化的发展和深化。恩格斯指出，生产力的提高、城市的发展、[④]交换的扩大、国家和法律的发展、艺术和科学的创立，都只有通过更大的分工才有可能。[⑤]在此意义上，包括工业化和城市化、市场经济以及人类文明都是基于分工的发展和深化的结果，是分工发展和深化的产物，也就是私有制的产物。这不仅是工业化、

① 《马克思恩格斯选集》第1卷，人民出版社1995年版，第104页。

② 《马克思恩格斯选集》第1卷，人民出版社1995年版，第113页。

③ 《马克思恩格斯选集》第1卷，人民出版社1995年版，第358页。

④ 恩格斯指出：“大工业在全国的尽可能平衡分布，是消灭城市和乡村的分离的条件。”这实际上说明了，分工及其大工业的发展是城市化的基础，能够促进城市的发展、消除城乡差别，从而促进乡村城市化发展的。（《马克思恩格斯选集》第3卷，人民出版社1995年版，第647页。）

⑤ 《马克思恩格斯选集》第3卷，人民出版社1995年版，第525页。

城市化和经济社会发展的逻辑，而且是工业化、城市化和经济社会发展的历史。

（二）民营经济的剥削问题

把剥削与私有制恒等，是对马克思主义剥削理论的简单和教条认识。从逻辑上讲，剥削有特定经济内涵。私有制或者说民营经济只是剥削的必要条件而不是充分条件。正确认识剥削，全面把握剥削与民营经济的关系，是促进民营经济健康发展的重要前提。

1. 生产资料私有制是剥削的必要条件而非充分条件

传统观念认为，私有制是剥削的充分条件，存在私有制就必然存在剥削，把私有制等同于剥削。从逻辑上说，私有制是剥削的必要条件而非充分条件。正确把握这两者关系，首先要正确认识剥削的含义。

第一，关于剥削的含义

剥削是马克思主义政治经济学的一个基本概念，其含义是，社会上一部分人或集团凭借他们对生产资料的占有，无偿地占有另一部分人或集团的剩余劳动或剩余价值。因此，剥削有两个要件：生产资料的占有和剩余价值分配。生产资料私有是剥削的必要条件，但是剥削的要害和关键在于无偿占有，即依靠生产资料的所有权，无偿占有剩余劳动或者剩余价值，使所有权变成占有权。市场经济条件下，生产资料的所有者是按其贡献参与分配，就是所谓的按生产要素分配，这不是剥削，是合理和必然的。

有一些学者提出“超经济剥削”，即一部分人或集团运用生产资料所有权以外的其他权力，如政治权力，采用暴力的或非暴力的、强制的或非强制的、公开的或隐蔽的方式来侵占另一部分人或集团利益的行为。这不是我们所说的剥削，而是违法或犯罪行为。以权谋私等腐败现象就是这种所谓的“超经济剥削”，这是当今资本主义国家也要绳之以法的违法犯罪现象，更是我们社会的毒瘤，而不是剥削。剥削是一个经济概念。

第二，生产资料私有制是剥削的必要条件而非充分条件

马克思的剥削概念以劳动价值论为理论基础。马克思认为，商品是价值和使用价值的统一体，价值是由劳动创造的，劳动是创造价值的源泉；使用价值也就是财富，是生产资料（物质生产条件）和劳动共同创造的。因此，马克思肯定了威廉·配第的观点，“劳动是财富之父，土地是财富之母”，并指出“劳动不是一切财富的源泉，自然界和劳动一样也是使用价值（而物质财富本来就是由使用价值构成的！）源泉，劳动不过是一种自然力的表现，即人的劳动力的表现。……只有一个人事先就以所有者的身份来对待自然界这个一切劳动资料和劳动对象的第一源泉，把自然界当作隶属于他的东西来处置，他的劳动才成为使用价值的源泉，因而也成为财富的源泉”。[①]换言之，在使用价值或财富的创造中，生产资料和劳动缺一不可。所以，劳动价值论包括两部分内容：价值创造和使用价值创造。价值创造指的是价值源泉问题，与劳动相联系；使用价值创造指的是财富问题，与分配相联系。因此，剥削问题实际上就是财富的分配问题，也就是劳动和生产资料的所有者如何参与分配的问题。

从逻辑上看，由于使用价值或财富是劳动和生产资料共同创造的，所以，在市场经济条件下，无论是生产资料的所有者还是劳动力的所有者，都应该参与使用价值或财富的分配，即生产资料的所有者要得到其投资的成本，劳动者要得到其维持生存的生活资料的工资，除此以外，还要按他们的贡献分配使用价值或财富。按照产权理论的观点，生产资料的所有者有资本的收益权，劳动者有人力资本的收益权，两个所有者都应该具有所有权的收益权，都应该参与使用价值或财富的分配。这里要强调三点：第一，在市场经济条件下，生产资料所有者所获得资本收益，严格地说是合法的非劳动收入。第二，劳动者不仅包括直接劳动者，还包括管理者、科技人员等。如果生产资

① 《马克思恩格斯选集》第3卷，人民出版社1995年版，第298页。

料所有者同时还是经营管理者，那么，除了其资本收益权，他还应当享有与其劳动贡献相应的劳动收益权。第三，由于管理劳动和科技劳动在生产中的作用和价值日益重要，其创造的财富也相应是倍增的简单劳动和体力劳动，他们的人力资本的收益也相应更大。在明确了这三点之后，我们说，生产资料的所有者如果依靠其强势的资源禀赋，剥夺劳动者的收益权，那才是马克思所说的剥削。所以，从逻辑上说，剥削与私有财产以及雇佣劳动没有必然联系。如果说两者有什么联系，那就是生产资料私有制是剥削的必要条件而不是充分条件。

从历史看，资本主义的发展证明这一观点。与自由市场经济相对应，在自由资本主义阶段，资本所有者依其强势资源禀赋占有剩余劳动，不仅剥夺了劳动者应当享有剩余产品的权利，甚至还占有劳动者部分必要劳动，即工资。不仅如此，自由资本主义时期，资本家阶级还依靠暴力对内维护其剥削，对外则进行野蛮的殖民统治，攫取高额剩余价值，对此马克思深刻地指出，资本来到世间，每个毛孔都滴着血和肮脏的东西。然而，资本对劳动的这种剥削，即使依靠暴力也不可能永远维持，因为这种剥削必然激起劳动者的反抗、劳资对立和社会动荡。历史上工人阶级长期斗争和反抗的就是这种剥削，马克思所反对和否定的也正是这种剥削。马克思所要消灭的私有制，也正是这种剥夺劳动者所有权的私有制。殖民主义的崩溃和自由资本主义被现代资本主义的取代，就是对这种剥削的历史和事实的否定。“二战”以后，特别是今天，西方发达资本主义国家强化对市场经济的调控，使自由资本主义走向现代市场经济，已经使这种剥削发生了部分质变。这表现在：①通过义务教育提高劳动者素质和劳动能力，弥补劳动者初始条件的不平等，从根本上提高人力资本的收益能力；②通过社会保障和二次分配，弥补资本和市场竞争等带来的不平等和两极分化；③通过工会和劳工组织，加强劳资谈判能力，改善劳动者弱势地位，提高劳动者人力资本的收益权；④通过最低工资、劳动法等相关政策和法规，保护和维护劳动者的合法利益，保障了人力资本的收益权；⑤实施和普及SA8000标准，即全球第一个可用于第三方认证的社会责任管理体系标准。该标准规定企业或组织在赚取利润的同时，必须主动承担对环境、社会和利益相关者的责任，内容包括环境保护、公益事业、健康安全、差别待遇、工作时间和劳动报酬等。(尽管该标准的宗旨不错，但它却极易成为限制发展中国家劳动密集型产品出口的工具。据悉，我国出口到欧美国家的服装、玩具、鞋类、家具、日用五金等产品均受到SA8000的约束。但是它显然有利于劳动者。事实上，我国的有关立法如《劳动法》《安全生产法》《职业病防治法》等已具有了SA8000类似的约束性效果，有些标准如工作时间指标甚至超过了一般的国际标准。)以上措施使资本主义生产关系发生了部分质变，极大地改变了自由资本主义时期的那种剥削状况，也促进了资本主义的发展。这也从另一角度说明了私有制是剥削的可能条件，但不是充分条件，而且能够通过法律和政策等多种方式进行制约的。换言之，自由资本主义时期的残酷剥削，即依靠生产资料所有权无偿占有劳动者剩余价值的剥削，在今天西方发达资本主义国家甚至是违法行为了。

逻辑和历史都说明，劳动和生产资料共同创造了财富，那么，劳动的所有者和生产资料的所有者也应当参与财富特别是剩余价值的分配。剥削的关键在于，生产资料的所有者剥夺劳动者参与分配的权利，无偿地占有剩余价值。从人类发展的历史看，这种剥削必然会被消灭，即使这是一个渐进的历史过程。事实上，以今天的观点看，在一个产权清晰、人人平等的法治社会中，这种无偿占有他人劳动成果的行为就是违法行为，应当依法打击和制裁。

这里还要强调两个问题。

一是劳动问题。与马克思所处的自由资本主义阶段不同，在现代市场经济条件下，劳动的内涵和外延都发生很大变化，必须深化对劳动和劳动价值论认识。从劳动的内涵看，劳动不仅仅是有目的的生产活动，[①]即人以自身的

---

① 《马克思恩格斯文集》第5卷，人民出版社2009年版，第233页。

活动来引起、调整和控制人和自然之间的物质变换的过程。[①]实际上，以今天的视野看，人与自然界的物质变换，只是劳动的一个基础层面，如果我们把他人和社会，把自己也当作自然界看待，我们就能更全面地认识劳动的内涵。[②]如把他人和社会作为自然界，与他人和社会进行有效合作，提高他人和社会组织的效率，不仅能推动社会稳定和谐发展，更是提高劳动生产率和创造财富的前提条件。因此在今天，大概没有人认为社会组织和政府机构的管理不是劳动。同样，体育活动、医务活动和教育活动等，都是把自身作为自然界看待的活动，谁也不能否认运动员、医生和护士以及教师的工作不是劳动。虽然上述劳动都不是直接生产活动，但是它们同样是劳动，而且是越来越重要的劳动。

就劳动的外延看，劳动的范围不仅仅局限于物质生产领域的各种体力劳动，包括脑力劳动在内的一切为社会和市场所承认的有用活动都属于劳动。实际上这种对劳动外延的认识与劳动内涵是一致的。今天，管理活动、服务活动等都是劳动，而且其重要性日益凸显。以管理为内容的企业管理和以服务为内容的第三产业的突出作用就是明证。而这些劳动一般都是脑力劳动。

劳动内涵和外延的变化说明，人类发展的历史是劳动的历史，而劳动发展的历史是智力劳动或脑力劳动发展的历史，而脑力劳动一般说来都是复杂劳动，其价值一般也超过简单劳动和体力劳动的。体力劳动有局限和极限，而脑力劳动是没有局限和极限的。与马克思所看到的以体力劳动为主的劳动时代不同，今天，劳动正在向以脑力劳动为主的劳动转变，以脑力劳动为主的劳动是人类劳动发展的必然趋势。知识经济的到来就是深刻证明。

二是按生产要素分配问题。现在，人们往往把按劳分配和按生产要素分配作为两种并存分配方式。但是，无论是逻辑还是现实，在市场经济条件下，

---

① 《马克思恩格斯全集》第23卷，人民出版社1972年版，第201页。

② 余金成：《劳动论纲》，天津社会科学院出版社1995年版，第1页。

实际存在的分配就是按生产要素分配，更准确地说是按生产要素的贡献分配。生产要素包括物的要素和人的要素，即生产资料和劳动者。所以，按生产要素分配，就是按生产资料和劳动者的贡献进行分配。按生产要素分配同否定剥削的分配观是一致的，换言之，按生产要素分配同不存在剥削的私有制是相融的。

与按生产要素分配根本不同，按劳分配有其特定的内含和条件。马克思所说的按劳分配是指按劳动者提供的劳动量直接进行分配。按劳分配这一界定有其条件：①按劳分配是在没有商品和货币的条件下实行的，这就杜绝了拥有剩余消费资料的劳动者通过货币积累将其转化为生产资料，并通过与劳动者商品交换，最后去剥削雇佣劳动的可能性。②按劳分配是在生产资料公有制条件下实行的，这就否定了凭借生产资料私有剥削劳动的可能性。③按劳分配原则上体现的仍然是资产阶级的权利，只能在共产主义第一阶段实行，社会主义者不应停留于此，必须创造条件，向共产主义阶段的“各尽所能，按需分配”发展。[①]以上说明，按劳分配的核心在于，否定资本主义生产资料私有制的剥削。正如前述，在自由资本主义时期，资本主义私有制的确是剥削的代名词，自由资本主义私有制就不仅仅是剥削的必要条件，而且是充分条件。马克思所反对的是这种剥削性质的资本主义私有制，这同我们所说的按生产要素分配并不矛盾。因为，与现代市场经济相对应，按生产要素分配不仅肯定生产资料的分配权利，更强调劳动的分配权利，它与依靠生产资料所有权无偿占有剩余价值是不相融合的。尤其要强调的是，在一定条件下生产资料的分配权与劳动的分配权是一致的。因为，随着劳动者将剩余消费资料通过货币积累将其转化为储蓄甚至生产资料，都会要求其收益权。而这不是剥削。当然，我们所要注意的是，随着以脑力劳动为主的劳动的发展，劳动在分配中的权利也相应增长。如人们越来越注重以教育为基础的人力资本

① 余金成：《劳动论纲》，天津社会科学院出版社1995年版，第121页。

的作用和价值，而生产资料在分配中权利则相应降低，如所有权和经营权的分离，生产资料所有者仅仅获得资本的收益权。从某种意义上说，随着脑力劳动的发展，按生产要素分配的发展趋势是马克思所说的按劳分配。当然，这是一个漫长的历史发展过程。就目前而言，由于人先天的先赋素质和后天的获致素质不同，导致他们的人力资本不同及其收益能力和积累资本的能力的差异，形成资本的优势禀赋和脑力劳动者的优势，使体力劳动者及其收益处于劣势，这就需要政府加强基本教育，尤其是保障和提高全民的义务教育，建立健全覆盖全民的社会保障体系，优先提升弱势群体的人力资本，促进以体力劳动为主的劳动，向以脑力劳动为主的劳动方向发展。

总之，生产资料私有制是剥削的可能条件而不是充分条件。在现代市场经济条件下，通过法律和政策等措施，对于这种剥削的可能性还可以进行最大限度地制约。与现代市场经济相对应，按生产要素分配是与剥削相对立的，这从另一方面也反映了生产资料私有制只是剥削的可能性条件而不是充分性条件。我们发展现代市场经济，实行按生产要素分配，不仅能激发创造财富的一切源泉充分涌流，而且是从根本对剥削的否定。

2.对当前民营经济所谓“剥削”问题的理性分析

正确认识目前一些民营经济的“剥削”问题，首先要分析民营经济所谓“剥削”的种种现象；其次要透过这些现象看到本质。这需要进行深入的理性分析。

第一，当前民营经济的“剥削”

很清楚，民营经济人士的高收入包括资本收入、风险收入、经营管理收入、科技创新收入等，它来自民营经济人士的资本收益和劳动收益，体现了按生产要素分配原则，不是剥削。那么，我们所说的民营经济中的所谓“剥削”现象主要有：①以低于最低工资标准支付工资或在劳动力价值以下支付工资；②任意克扣拖欠劳动者的工资，甚至卷款逃逸；③生产条件差，不给劳动者提供基本的劳动安全保护措施；④随意削减劳动者的伙食标准；⑤任意延长劳动者工作时间，并且不支付或不足额支付加班工资；⑥不给劳动者上社会保险；⑦不签劳动合同，随意解雇劳动者等。

问题是，应当如何正确认识和对待这些“剥削”现象？

第二，理性分析民营经济所谓“剥削”的本质

民营经济中的上述现象，显然不仅是剥削，而且是违法行为。这些剥削行为不仅损害了劳动者的利益，剥夺了劳动者的收益权，占有了劳动者的剩余劳动甚至是必要劳动，而且从长远看，这些“剥削”也不利于民营经济本身的发展。

部分民营经济中的这些“剥削”不是一般的剥削，而是自由资本主义时期的那种残酷剥削，因为这些剥削不仅依靠强势的资源禀赋，占有劳动者的剩余价值，甚至还占有劳动者的一部分或全部必要劳动，如克扣和拖欠工资、卷款潜逃等。

至于说民营经济中的这些剥削是违法行为，是因为，这些剥削是自由资本主义时期的剥削方式，这些行为更是违反了我国的相关法律。如违反法定的最低工资标准的低工资待遇；违反国家统一规定不给劳动者缴纳应有的社会保险；违反劳动法、劳动合同法随意解雇劳动者，等等。

部分民营经济的这些剥削，不仅严重损害了劳动者的合法利益，而且从长远看也危害了民营经济自身的发展，如沿海曾出现的“民工荒”问题。中国劳动力如此充裕，民工本来不荒，正像社会学家陆学艺指出的，“民工荒”是个伪命题。他指出，中国现在还有1.5亿农民不能充分就业，所谓“民工荒”是“个别地区、个别行业、个别工厂、个别单位的老板实在太狠了一点，赚钱赚得狠了一点”。[①]因此，所谓“民工荒”就是部分民营经济企业剥削得太重了一点，而这必然影响民营经济自身的发展。因为，“剥削”惨重，劳动者收入低下，劳动收入占国民收入比重持续下降，导致内需不振，最终影响对

① 陆学艺：《“民工荒”是个伪问题》，《改革内参》2004年第34期。

企业产品和服务的需求。在金融危机阴云不散的情况下，企业出口急剧下滑，以往竞相压价、恶性竞争的出口方式也难以为继。更重要的是，这种恶性循环影响经济发展的转变，也影响了民营经济的转型升级。可见，“民工荒”是劳动者对剥削的自发和消极的斗争而已。这种只注重眼前利益，剥夺劳动者的合法利益的行为，不仅会导致“民工荒”，而且在一定程度上造成了企业人才缺乏和人才流失，影响企业的成长壮大，同时也影响社会稳定。[①]

部分企业的剥削或违法问题，并不说明生产资料私有制必然导致剥削，是剥削的充分条件，相反，它恰恰说明的是，生产资料私有制是剥削的必要条件，生产资料私有制及其雇佣劳动与剥削不是必然的关系，这可以从剥削的违法性质说明问题。既然是违法问题，就应当依法处理，如此才能保护劳动者合法权益，也才能真正促进民营经济健康成长。那么，为什么我们还不能有效解决这种违法性剥削？这是观念问题，更是体制问题。

（三）民营经济人士的定性问题

民营经济人士的出现和发展，不由人的主观意志所决定，是生产力的发展和市场化改革取向的必然产物。但是，正如对市场经济和民营经济的认识过程一样，把民营经济人士尤其是私营企业主定性为社会主义事业的建设者，也经历了实践和理论逐渐深化的过程。党的十六大指出：“不能简单地把有没有财产、有多少财产当作判断人们政治上先进和落后的标准，而主要应该看他们的思想政治状况和现实表现，看他们的财产是怎么得来的以及对财产怎么支配和使用，看他们以自己的劳动对中国特色社会主义事业所作的贡献。”2018年11月1日，习近平总书记在民营企业家座谈会上明确提出了民营经济和民营经济人士是自己人的新理念。科学把握社会主义事业建设者和自

---

① 国家统计局企业调查总队课题组：《民营经济发展和非公有制企业成长研究》，《经济研究参考》2004年第22期。

己人的性质，需要从民营经济人士的劳动性质、政治立场和社会贡献进行客观分析和判断。

1.劳动性质是判断民营经济人士性质的基础

诚实劳动、合法经营是分析和判断民营经济人士性质的基础，其关键是分析民营经济人士的财产来源和劳资关系。

首先，民营经济人士是否是社会主义事业的建设者，主要在于他们是否通过自己的诚实劳动和合法经营获得合法的劳动所得和合法的非劳动所得。应当说，绝大部分民营经济人士是社会主义事业的建设者，因为，他们的财富主要来自合法的劳动收入和合法的非劳动收入，具体来看，其财富构成主要有以下几方面：

一是合法劳动收入。这主要是经营管理、风险和机会等收入。①经营管理收入。私营企业主的经营管理是一种复杂的劳动，与简单劳动相比，复杂劳动可以创造倍加的价值，而且他们的劳动没有固定时间，多数远远超过8小时/天，所以，私营企业主的劳动是绝对延长劳动时间的加倍的复杂劳动，其劳动收入倍加于简单劳动者和一般复杂劳动者是合理的。②风险收入。由于社会经济生活具有极大的不确定性，私营企业主从事生产经营活动要冒巨大的风险，而且这种风险完全是由个人担负的，因此，他们理应获得风险收入。③机会收入。市场经济条件下由于信息不对称，私营企业主不仅要敢于冒险，还要善于把握稍纵即逝的机会，这需要经验和智慧，所以，他们的劳动收入中应当包括这部分收入。

二是合法的非劳动收入。这包括资本和知识的收益、人力资本的收益以及社会补偿收入等。①资本和知识的收益。私营企业主之所以成为私营企业主，首先要投入资本。这个资本不管是自有的还是借贷的，在运营中都具有资本产权，必然要获得产权的收入。有的私营企业主还拥有技术专长或技术专利，这些技术是垄断性的，甚至是独一无二的，即具有排他性的知识产权。按要素分配是社会主义初级阶段分配制度的一个重要组成部分，所以，私营企业主凭借资本、技术、专利等生产要素获得的较高收入也是合理合法的。②人力资本的收入。成功的私营企业主是企业家，企业家是生产要素的组织者，是市场的开拓者，是商品和服务的供给者，是社会财富的创造者。从整个社会来说，高素质的企业家是一种稀缺资源，这种稀缺性导致企业家这种人力资本的上涨，是符合市场经济规律的。③社会补偿收入。与公有制经济体系内的党组织负责人、公务员和职工不同，私营企业主没有固定的工资、奖金、各种津贴和福利收入，他们得不到节假日以及公有制企业职工发放的各种生活物品等福利，也没有国家预算支出的医疗保健、养老保险、退休金、住房补贴等。所以其高收入中应有一部分属于社会补偿性收入。

但是，不能否认有一部分人并不是靠诚实劳动和合法经营发财致富，而是通过不劳而获和非法经营暴富的手段，如以假冒伪劣、偷税漏税、走私贩私、官商勾结，以及违法性剥削等手段短时期就聚敛起巨额财富的暴富者。暴富者发迹多为“白手起家”，既不靠劳动积累，也未经历资本积累，其收入既非劳动报酬，也不是合法的非劳动收入，而是利用各种非经济手段，通过非常态的财富再分配途径，侵占或窃取了他人劳动成果。这部分人不仅破坏了社会主义市场经济秩序，而且危害社会秩序，影响人们的价值观和道德观，是社会主义事业的破坏者，是违法犯罪分子，应当依法严厉打击。

三是民营经济人士是否是社会主义事业的建设者，主要还在于企业主与劳动者是否是一种分工合作的劳资关系。在社会主义市场经济条件下，企业主与劳动者（雇用工人）在政治、经济以及社会地位和权利上都是平等的，都是国家的主人。如果说有区别，就在于他们在生产中具有不同的职能和作用而已。所以，企业主和劳动者是一种平等的分工合作关系，而不是自由资本主义时期的资本家与雇佣工人那种剥削与被剥削的不平等关系。企业主平等善待雇佣者是其企业管理和企业利益的核心。换言之，企业要获得自己的最大利益是通过平等的分工合作。那么，体现这种平等关系的标准就劳动者而言应当包括以下方面：①劳动者应享有合法的劳动所得，这包括劳动者获得必要劳动的工资和享有剩余劳动所得的权利，即参与剩余价值的分配的权利；②劳动者应享有合法的非劳动所得，这包括劳动者的股份和人力资本的收益；③劳动者应享有企业基本的医疗、养老和失业保险；④劳资建立平等的劳动合同关系。

随着相关法律和制度的完善，保护劳动者合法权益不仅成为政府的重要责任，也应当和必须成为民营经济人士的重要责任。从这种发展趋势看，平等的劳资关系是可以期待的，而且更为重要的是，这种平等的劳资关系不仅有利于劳动者，也有利于私营企业主的长远利益，当然也有利于民营经济人士成为真正的社会主义事业的建设者。

2.政治立场是判断民营经济人士性质的关键

党的领导是中国特色社会主义事业的核心，拥护党的领导是判断民营经济人士性质的关键。当然，由于社会主义特别是社会主义市场经济是前无古人的伟大事业，我们在探索的道路上必然会有曲折甚至错误。这需要我们更全面、客观地认识所出现的问题。一方面，我们党首先要善于从实践中吸取经验和教训，另一方面，人们也要理解前进中的问题，坚信我们党能够探索一条适合中国国情的道路，能够推动我们社会进步和民营经济的健康发展。实践正是如此，40多年的改革开放，特别是对市场经济和民营经济认识的不断深化，有力地推动了民营经济的健康发展，这是民营经济人士拥护党的领导和支持改革开放路线的原因所在。有学者对深圳调查表明，表示“非常拥护”和“比较拥护”党的领导和改革开放政策的分别占27%和47.1%，两项相加为74.1%，说明包括民营经济人士在内的新社会阶层的政策认同度非常高。从另外一个角度也说明，他们是改革开放政策的受益者和社会主义事业的建设者。[①]2004年3月保护私有财产入宪，2005年2月“非公36条”出台，特别

① 汪永成等:《关于新的社会阶层政治取向与执政党建设的调查与思考》,《体制改革》2004年第7期。

是2005年4月，30位私营企业主成为全国劳动模范，真正将民营经济人士纳入社会主义事业建设者中，极大地激发了民营经济人士对党的领导和改革开放的信心和创业热情，人们因此预言民营经济将进入“井喷”发展时期。

同时，我们要看到，私营企业主的政治要求主要与其企业发展有关，如税制改革，私产保护等。[①]显然，私营企业主的这些要求实际上与党和国家的改革方向是一致的。这也说明，就政治态度而言，民营经济人士与党的领导和改革开放路线是能保持一致的。如果我们能够不断改革，促进我们党的方针政策与民营经济协调发展，就能促进民营企业中党的建设工作和工会工作的健康发展，[②]促进民营经济人士健康成长为社会主义事业的建设者。

3. 社会贡献是判断民营经济人士性质的必要条件

促进社会经济发展和人民生活水平提高，是判断民营经济人士社会性质的必要条件。民营经济人士之所以是社会主义事业的建设者，就在于民营经济人士及其经济，极大地促进了社会生产力的发展，推动了地区经济社会发展，调整和优化了产业结构，促进了社会主义市场经济体制的发展和完善，而且他们还积极参与“光彩事业”回馈社会，树立了民营经济人士的新形象。

民营经济人士及其经济是促进社会生产力发展的重要力量。40多年的改革开放，中国经济社会发展取得举世瞩目的伟大成就，民营经济功不可没。据国家统计局统计，截至2019年底，我国民营企业发展到3143.3万户，就业人数达21375.4万人；个体工商户发展到8261万户，就业人数达16037.6万人。[③]民营经济在推动发展、促进创新、增加就业、改善民生和扩大开放等方面发挥了不可替代的作用。目前，民营经济对经济社会发展做出的贡献，可以用

---

① 中华全国工商业联合会、中国民私营经济研究会：《中国私营经济年鉴（2002年–2004年6月）》，中国致公出版社2005年版，第50~51页。

② 张厚义等：《中国私营企业发展报告No.5（2003）》，社会科学文献出版社2004年版，第376~392页。

③ 《中国统计年鉴2019》，参见http://www.stats.gov.cn/tjsj/ndsj/2019/indexch.htm.

"56789"来概括，成为推动我国经济社会发展的重要力量。同时，民营经济中也涌现出华为、腾讯、阿里等一批世界级优秀企业。总之，民营经济是我国经济制度的内在要素，民营企业和民营企业家是社会主义建设者，是我们自己人。民营经济是社会主义市场经济发展的重要成果，是推动社会主义市场经济发展的重要力量，是推进供给侧结构性改革、推动高质量发展、建设现代化经济体系的重要主体，也是我们党长期执政、团结带领全国人民实现"两个一百年"奋斗目标和中华民族伟大复兴中国梦的重要力量。

民营经济人士及民营经济是推动地区经济社会发展的重要动力。改革开放40多年来，民营经济不仅极大地促进了社会生产力的发展，也在我国地方区域经济发展与建设过程中起到举足轻重的作用。这一点，在县域经济的发展中表现得尤为充分，成为当地经济发展的主体、财政收入主要来源、就业的主要渠道，为缩小地区城市间发展差距，促进城市化和现代化奠定了基础。事实证明，哪个地区民营经济活动活跃，哪个地区的经济就能在全国区域发展竞争中获得明显优势。以民营经济发达的浙江为例，2002年民营企业入库税收占地方税收的60.2%，温州更是高达85%左右；而欠发达地区的县域经济中，民营经济创造的GDP一般也都在65%以上；在全国贫困地区已有一半县市的2/3财政收入来自民营经济，成为这些地区消除贫困、促进经济与社会发展的重要力量。①

民营经济人士及民营经济是调整和优化产业结构的积极力量。由于市场进入障碍以及自身实力的原因，民营经济在发展过程中适应市场需要形成了自己的产业结构，其特征是服务业的比重比较大，第二产业占的比重相对较低。民营经济的这一产业布局适应了我国产业结构，矫正了计划经济体制造成的第三产业严重落后的状况。据第一份民营经济发展报告指出，无论是就

---

① 中华全国工商业联合会、中国民（私）营经济研究会：《中国私营经济年鉴（2002年-2004年6月）》，中国致公出版社2005年版，第23页。

业量还是注册资金，个体私营经济的第三产业所占比重都超过60%，第二产业的比重在30%左右，第一产业的比重一直低于5%。这对于经济结构的调整起到了积极作用。[①]

民营经济人士及民营经济是促进社会主义市场经济形成和完善的独特力量。社会主义市场经济的形成和发展离不开民营经济的独特作用。我国经济学家马家驹在20世纪90年代初就指出，民营经济产权明确，以市场为导向，是市场经济的天然主体，民营经济的发展，必然创造和推动市场经济的发展。[②]民营经济对我国市场经济体制的积极作用具体表现在以下方面：①推动了市场经济规则的确立，为市场化改革提供了制度支持；②提高了资源配置和经济的运行效率，起到了积极的示范作用；③促进了劳动力的合理流动，加速中国户籍改革进程，使更多的人能够分享经济发展的成果；④促进了经济的增量发展，为国有企业市场化改革创造了有利的物质基础。因此，民营经济具有鲜明的社会主义市场经济特征，是社会主义市场经济的有机组成部分，促进了我国社会主义初级阶段基本经济制度的形成与完善。

民营经济人士致富思源，富而思进，积极参与"光彩事业"，树立了民营经济人士社会主义建设者的新形象。多年来，非公有制企业一直在积极承担社会责任，积极参与光彩事业。同时，光彩事业也培养和造就了一批政治素质好、经济实力强、社会影响大、对人民有贡献的民营经济代表人士，树立了我国民营经济人士的新形象。

民营经济人士是社会主义建设者和自己人，是我们党执政的重要资源和基础，对于他们中的优秀分子，只要是承认党的纲领和章程，自觉为党的路线和纲领而奋斗，经过长期考验、符合党员条件的，就要打破身份界限，向

① 中华全国工商业联合会、中国民（私）营经济研究会：《中国私营经济年鉴（2002年–2004年6月）》，中国致公出版社2005年版，第10页。

② 马家驹：《中国转向市场经济基本构架的设想》，载倪正太等编《我的社会主义市场经济观》，江苏人民出版社1993年版，第396页。

他们敞开大门，欢迎他们加入共产党员的行列中来。“我们党内可以有来自任何社会阶级的个人”。[①]共产党不拒绝其他非工人阶层的优秀人士入党，在发展工人党员的同时，还应把其他阶级、阶层中的优秀分子吸收到党内来。

二、具体实践方面的疑难问题

在民营企业党建工作实践中，还存在着一些疑难问题需要解疑释惑。下面是对这些问题的简要分析：

（一）在新的社会阶层中发展党员应注意哪些问题?

在新的社会阶层中发展党员，是一项政治性、政策性很强的工作，必须高度重视，认真对待。要积极稳妥，扎实推进，防止一哄而起；要坚持标准，严格程序，确保党员质量。

1.做好在民营科技企业的技术人员、受聘于外资企业的管理技术人员、个体户、私营企业主、中介组织的从业人员、自由职业人员中发展党员工作。要鼓励他们的创业精神，维护他们的合法权益，激发他们的政治热情；要针对他们的特点，积极主动地开展教育引导工作，不断壮大入党积极分子队伍；要加强在文化素质较高、社会影响较大的先进分子中发展党员工作，发挥其示范引导作用。

2.要把吸收个人独资企业投资人、合伙企业合伙人、公司制企业个人控股股东和其他类型企业的主要出资人（以下简称私营企业主）中的先进分子入党纳入经常性发展党员工作。吸收私营企业主中的先进分子入党，要坚持党章规定的党员标准，贯彻“承认党的纲领和章程、自觉为党的路线和纲领

① 《马克思恩格斯选集》第4卷，人民出版社1995年版，第494页。

而奋斗、经过长期考验、符合党员条件”的要求，确保发展党员质量。针对私营企业主的特点，在确定发展对象时，要注意考察他们的入党动机、个人历史、政治表现，特别是在重大政治问题上的表现。同时，还应注意把握以下具体要求：财产来源合法，用之得当，模范守法经营，自觉依法纳税；关心爱护员工，保障员工的合法权益；诚实守信，有良好的品行，热心社会公益事业，群众公认；积极支持建立企业党组织和工会、共青团组织，为其开展工作提供必要条件。在接收预备党员前，基层党委要将发展对象的有关材料报县一级党委组织部门审查。审查合格后由支部大会讨论，通过后报基层党委批准。对那些所在企业规模较大、跨地区跨国经营或其他情况特殊的发展对象，经支部大会讨论通过后，可以由县级或县级以上党委审批。预备党员转正的审批权限与接收预备党员的审批权限一致。

3.吸收社会中介组织和民办非企业单位的主要个人出资人，可以参照吸收民营企业主入党的政策规定执行。[①]

（二）吸收民营企业主中的先进分子入党应注意把握哪些要求？

吸收民营企业主中的先进分子入党，要坚持党章规定的党员标准，贯彻“承认党的纲领和章程、自觉为党的路线和纲领而奋斗、经过长期考验、符合党员条件”的要求。同时，还应注意把握以下具体要求：财产来源合法，用之得当，模范守法经营，自觉依法纳税；关心爱护员工，保障员工的合法权益；诚实守信，有良好的品行，热心社会公益事业，群众公认；积极支持建立企业党组织和工会、共青团组织，为其开展工作提供必要条件。总之，要把政治素质好、群众认可度高、符合党员条件的民营经济代表人士及时吸收到党内来。所在单位没有党组织的，县级以上党委（党组）组织人事部门可直接做好联系培养工作。

① 本书编写组：《基层党务工作实用手册》，党建读物出版社2020年版，第280页。

（三）怎样正确理解和把握其他社会阶层的先进分子入党要“经过长期考验”？

经过长期考验，是指入党申请人一贯拥护党的路线方针政策，特别是在重大政治斗争中和关键时刻经受住了考验；党组织对其进行较长时间的培养教育和考察，认定其确实经受住了长期考验。不要把经过长期考验简单地理解为统一规定延长培养教育时间或预备期。只要认真考察入党申请人的一贯表现，慎重确定入党积极分子后，再经过一年以上的培养教育和考察，就能比较全面地了解他们的思想政治状况，了解其是否基本具备党员条件。在对具体入党申请人培养教育时间的把握上，应以真正成熟为标准。如果统一规定延长其培养教育时间或预备期，会使他们感到政治上受到歧视，挫伤其政治热情。

（四）如何防止民营企业主党员所在基层党组织家族化？

中央组织部《关于在新的社会阶层中发展党员试点工作总结报告》提出：实行家族化管理的私营企业，在组建党组织时，家族成员担任党组织领导成员的比例不应超过50%。对家族成员党员较多的企业，上级党组织应加强对私营企业主党员的教育和引导，通过协商为其企业推荐或选派党组织负责人；通过在企业内部发展具备党员条件的非家族成员入党，向企业党组织推荐非家族成员党员，教育和动员企业中尚未接转组织关系的党员及时接转组织关系，扩大非家族成员党员的比例。对可能产生基层党组织家族化问题的企业，暂不单独建立党组织，可先与相邻企业联合建立党组织；对已经出现家族化问题的，要采取有效措施，及时加以调整。[①]

① 本书编写组：《基层党务工作实用手册》，党建读物出版社2020年版，第282页。

（五）对党费用于非公有制经济组织党组织开展活动有何规定？

中共中央办公厅2012年3月印发的《关于加强和改进非公有制企业党的建设工作的意见（试行）》中明确规定：将非公有制企业党组织工作经费纳入企业管理费用，建立并落实税前列支制度。建立党费拨返制度，企业党员交纳的党费可全额返还企业党组织，用于开展党建活动；还可从各级党组织留存党费中，按照一定比例，采取以奖代补等方式，支持非公有制企业党建工作。有条件的地方，可对非公有制企业党建工作给予必要的经费支持。探索采取企业赞助、党员自愿捐助等方式，多渠道解决经费问题。

第七编 ▶▷

典型案例篇

企业篇

找准工作着力点打造楼宇党建新模式[①]

叶青大厦

叶青大厦是由北京叶氏企业集团有限公司投资兴建旺星级写字楼，现有驻厦企业近百家（主要为民营企业），员工4000余人。叶青大厦党委成立于2006年9月5日，是由叶氏集团牵头、驻厦企业参与，共同成立的创新型区域性党组织，是北京市第一家商务楼宇党委。目前，叶青大厦党委下辖3个二级党委、35个党支部，共有600余名党员。

自成立以来，叶青大厦党委始终以团结、组织、带领广大党内优秀人士坚定不移跟党走、为执政党夯实执政基础为己任，以教育人、引导人、培养人、凝聚人为根本，按照“需求出发、服务入手、利益贯穿、活动凝聚、组织带动”的基本思路，投入大量人力物力财力，经过艰辛探索和大胆实践，创立了商务楼宇党建、统战工作新模式，得到了各级党委和各级领导的充分肯定。近年来，习近平总书记等党和国家领导人先后到大厦考察调研、指导工作。大厦党委曾先后获得全国创先争优先进基层党组织、全国统战工作实

① 中华全国工商业联合会宣传教育部、机关党委编：《民营企业与商会组织党建工作案例选编》，中华工商联合出版社2018年版，第3~7页。

践创新成果奖等荣誉称号，2016年被中共中央授予“全国先进基层党组织”称号。

一、以党建统全局，构筑坚强有力的战斗堡垒

作为商务楼宇党委，如何充分发挥党组织的政治引领作用，把既无隶属关系，又无资产联系的驻厦企业和各行各业员工凝聚在党旗下，是首先需要破解的难题。为此，大厦党委坚持以党建为统领，从解决现实问题入手——针对驻厦企业各自为政、分散经营、党建资源匮乏等实际情况，按照“便于发挥党组织功能、便于开展组织活动、便于党员发挥先锋模范作用”的原则，不断健全完善党组织设置，探索建立了以楼宇为单元、立体开放的基层党组织体系。对于规模较大、党员人数较多的企业，建立了二级党委；对于规模较小、党员队伍稳定的企业，建立了独立党支部；对于党员数量少、不具备成立独立党组织条件的企业，党委以侨联、商会、知联会、新的社会阶层人士联谊会等社会组织为基础，成立了四个群团社会组织党支部，将分散的党员全部纳入楼宇党组织体系中，实现了党的组织和党的工作对驻厦企业的全覆盖。在此基础上，为了推动楼宇党建工作规范运行，大厦党委不断创新工作机制，相继探索实施了党委委员席位制、《党员民主议事规程》、党员责任岗、党风廉政建设、社会综合治理、联络员制度等一系列创新机制，有效提升了楼宇党建工作规范化、科学化水平。

二、以党建聚人心，建立同心同行的统一战线

商务楼宇是“两新组织”和新的社会阶层人士聚集的场所，具有统战对

象多、社会影响力大的特点。在商务楼宇中开展统战工作，是增强党的阶级基础、扩大党的群众基础、巩固党的执政地位的需要，也是将统战工作向社会拓展、创新社会治理方式的新途径。为此，大厦党委坚持将党建与统战工作相融合，不断强化党的政治引领作用，探索形成了“以党建带统战、以统战服务党建”的楼宇统战工作新模式。在此过程中，大厦党委从建立楼宇统战工作组织网络入手，成立了党委领导下的统战工作部，并在大厦党委和各党支部中设立了统战委员，明确了党组织的统战职能和工作对象。在此基础上，先后成立了民建、侨联、知联会、商会、妇联等民主党派和群团社会组织，进一步延伸了党委工作触角，将非公经济人士和新的社会阶层人士等各种人才有效凝聚起来。2015年11月，中央统战部以通报形式向全国转发了叶青大厦开展体制外人士统战工作的经验。2016年1月，中央统战部在叶青大厦举行了全国统战工作实践创新现场观摩活动。2018年3月，北京市委统战部召开推广部署会，制定五年工作计划，在全市楼宇、园区中推广叶青大厦楼宇统战工作模板。叶青大厦党委将党建与统战工作相融合的创新实践，成为商务楼宇民营企业做好统战工作的成功范例。

三、以党建促发展，搭建优质高效的服务平台

发展是企业的根本目标，只有服务企业发展，商务楼宇党建工作才能赢得企业业主的认同和支持。为此，大厦党委坚持将党建与服务企业发展相融合，响亮地提出了“有事找党委”的口号，针对不同类型的驻厦企业和员工，打造人才、政策、文化、公益、合作共赢“五大服务平台”，实现了“围绕企业抓党建、抓好党建促发展、企业发展强党建”的良性循环。搭建人才服务平台，通过组织人才工作研讨会、为企业人才提供人事服务以及开展人才表彰、技能培训、人才合作项目等方式，帮助企业提升引进人才、培

养人才、管理人才的能力。搭建政策服务平台，畅通民营企业与政府之间的双向沟通渠道，及时传达党和政府的声音，及时反映企业合理诉求，在帮助企业的同时引导企业守法经营、诚信经营。搭建文化服务平台，由叶氏集团出资建设300余平方米集阅览、展室、党员教育于一体的活动场所，设立11名专职党务工作者，同时每年从叶氏集团资金中拨款700余万元，帮助驻厦企业开展党建工作，构建先进企业文化。着力搭建公益服务平台，带领企业积极参与社会公益事业，引导非公经济人士承担社会责任，累计为社会公益事业捐资捐物达3000余万元，树立了民营企业良好形象。搭建合作共赢服务平台，整合各方面资源，组织企业间的考察、学习、交流等活动，帮助企业开拓市场、对接项目、加强合作，助推楼宇经济快速健康发展。目前，驻厦企业年总产值超过400亿元，年纳税超过15亿元，创值能力位居全国商务楼宇前列。

四、以党建育人才，团结凝聚新的社会阶层人士

商务楼宇党建核心是做好“人”的工作。自成立以来，大厦党委始终坚持把“育人”作为工作目标，着眼凝聚人心、汇聚力量、培养人才，依托推优入党、推优参政议政的“双推”工作机制，逐步建立起一套对党员、对员工、对非公经济人士和新的社会阶层人士完整的人才培养体系，通过政治引领、思想引导、组织培养，为广大党员和各界人士搭建成长进步平台。一方面，自觉“把最好的粮食交国库”，共培养发展了90名新的社会阶层人士加入中国共产党，培养了300余名入党积极分子。通过完善党组织设置、建立民主议事制度、设立党员培训教育基地以及开展党的群众路线教育实践活动、非公经济人士理想信念教育实践活动、“两学一做”学习教育等主题活动，广大党员的归属感、责任感和使命感明显增强。另一方面，

通过“梳理

—细分—培养—推荐”四步工作法，按照有较高政治素质、有较大社会贡献、有较强参政议政能力、有较大影响力的标准，建立和完善非中共优秀人士综合评价体系，有重点地培养选拔，逐步建立起一支新的社会阶层人士队伍。目前，大厦党委培养推荐了全国、北京市、朝阳区各级人大代表、政协委员20人，还向工商联、青联等社会组织推荐人才。通过搭建成长平台、树立典型代表，推动新的社会阶层人士在更高平台和更广领域贡献才智、发挥作用。

五、以党建增活力，打造先进和谐的楼宇文化

文化建设是企业自身发展的需要，也是企业党组织思想政治工作的重要内容。为此，大厦党委坚持将党建与文化建设相融合，充分发挥党组织在企业文化建设中的引领作用，不断创新载体、搭建平台，大力培育和践行社会主义核心价值观，积极弘扬主旋律、传播正能量，营造了健康向上、文明和谐的楼宇文化氛围。开展“核心文化”建设，引导企业践行社会主义核心价值观，将员工梦、企业梦和中国梦有机统一起来，着力培育具有强大凝聚力和引领力的意识形态，用先进文化引领企业和员工共同成长。开展“和谐文化”建设，将文化建设与构建和谐楼宇紧密结合。开展“群众文化”建设，以精神文明单位创建为抓手，根据员工的兴趣爱好和个性特点，组织开展参观考察、知识竞赛、联谊会以及篮球、乒乓球比赛等丰富多彩的文体活动，促进沟通交流，增强企业员工的向心力和凝聚力。开展“公益文化”建设，倡导“饮水思源、回报社会”的理念，成立了学雷锋志愿者团队，大力推行志愿服务、爱心捐助、结对帮扶等社会公益活动，先后与怀柔区北沟村、六渡河村结成帮扶共建对子，为首都发展建设做出了积极贡献。

进入新时代，叶青大厦党委将更加紧密地团结在以习近平同志为核心的党中央周围，坚定不移地以习近平新时代中国特色社会主义思想为指导，深入贯彻落实党的十九大精神，进一步开拓进取、实践创新，扎扎实实做好商务楼宇党建工作，推动民营企业持续健康发展，努力为夺取新时代中国特色社会主义伟大胜利、实现中华民族伟大复兴的中国梦做出更大贡献。

新时代的党建优势转化成新红豆的发展优势[①]

红豆集团

红豆集团是一家集纺织服装、橡胶轮胎、红豆杉大健康、园区开发商业地产四大产业于一体的大型民营企业集团，是国务院120家深化改革试点企业之一。1957年响应国家“小手工业者组织起来”的号召，组建起生产合作社，成为红豆集团的前身；1992年，成立全省首个乡镇企业集团；1993年，全面实行内部股份制改革，激发了企业内在活力；2001年，抓住资本市场开放机遇，红豆股份在上交所上市，迈开企业资本经营的新步伐。2012年10月，中组部向全国发文推广介绍了红豆党建经验。

集团设党委，有二级党委3个，一级党总支8个，一级党支部1个，三级党总支5个，三四级党支部115个，党员人数1272名，还建立了民营企业境外党支部——柬埔寨公司西港特区党支部，实现了党组织从集团总部到产销一线的全覆盖。近年来，集团党委紧紧围绕企业生产经营管理开展党的工作，探索构建“现代企业制度+党的建设+社会责任”的治理模式，以“党建强”促进“发展强”，2011年被评为“全国先进基层党组织”、全国民营企业“双强百佳党组织”。

① 中华全国工商业联合会宣传教育部、机关党委编：《民营企业与商会组织党建工作案例选编》，中华工商联合出版社2018年版，第8~14页。

红豆以创民族品牌为己任，以“实业报国、共同富裕”为使命。从企业初创的1957年，到走出困境的1983年，再到产业相对多元化，并大力推进品牌建设，实现转型升级的今天，2017年位居中国百强民营企业第82位，现有职工2.2万名。

一、红豆特色党建工作：民企党建具体做什么？

在中国，非公有制企业党建存在一个普遍现象：有形覆盖容易，但是有效覆盖不够。在繁杂忙碌的企业工作面前，如何持续有效地开展党建工作？如何实现党建工作与企业发展的一体化？

首先，红豆集团从机制上创新规范企业党建。早在2010年，集团党委认真讨论，决定将ISO9001：2008质量管理体系导入党建工作，并于2010年12月8日开始正式启动。ISO9001党建质量管理体系是采用国际公认的ISO9000族标准的理念和方法建立起来的企业党建工作的指挥和控制管理体系，党建质量引进ISO9001国际质量管理标准，是一种观念创新、机制创新和手段创新，是推进党的建设的新举措。推行这一做法，有三个特点：一是建立一系列科学、规范的程序；二是经过P（计划）D（实施）C（检查）A（改进）循环方法，使每项工作都能持续改进，不断跃上新的台阶；三是培养了一批既懂党的管理，又懂生产经营管理的干部。用红豆集团党委书记、董事局主席周海江的话说，通过贯标，解决了企业自身发展与党建工作“两张皮”问题。2011年5月20日，经过方圆认证集团的郑重审核，红豆集团正式成为全国第一家通过ISO9001：2008党建质量管理体系认证的民营企业，一套完整的民营企业党建标准——《红豆集团党建工作标准》也随之出版，这也是全国第一部民企党建标准。

其次，现代企业制度先进性和缺陷性并存，企业党建可以把政治优势转化为发展优势，社会责任可以给企业套上履责的笼子。红豆集团创造的“中国特色现代企业制度”就是“现代企业制度+党的建设+社会责任”的中国民营企业治理模式。在这一模式中，“现代企业制度”是基础，通过健全法人治理结构，协调所有者、经营者、劳动者的关系，规范企业行为，激发内在动力；“党的建设”是灵魂，通过党建工作形成企业独特竞争优势，推动企业利益与国家、社会利益高度统一；“社会责任”是使命，通过加强和创新社会管理，优化发展环境，促进稳定和谐。

红豆党建工作经验是“一核心、三优势”：一核心是把企业党委作为职工群众政治核心，与三会融为一体；三优势就是把党的政治优势转化为企业发展的机遇优势、人才优势、和谐优势。

在工作中全面实行红豆党建工作方法“一融合双培养三引领”：一融合是党企融合，包括交叉任职、双向互动；双培养是人才双向培养，把党员培养成企业人才、把企业人才培养成党员；三引领是党建工作引领先进企业文化、引领构建和谐企业、引领履行社会责任。

红豆党建的工作机制是“五个双向”：班子双向进入、工作双向互动、人才双向培养、文化双向互促、制度双向互补。班子双向进入。在企业决策、管理、经营、生产各个层面，全面推行党组织领导班子和管理层双向进入、交叉任职，从体制机制上保证党组织有效参与决策和管理。集团党委11名委员全部进入董事会、监事会、经理层，董事会10名成员全部兼任党委委员，总裁任党委书记，纪委书记兼任监事会主席，组织部部长、宣传部部长分别兼任人力资源部、品牌文化部部长，形成了适应企业法人治理结构的党组织领导体系。集团10多个子公司党员总经理和近百名党员厂长全部兼任党（总）支部书记；红豆纽约外贸公司、柬埔寨开发区设立时，同步建立党组织，党员总经理同时兼任境外公司党支部书记，确保企业发展到哪里，党的工作就覆盖到哪里。工作双向互动。建立生产经营管理和党建工作双向互动机制，集团党委负责思想政治、企业文化、目标考核、人事任免等工作，参与企业重大决策、生产经营、管理和监督。人才双向培养。充分发挥党组织培养人才、使用人才、凝聚人才的优势，形成企业各类人才双向培养、共同发展的良好局面。在一线职工中开展星级员工评选活动，推荐三星级以上职工免费上大学，在三星级以上员工中培养入党积极分子，送到红豆党校培训，目前已有25%的三星级员工光荣入党。实施“百才工程”，引进博士生、高级工程师等国内外高端人才100多名，并加大在高级人才中发展党员的力度，党员科技人才比例已达31.7%。生产车间操作工郭军伟在党组织培养下光荣入党，并于2008年获得全国纺织行业技能竞赛制版冠军，荣获“全国五一劳动奖章”“全国技术能手”称号。在诸多类似典型的带动下，一大批党员成为技术能手和经营骨干，形成了“提拔一名党员、树立一面旗帜、带动一群职工”的生动局面。文化双向互促。集团党委坚持用社会主义核心价值体系引领企业文化建设，通过加强引导、增进共识、创新方法、健全制度等措施，在集团上下形成基本道德规范，凝聚强大精神力量，提升企业核心竞争力。制度双向互补。集团党委认真分析党的建设和现代企业制度各自优势，找准二者结合点，推动企业发展和党建工作互促共赢。

红豆党建有效覆盖靠“六举措”：一是党委班子民主选举产生，有效提升党委成员的群众基础和领导威信；二是全面推行干部的党政双向兼职，有效保证党建工作落实到位；三是支部建到产销一线，有效实现党建工作全面覆盖；四是坚持党建评优的“产销业绩第一”标准，有效推进党建与产销工作评优的高度融合；五是把ISO9001质量管理体系引入党建，出版首部民企党建标准，有效规范党务工作；六是广泛开展统筹共建活动，密切加深与相关单位的良好合作关系。

二、“红豆模式”效应：党建强促发展强

红豆集团在党建方面的创新实践，产生了品牌示范、跨越发展、活力和

谐等良好效应，取得了企业党建与发展互促、社会形象大大提升的良好效果。

红豆集团党组织先后多次被评为全国先进基层党组织、江苏省先进基层党组织、江苏省党建工作示范点、江苏省廉洁文化建设示范点和无锡市先进基层党组织等荣誉；2016年7月，红豆集团党委书记周海江被中共中央授予“全国优秀党务工作者”称号。

1.人才集聚效应。集团党委牢固树立人才优先的发展理念，积极把党的组织优势转化为企业发展的人才优势，形成了强大的引才聚才“磁场”。从20世纪80年代初港下针织厂高薪聘请宋和根来做技术指导，到第一个大学生、大学教师周海江到红豆工作；从1995年百万年薪面向海内外招聘总经理，到1997年与法国设计名校ESMOD学院联合办学为企业培养群体设计师；从海选总裁，到制度选人；从为了促进集团加快转型升级实施“百才工程”，再到周海江近年来打造500人中层领导群的新思维；从引进人才到培育人才；从培训中心到成立红豆大学……可以说，红豆集团的快速发展史，也是一部企业引才、育才、选才、用才的人才史。目前，红豆集团旗下已有7家企业建立起博士后工作站、院士工作站和研究生工作站“三站”，以及企业技术中心、工业设计中心、工程技术研究中心“三中心”。依靠“三站三中心”科研创新平台，大力实施“百才工程”。截至2017年底，集团累计获得专利超3000项。

2.活力和谐效应。集团党委坚持以人为本，想职工群众之所想，积极维护职工合法权益，协调各方利益关系，激发职工群众干事创业热情，促进了企业内外和谐。一是“生活有保障”，稳定了队伍。不断提高员工收入，让员工分享企业发展成果。合理透明的薪酬体系和激励机制，让员工分享企业发展的红利，是对劳动和创造的尊重。红豆集团在给员工提供免费食宿的基础上逐年提高员工的平均收入，水平一直高于周边同行企业。红豆每年都提升员工工资，即使是在全球金融危机的2008年，红豆员工工资上涨平均幅度仍达到15%。另一方面，红豆集团还特别建立了“红豆慈善基金”，及时救助员工的特殊困难。“红豆慈善基金”从2008年成立开始，已连续数年对符合条件的困难职工进行救助，总计400多人次，帮助职工解决子女上学、大病就医、因灾致困等生活实际问题。二是“情绪有释放”，凝聚了人心。给予员工“话语权”，让员工有渠道纾解自己心中的委屈、怨气，以平衡心理。如何寻找到这一纾解情绪的渠道，红豆为此专门在车间开辟了“书记总裁信箱”与“回音壁”。正如周海江所言：“红豆之所以设立‘回音壁’，就是要提供一个渠道，给员工充分表达的权利，将人性化管理真正贯穿于细节，落到实处。”三是“事业有希望”，激发了活力。畅通企业上升通道，提高员工的幸福指数，关键在于给员工公平的机会。在红豆，得到公平机会的一个重要途径就是竞争上岗。由于企业飞速发展，红豆集团几乎每星期都会有竞争上岗的职位推出，岗位从科长、车间主任、销售经理，到厂长、经理、部长、总裁等，全部实行了公开竞争上岗的选拔制度。

3.品牌示范效应。红豆集团把党的建设和社会责任与现代企业制度有机融合，不仅打造了民营企业党建品牌，也有效提升了企业社会形象和品牌知名度。一是党员职工成为一面旗帜。在红豆员工心目中，党员是学习榜样，是工作楷模，平时看得出、困难面前显得出、关键时刻站得出。“党员责任区”“党员示范岗”闪亮在生产经营第一线，“我是党员我带头”成为每一名党员的自觉行动。红豆集团深化创先争优活动，开展党员示范区、党员示范团队、党员示范岗创建活动，引导员工在企业发展中建功立业。目前集团有党员示范区29个，党员示范团队47个，党员示范岗129个。

二是党建工作成为一个标杆。近年来，红豆党建工作经验引起各方关注，得到中央和各级领导充分肯定，吸引了越来越多的企业、单位前来参观学习。全国各地先后有几千家民营企业党组织到红豆考察学习。近三年时间里，每年接待近3万人参观学习党建工作。中央和地方有关部门以及各大新闻媒体通过不同方式，调研总结、宣传推广红豆党建经验。2018年4月，在新华社发布的《党建，中国民企发展的“红色引擎”》的视频报道中，红豆集团的经验和做法再次成为民企党建的典型范例。

三是党建品牌提升企业形象。2012年3月，在全国非公有制企业党的建设工作会议上，红豆集团党委作为民营企业党组织代表介绍经验。江苏省委、无锡市委以及中国纺织工业协会先后在红豆集团召开民营企业党建工作现场推进会（研讨会）。红豆集团党委书记周海江先后受邀在中央党校、全国组织干部学院等专题培训班上介绍红豆党建的创新做法。这些都极大地提升了企业形象和“红豆”品牌知名度和美誉度。2017年，红豆位居中国民营企业500强第82位。在不少服装企业纷纷关店调整时，红豆股份男装品牌反其道而行，其男装品牌增加了不少线下门店。2018年一季度，红豆股份男装门店同比增加198家，截至2018年3月底，门店数量达1110家，门店销售增长43.93%，线上销售增长86.66%。2017年底，东港镇被国际自然医学会评为世界首个“红豆杉长寿镇”，让红豆杉康养小镇获得了社会各界的关注。

4.跨越发展效应。红豆党建道路的发展实践，从顶层设计层面凸显了党在民营企业的重要地位，为党组织有效发挥“两个作用”提供了制度保证。红豆集团探索构建的“现代企业制度+党的建设+社会责任”三位一体、具有中国特色的现代企业管理制度，符合我国国情，适应民营企业持续健康发展需要，具有独特优势和强大生命力。

纵观红豆集团六十多年的发展历程，有一条红线贯穿始终，这就是始终坚持“听党话、跟党走”，始终坚持“看绿灯、走正道”，始终坚持用党的方针和路线引领企业发展方向，从而走出一条具有中国特色的现代企业治理之路，最终使企业走上健康发展、和谐发展、科学发展的康庄大道。

“一三四六”党建工作法[①]

郑州圆方集团

郑州圆方集团是一家集卫生保洁、家政服务、劳务派遣为一体的大型企业集团，现有职工4万名。集团在全国13个省市39家分公司成立党组织，共有党员457名，其中流动党员106名。集团党委先后获得全国及省、市、区500多项荣誉。作为郑州市非公有制企业党建示范基地、孵化基地，先后接待全国各级参观学习代表团200多个，参观学习达10余万人次，共帮建孵化民营企业党组织100多家。

多年来，圆方集团坚持将党建工作与企业发展融为一体，以创新驱动求深化，健全制度保规范，融入中心促发展，充分发挥党组织在职工中的政治核心作用和企业发展中的政治引领作用，探索了一条把党的政治优势转化成企业发展优势的科学路径，即“一三四六”党建工作法。

一、抓住一个关键，健全组织体系

圆方集团从低端服务行业起步，由于工作环境差、工资待遇低，招录的

① 中华全国工商业联合会宣传教育部、机关党委编：《民营企业与商会组织党建工作案例选编》，中华工商联合出版社2018年版，第15~20页。

员工普遍文化程度不高，流动性大，一度成为集团管理难题。对此，集团管理层经过反复研究，最终形成了“公司要发展，党组织是关键”的共识。

一是“一把手”高度重视。党委书记薛荣对党建工作高度重视，身体力行，对党建工作在人力、物力、财力有求必应，亲自创办“薛书记有约”工作室，录制非公党建访谈视频26期，“薛书记讲党史”18期，“薛书记上大课”50余场，薛书记语音播报1100多条，“薛书记有约工作室”于2016年6月被批准为河南省非公党建省级服务业标准化试点。

二是“三级构架”全面覆盖。坚持业务发展到哪里，党组织就建到哪里，党旗就插在哪里，党建工作就延伸到哪里。经过不断探索，集团逐步建立完善了三级组织架构，把党委建在集团公司总部，把党支部建在分、子公司，把党小组建在项目部。同时，实行“交叉任职”制度，在人员配备上，所有分公司负责人必须是党员，并担任党组织书记，要求年初签订党建工作、安全生产、救助帮扶、经营目标四个责任书，作为党组织和企业共同的工作目标。

三是“三个时刻”发挥作用。圆方公司党员始终把“平时能看出来，困难时刻能站出来，危险时刻能豁出来”作为一种自觉行动，时时处处注重发挥先锋模范作用，成为企业发展的中流砥柱。2003年4月，在抗击非典的斗争中，圆方公司承担了河南省82家医院卫生保洁工作。生死考验面前，党员干部带头请战，员工无一退缩，没有提出任何额外的物质要求，2000多名员工日夜奋战在医院保洁第一线。

二、实施三大工程，筑牢组织基础

圆方集团在抓党建促发展的实践基础上，坚持把党建工作做强做大。先后实施了“三大工程”。

一是强基工程。斥资对薛书记有约工作室、党群工作部、办公区劳模走廊等进行装修布展，精心打造了对入党积极分子和年轻员工进行优良传统教育的基地："圆方之路"——圆方创业纪念馆。纪念馆整理发布文字12万多字，制作大小展板531块，展出各种图片500余幅，收集各种文物实物奖状奖杯300多件。为扩大党建正能量，集团购置了较先进的电教系统，建立"薛书记有约"非公党建公共平台网站、并配备专人进行管理，粉丝听众上百万，深受企业员工和社会公众欢迎。

二是提升工程。每年拿出20万元，支持45岁以下的中高层管理人员进入各级院校培训学习或参加自学考试。利用3年时间，取得两个证书（学历和技能证书），并作为硬性指标纳入绩效考核。成立党建培训"梦工厂"，组建宣讲团队走进工厂、学校、机关、社区义务上党课，创办基层党校，开通网上党校，实现了培训制度化、教育电教化、活动经常化。近三年开展义务培训81场，受教育人数近3万人。

三是育才工程。实行"三抓三联"人才培养计划。支部书记围绕企业发展中心工作抓党建，党小组长围绕经营业务抓党员教育管理，党员立足本部门岗位工作抓入党积极分子的培养。明确党组织联系群团组织，党员联系非党员职工，先进分子联系一般群众，在企业内部形成循环体系。在实践过程中，形成了独特的"六人教育"，即感恩教育感动人、自信教育温暖人、典型教育激励人、荣誉教育鼓舞人、人生规划留住人、愿景教育振奋人。在"六人教育"的带动下，集团先后涌现出"全国优秀外来务工青年"总经理李娴莉、怀揣着高工证书却带领下岗姐妹扫厕所的优秀支部书记原银亮等先进人物。

三、推动四个延伸，发挥党建优势

集团党委借助自身党建优势，以发挥组织作用、开展培训教育、提高服务效能为出发点，把党建工作向社会延伸，探索构建开放式大党建格局。

一是联系邻近商户，延伸覆盖。对邻近的打字店、理发店、烟酒店、修鞋店等往来频繁的商户，由集团党委指派优秀党员进行“一对一”的帮扶。一方面，集团党委通过优质的服务、贴心的帮扶和真情的投入，彰显党组织的力量，展示党员的风采，提高合作伙伴对党和企业的认同。另一方面，组织党员主动发现、深入发掘，有意识地与商德好、信誉佳、作风正的合作单位负责人和员工增强交流和帮扶，引导他们在思想上、行动上主动向党组织靠拢。同时，采取“请进来、融进去”方式，定期组织邻近商户到公司聆听党课、相互谈心、参加联谊，使他们深切感受到浓厚的党建氛围，感受到党组织的关怀和温暖。截至目前，邻近商户中递交入党申请书的有37人，确定为入党积极分子的5人，已有4人被吸收为共产党员。

二是联系合作企业，延伸链条。圆方集团在20多年的发展中，结交了一大批诚实守信的供应商。集团党委通过邀请他们上党课、开展业务培训、参加党员活动等形式，把给集团长期供货的清洁用品、办公用品、办公设备、服装服饰等业主发动起来，切实营造“家”的氛围，增强了公司与供应商诚信合作的信心，实现了双赢效果。截至目前，集团党委已在供应商中成立了3个党小组。

三是联系特殊群体，延伸服务。针对流动党员建立流动党员管理服务中心，积极为流动党员提供就业机会，集中开设党课，重温入党誓词，鼓励流动党员参与集团党建活动，让流动党员找到“家”的温暖。建立圆方残障人发展促进会党支部，搭建帮扶平台。由支部牵头，党员带头，结对联系，有效地做到了用先进的思想、身残志坚的精神，鼓舞他们树立自强的信心和恒心，收到了良好效果。促进会党支部成立后，已有63名残疾人递交了入党申请书，其中7人被确定为入党积极分子。

四是联系服务对象，延伸培养。集团高度重视员工尤其是公司党员和入党积极分子的党性提升、能力提升和素质提升。员工进驻服务单位，公司党委第一时间以信函方式主动与服务单位联系，详细介绍员工中党员和入党积极分子的情况，委托服务单位对公司党员和入党积极分子“三零”工作标准（服务质量零差错、服务流程零障碍、服务对象零投诉）执行情况进行监督、反馈，延伸党性教育，激发了集团党员和入党积极分子干事创业的积极性，赢得了服务对象的一致好评。

四、制定六项长效管理的制度

集团党委通过长期以来非公党建实践和开展“两学一做”学习教育，逐步创新并形成了非公党建六项制度。

一是企业科学民主决策制度。将涉及企业所有决策的重大事项，都纳入民主决策范畴，要求必须在企业党组织领导下，按照“两征三议两公开”工作法的程序进行。“两征”指公开征求企业党员、职工和企业家意见；“三议”指企业党委提议，企业党员代表大会、职工代表大会和企业家（必要时邀请专家参加）审议，职工代表大会决议；“两公开”指决议内容公开，决议实施过程公开。

二是企业思想政治教育与知识技能培训制度。这项制度的特点一是坚持“两手抓”。即一手抓企业家、职工思想政治教育，培育和践行社会主义核心价值观，弘扬中华优秀传统文化和传统美德，提高企业家、职工思想道德素质；一手抓知识技能培训，组织企业家学习经济、法律、企业和物业管理等理论知识，着力提高企业家的企业管理和市场经营能力；对职工重点进行专业操作技能培训，着力提升职工专业操作技能水平。

三是企业履行社会责任扶贫帮困助残制度。其核心内容就是健全“五有”保障机制（有专门机构、有专业团队、有专项经费、有专门场地、有帮扶活动），开展常规和灵活多样的扶贫帮困助残活动以及对突发重大自然灾害和重大事故帮扶救助活动。集团投资50万元，成立了汴绣坊、聋艺坊，组建了残疾人艺术团，成立了圆方社工服务中心等，近5年共开展圆梦帮扶活动400余次，累计帮扶残障朋友2万多名。2014年5月，圆方社工服务中心荣获“全国助残先进集体”荣誉称号。

四是企业矛盾调解化解制度。根据中共河南省委提出的基层四项基础制度中“矛盾调解化解制度”，结合企业实际，集团建立了企业矛盾调解化解制度。通过矛盾调解化解，实现“五无”具体目标，即无刑事治安案件发生、无安全事故发生、无越级上访事件发生、无参与邪教组织人员和邪教组织活动、无重大内外矛盾冲突。

五是企业全流程工作监督考核制度。建立“紧密对接、刚性联动”的奖惩机制，把党组织负责人对党建工作的重视程度、措施力度、进步幅度与考核等次、职务升降、奖励惩处等个人的切身利益相挂钩，对抓党建工作不力的实行“一票否决”，促使党组织负责人尽职尽责、无可推卸，确保党建工作落到实处。对考核结果实行积分制管理，并按照ABCD进行等级划定。

六是企业党风党建督导问责制度。对于执行党的决议、决定不力的，党建工作任务未能按时完成的，班子成员没有按照工作分工履行党建工作职责的，党政领导班子软弱涣散、战斗力不强或班子成员不团结的，党建工作督促检查不及时、落实不到位的，对党建工作中存在问题没有及时分析排查并提出改进措施的，发展党员工作不积极、不规范的，党务不公开、不及时、不规范的，违反廉洁自律有关规定的，违反国家法律法规的，等等，一律问责。

企业从党建工作中获得“四力”[①]

海南警盾安保股份有限公司

民营企业抓党建对企业发展有没有实效？究竟应该由何处入手抓党建？海南警盾安保股份有限公司党总支在海南省工商联直属会员企业党委的直接指导帮助下，通过多年实践探索，取得了一些有益经验。

自2010年1月成立以来，海南警盾安保公司已成为集人防、技防、武装押运、物业管理、大型安保等众多安保业务于一体的大型综合性保安服务公司，业务覆盖海南全岛，先后承担了海南400多家重要单位、重点企业的安保工作，拥有员工与外派保安员2500余人，并为公安机关代管近千名协警员，先后4次配合完成亚洲博鳌论坛的安保任务。2016年9月被公安部、全国总工会和共青团中央联合表彰为“第四届全国先进保安服务公司”。

2011年6月29日，经海南省工商联非公经济组织党工委批准，海南警盾安保股份有限公司成立了党总支，下设8个党支部，共有党员116名。公司党总支、2个党支部、16人次先后被省工商联直属会员企业党委表彰为“先进基层组织”“优秀党务工作者”和“优秀共产党员”。

公司党总支书记、董事长贾培德多次强调，“海南警盾公司虽是民营企业，

① 中华全国工商业联合会宣传教育部、机关党委编：《民营企业与商会组织党建工作案例选编》，中华工商联合出版社2018年版，第112~116页。

但抓党建既不是装门面给谁看，也不是为了应付差事，而是一种责任和担当，必须真抓实建。公司重大决策付诸实施前，必须经过党组织把关。公司对党建工作要大力支持，给时间、给经费、给平台、给机会”。警盾公司抓党建的关键，在于选准契合点，使党建的政治引领与服务企业发展有机统一起来，让企业的发展从党建工作中获得“四力”：定向力、凝聚力、生产力、执行力。

一、定向力——党建把握企业发展方向

警盾公司作为民营企业，在党总支成立之初，对如何抓党建一度颇为踌躇。一方面是党建工作者忧虑企业出资人会有顾虑，另一方面是不少党员感到在民企抓党建，就是要让党员发挥积极性为企业家服务。面对诸如此类情况，党总支在充分调查摸底后，把抓党建的契合点首先选在合“魂”上。

在2011年7月1日第一届党员大会上，当选为党总支书记的贾培德讲道：“全心全意为人民服务是立党之魂。民营企业抓党建，就要按照‘党魂’，定位企业之‘魂’，使企业之魂融于党魂，成为企业不走邪路的‘定海神针’。警盾公司从事的是有偿性保安服务，其企业之‘魂’，就是‘为社会尽责、对客户尽心’。这个‘魂’，是‘党魂’，在企业的延伸，指引企业讲商道，走正道，合法经营，健康发展。企业要坚持经济效益与社会效益并重原则，一旦二者发生矛盾，必须保证社会效益优先。”

警盾公司党建正是围绕“为社会尽责，对客户尽心”宗旨开展工作，才使公司从决策到落实，始终在正轨上运行，为维护海南社会治安、建设平安海南发挥了重要辅警作用。仅近几年，在高铁、汽车、码头等场站安检以及博鳌论坛的安保工作中，配合公安机关抓捕189名犯罪嫌疑人、网上通缉犯18人、A级罪犯1人，查获各类违禁品685件（宗），毒品58000多克（粒），制止纠纷800多起，挽回直接经济损失1800多万元。

二、凝聚力——党建凝聚人心

党建树立公正和谐的旗帜。公司员工固然渴望有理想的福利待遇，但同样渴望工作环境公正和谐。为防止发生因个人说了算而造成不公正，警盾公司对评优评奖、调整晋升、典型表彰等大家关注的热点，坚持由党支部集体讨论决定。2014年10月，结合开展党的群众路线教育实践活动，隆重表彰的8名先进个人和1个先进集体，都是经过各党支部推荐、党总支集体把关的优秀典型，他们的事迹被编入《警盾楷模风范谱》一书，个个经得起时间和实践的检验。

党建带给员工温暖。警盾公司党总支委员和所属8个党支部书记，基本都是部队退役军人，不仅有做思想工作的习惯，而且注重培养党员骨干做思想工作的方法。因为这一明显优势，在警盾公司形成了相对温馨的管理模式，对有思想负担的员工，能够及时观察发现、及时靠上去做工作。这种细心体贴的习惯，不仅挽救过一些家庭，甚至挽救过队员的生命。2017年初，公司一位中层骨干刚满1岁的儿子，被查出小儿生长激素缺乏症，党总支了解情况后，号召员工献爱心，连同单位资助共捐给该队员54000多元，以解燃眉之急。

在党组织的引导下，警盾公司不仅风清气正、和谐向上，而且党组织的形象好，威信高。2014年以来，已有39名队员加入党组织，另有30多名队员参加了入党积极分子培训，还有120多名队员写了入党申请书。

三、生产力——党建管人激发创造力

匡正用人风气。警盾公司党组织建立以后，在人力资源方面发挥了监督、调节、引导、育才功能，营造出充满正气、充满朝气、充满灵气的人才环境。在警盾公司，领导有识才的慧眼，爱才的诚意，用才的胆识，容才的雅量，留才的策略，坚持人才来自五湖四海，任人唯贤，每个人不必也无须考虑“关系”，只需把精力投入工作中。只要是德才兼备的人才，肯定能被发现、被重用、留得住、有作为。保安员王勇是退伍兵，作为一名党员，工作兢兢业业，模范带头，很快升任保安队长，2013年成长为总公司的区域经理。

致力人才培育。用先进理论、先进知识武装人，用正确行为、正确风气引导人，用高尚标准、高尚道德培育人，是警盾公司党建工作的重要内容。把分公司或项目部等重要岗位的负责人作为重点培养对象，使其胜任“一岗双责”（即关键岗位的领导同时肩负管理之责与党建之责）。结合实际制订人才培训计划，采取出岛考察、岛内参观、集中学习、专家授课、互学互帮等多种方式。注重典型培养挖掘。押运大队的林三芬，一直是党组织关注培养的对象。这位退伍战士入职押运公司后，因驾驶技术过硬，爱岗敬业，谦虚谨慎，在组织培养下光荣加入党组织，2015年被国务院表彰为“全国优秀农民工”。

营造励志氛围。为锻造过硬的保安队伍，提升行业自尊心，公司党总支提出了“思想正、纪律严，业务强、技术精，作风硬、反应快，合作好、效率高”的素质标准，按照人防、技防、押运等模块，抓典型培养，树励志标杆。几年来，先后涌现出勇斗歹徒的王江涛、跳海抢救随车落海一家三口的王威、冒险抢救两名落水儿童的张德存等见义勇为楷模，以及拾金不昧等众多典型。2017年6月公司承接某市干渠巡逻任务，至2018年4月，已先后从湍急的河水中救起9名群众。

四、执行力——党建提升企业执行力

执行过程中注重科学方法。武装押运是一项涉及钱款、枪弹、车辆、人员的风险性极高的工作，不仅全年每天都要动用，而且每个环节都不能有任何差池。为切实保证押运工作安全高效，押运支部明确了“正规化建设、规范化管理、专业化操作、安全化运营、品牌化发展”的“五化”思路，帮助管理者完善各项管理标准和操作流程，并制作了培训教学片，确保了押运工作安全运营无事故。

决策落实时强化组织功能。警盾公司在党建工作中，注重在决策落实过程中发挥党组织功能作用，帮助提升执行效率。公司承担了中行海南分行全省各网点的安保业务，网点高度分散，管理难度大。为使公司管理意图落实到每个网点，公司党总支探索创新，由公司机关党支部与中行海南分行保卫部党支部结对子共建，各银行网点党组织吸纳保安员中的党员参加组织生活，并协助反馈保安员的工作情况。

海南警盾安保公司使企业党建与企业经营紧密融合，成为企业发展的中枢，在提升企业管理质量、促进企业健康成长中起到了无可替代的作用。

商会篇①

坚持政治引领　强化服务保障
搞好两个覆盖　创新党建工作

中国民营经济国际合作商会

中国民营经济国际合作商会党建工作在全国工商联（简称全联）党组、机关党委领导下，结合国际合作商会的工作特点和实际，认真贯彻党的十九大、十九届二中、三中全会精神和中央对社会组织及民企党建工作的各项要求，坚持政治引领，强化服务保障，搞好“两个覆盖”，创新党建工作，取得了初步成效。

一、基本情况

国际合作商会现有党员177人，下设7个党支部。商会党委先后通过合作共建，成立了“党建研究会”，作为商会党建智库；规范商事活动，成立预防

① 中华全国工商业联合会宣传教育部、机关党委编：《民营企业与商会组织党建工作案例选编》，中华工商联合出版社2018年版，第173~193页。

商事犯罪研究中心，服务民企建立“亲”“清”政商关系；成立诚信建设追溯工作委员会，服务民企诚信建设；成立国际传媒中心，服务商会和民企党建宣传。目前，正在筹建的还有商会党委党校和商会党委扶贫办。

多年来，国际合作商会坚持做有思想的商会，努力打造有能力的商会，积极建设有愿景的商会，多次被评为全联优秀直属商会。2015年民政部授予国际合作商会全国先进社会组织的荣誉称号。在十五届中国经济论坛上荣获“中国创新榜样”。中央和国家机关工委、中央统战部党委领导考察国际合作商会党建工作后，决定把国际合作商会党委作为社会组织党建工作的示范单位。

二、主要工作

（一）党建写入会章，坚持政治引领

为贯彻中央精神，加强党对社会组织的领导，2017年年初，国际合作商会率先在全联直属商会中通过换届修改章程，将党建工作写入商会章程。党建入章，使商会强化党建工作，发挥战斗堡垒作用和党组织政治核心作用真正得到保证。这一做法得到了全国工商联党组、党委领导，中央和国家机关工委、中央统战部党委领导的高度评价。

（二）做到两个覆盖，制定发展纲要

为推动国际合作商会党建工作更加科学、规范、务实，实现党的组织和党的工作在商会和会员企业有效覆盖，国际合作商会全面规划党建工作，起草了《中共中国民营经济国际合作商会委员会党建工作纲要》，共十章五十条，提出按照中央对加强社会组织党建工作的要求，结合服务民企走出去的

特点，打造学习型、服务型、能力型、创新型和发展型党委；明确在“两个覆盖”基础上，国际合作商会党建工作近期和长远发展的目标、措施。

（三）深化“两学一做”，建设“六强”党委

国际合作商会通过各种形式深化“两学一做”学习教育。如：开展“三教育、两讨论”、实行党员公开承诺、设立会员企业督导组、召开民主生活会、摄制党建宣传片、开展主题党日活动、在出国团组中设立支部、上好专题党课等。在“六强”党委建设上，坚持把各项要求分解成便于操作、落实的具体指标，分工负责。把“两学一做”与“六强”党委建设紧密结合，做到常态化、机制化。

（四）关心群众生活，重视青年培养

国际合作商会党组织每年都召开专题群众工作座谈会和青年工作恳谈会，把解决实际问题作为党组织联系群众的工作制度。先后解决了个别员工工资偏低、房租补贴、培训费用报销和开展会外集体活动等问题。在关心青年人的成长进步和职业规划方面，近年来，先后有一位青年员工加入党组织，四位青年员工受聘为中层干部。商会还成立了“工青妇委员会”，负责群众与青年工作，密切党群、干群关系。

（五）加强制度建设，夯实基础工作

国际合作商会在党建工作制度建设上，先后制定、完善了党委工作规则、党委理论学习中心组、“三会一课”、“党建信息”、“党建调研”、“党建联席会议”以及基层支部的“五会、五能、五做到”等一批党建工作制度。国际合作商会创建的“党员自评自测九十条”被中央和国家机关工委领导评价为“党员自我教育的创新，值得推广”。此外，国际合作商会还申请了“商会党建”公众号、开辟了网上党建专栏、建立了党员微信群，正在与全联信息中

心合作开发“网上工商联党建版”。

（六）规范商事活动，促进“亲清”关系

围绕建立“亲清”政商关系，国际合作商会加强调查研究，分析在商事活动中个别民企的违规、违法案例，有其客观性、被动性特点。解决这类问题，除坚持正面教育引导外，还可以帮助企业把合理诉求对照相关政策，通过商会出面协调，促进问题解决。这种做法不失为有利于建立“亲清”政商关系的好办法。如国际合作商会通过国家发改委解决新能源汽车市场准入，通过央行解决企业债发放，通过陕西省政府解决民企新能源政策补贴等问题都有成功的实践。

（七）组织海外调研，提出工作建议

国际合作商会党建研究会通过调研发现，海外民企党建工作相当薄弱，有党员无党建的情况普遍。对此，提出了商会走出去、“互联网+”、成立履行社会责任工作委员会等海外民企党建创新模式，受到中组部、中央和国家机关工委等上级党组织的充分肯定。中办、全国政协还采纳了国际合作商会“关于社团组织在港发展、香港民营企业党建工作的调研报告”“海外安保建设的有关建议”，并在上级相关内刊上进行了刊载。国际合作商会与新华社联合调研，以“我国民营企业海外党建意义重大期待加强支持”为题，在新华社“国内动态清样”附页刊发，引起中央政治局常委领导的高度重视并做出重要批示。

（八）做好党建服务，推动“一带一路”

国际合作商会提出的服务民企参与“一带一路”建设的“两大构架、一大机制、五大合作”，受到了全联党组领导的高度评价。商会党组织及时开展了“一带一路”建设中的商会作用和党建保障的大讨论；总结了“一带一路”

建设中商会的十项功能和商会党建工作的六大作用；提出了民企海外投资的十大风险防范以及商会服务民企海外投资的十大风险防范服务。为了更好地服务民企走出去，通过合作共建，先后成立了商会“一带一路”发展中心、国际产能合作研究院等服务平台，作为商会服务民企参与“一带一路”建设的专业支撑。

（九）参与全球治理，推动人文交流

认真贯彻中央通知精神，推动商会参与中外人文交流领域全球治理。由国际合作商会主导成立了联合国亚太贸易协定工商会，并使常设总部落户中国北京。国际合作商会与法国前总理拉法兰合作筹建“国际政商领袖高峰论坛与合作组织”，发挥社会组织参与首脑外交、元首外交和高级别人文交流中的特有作用。此外，国际合作商会特邀一批经济与对外合作专家建立中外经济合作与人文交流共同委员会工作机制，在促进两国双边、区域多边合作方面，已初步显现工作成效。

（十）开展公共外交，建立国际智库

善用社会组织身份与公共外交渠道，服务国家战略是国际合作商会党建工作的有效做法。如2015年香港“占中”事件，国际合作商会请英国前首相布莱尔专程来华表态，支持中国政府的香港政策；2017年国家主席习近平访美前夕，国际合作商会邀请美国三届政府副国务卿、长期担任彼得森研究所所长的理查德·库珀、联合国世界经合组织前总干事唐纳德·约翰顿分别在“中美经济合作与一带一路”“一带一路与经济全球化”的专场报告会上分享和演讲，并及时把这些国际智库成员的重要观点、建议，通过国家发改委、商务部授予国际合作商会的全国唯一“民营企业走出去信息报送主题单位”的特殊通道向中央做了报告。国际合作商会还依托部分国外政商领袖和专家建立起国际智库，组织外国专家编写了《“一带一路”年度报告》。

（十一）党建促进会建，深化商会改革

国际合作商会党委召开专题会议，在深入总结商会成立以来经验教训的基础上，提出《关于深化改革进一步加强中国民营经济国际合作商会建设与发展的意见》，从加强党的领导、坚持政治建会、健全学习制度，提升理论素养、打造“六强”党委，建设“四好”商会、凝聚优质资源，搭好国际“炉灶”（平台）等十二个方面提出了国际合作商会深化改革，建设新时代中国特色社会主义新型商会的系统解决方案。党委还针对秘书处存在的管理问题，制定了“两管一考”，即目标管理、预算管理和通过评分制考核的改革办法，使商会秘书处各项工作焕然一新。

（十二）坚持党建保障，打造“百年老店”

国际合作商会党组织在服务商会建设，做好业务保障的同时，认真进行调查研究，组织出版了《关于建设国际化商会的模式研究》《民营企业海外投资支持政策镜鉴》等专著，进行“新时代中国特色社会主义新型商会的专项研究”，为商会建设的长远发展进行投棋布子，为商会愿景的“百年老店”做好谋篇布局。商会党组织还提出了建设有愿景的商会的“四个力”“十个一”愿景工程。用民企走出去有号召力、国际合作有影响力、品牌形象有公信力、能力建设有生命力，为打造商会百年老店奠定基础。

三、几点体会

（一）商会党建工作是党联系非公经济的桥梁纽带。必须把牢固树立“四个意识”，做到“两个坚决维护”作为神圣使命，不犹豫、不动摇！

（二）商会党组织是党服务民营企业的绿色通道。必须把努力强化能力建

设、坚持办好大事实事作为工作使命，不懈怠，不松劲！

（三）商会党委书记是党建工作第一责任人。必须把勇于担当、忠诚履职、身先士卒、甘心奉献作为人生使命。不嫌苦，不怕累！

（四）商会党建工作必须坚持创新，才会动能强劲；必须坚持务实，才会团结凝聚；必须坚持"三力"（学习力、组织力、约束力），才会健康发展。不自满、不懈怠！

国际合作商会党建工作得到了中组部、中央和国家机关工委、中央统战部党委和全联党组、党委以及会员部等上级领导和主管部门的大力支持、指导，也学习分享了全联各直属商会在党建工作上好的经验和做法。在党的十九大精神和习近平新时代中国特色社会主义思想指引下，国际合作商会党委将不断努力，真正成为服务非公经济和民营企业走出去的坚强战斗堡垒。

抓党建促进发展　重服务凝聚力量

北京福建企业总商会

北京福建企业总商会前身是“北京市福建在京企业协会”，成立于2001年9月。总商会党总支于2008年10月成立，2012年5月成立党委，组织关系直属于朝阳区委非公经济工委，是北京市委社会工委直接联系的50家大型党组织之一，系北京市党的建设研究会和北京市社会组织党的建设团体会员单位，共建立5个党总支，47个党支部（包含17个功能型党组织），其中32个社会组织党组织、19个民营企业党组织和1个民办非营利性组织党组织。

总商会深入探索“以党建带会建、以会建促党建、以共建求发展”的党建工作模式，不断深化“双向报到、双向管理、双向服务”流动党员教育管理服务实践，走出了一条在异地商会开展党建工作的新路子，开创了“党委、商会、基金会”三位一体持续健康发展的新局面。

一、提高站位，切实突出党建工作重要地位

明确责任主体。依托商会优秀企业家群体，从常务副会长中高标准选拔配齐配强党委班子，完善党委工作责任分工。设置党群工作部，配备3名专职党务工作者。

议事决策原则。党委在参与会员入会、商会执行机构设置及人员任免，秘书处人事调动等商会重大问题决策中，实行“集体领导、民主集中、个别酝酿、会议决定”的领导原则和重大事项党员“先知道、先讨论、先行动”的“三先”原则。

细化工作目标。把党建工作列入重要日程，坚持党建工作与商会会务工作同谋划、同部署、同落实，在常务会长办公会、会员代表大会等重要会议中专题汇报党建工作情况，展示党建成果，接受党员群众监督。

完善工作制度。注重用制度规范党委日常工作，建立了党委议事制度、学习制度、党内帮扶制度、发展党员制度、加强党委自身建设的措施等系列党委工作制度，使党委开展工作有章可循、有据可依。

严格考核评价。以上级党委加强基层党组织规范化建设实施方案为指导，细化党支部量化考核标准，将支部建设成效与优秀会员企业评比挂钩。

二、突出重点，着力抓好党建工作关键环节

坚持分类施策，完善组织体系。依托在京闽籍商会自上而下组建党组织。指导在京闽籍地市商会组建党支部，全面排查摸底所隶属的区县商会党员情况，逐一指导3名以上正式党员的闽籍商会单独建立党组织；党员人数不够的，采取片区联建、挂靠组建，统筹建立联合党支部条件成熟时，再及时析出单建。

“一方隶属，多方管理”，做实“两个覆盖”工作。抓住北京市民政局组建异地商会联合党委的契机，牵头成立以在京闽籍省、地市、区县（市区）为主体的异地商会联合党委，统筹管理在京闽籍商会的党建工作。指导尚未成立党组织的及时组建，督导已经成立党组织的真实开展。

主动作为，抓好以会员企业为代表的民营企业党建工作。把好入会关口，

解决信息统计难问题。充分利用总商会，从会员入会抓起，建立原始档案。结合走访调研，摸清会员企业党员和党组织台账。在直属会员企业坚持单独组建和联合组建以及“应建必建”三原则。

坚持“五个同步”，解决支部组建难问题。坚持做到教育引导、筹备指导、跟踪服务、规范建设和激励保障“五个同步”加强组织覆盖，成立大会上，帮助邀请属地的上级主管部门领导参会指导，及时做好“双报到、双管理、双服务”工作。

下拨专项经费，解决活动开展难问题。把党建经费纳入商会年预算，每年划拨10万元用于各党组织开展党员教育、表彰和活动。每月为独立法人单位兼职书记发放200元补贴。

三、遵循规律，不断创新党建工作思路

注重党员教育方式创新。利用微信建立“党建汇”“党组织书记”“入党积极分子”网络课堂，利用现代传播载体盘活党员教育，有效化解工作地分散、集中学习难的实际困难，被上级誉为“指尖上的党建”。

注重党建工作方法创新。注重典型推送，编印《党旗耀我心》，在各党组织开展“学标、树标、达标”学习活动。下大力气推进年度重大主题教育，抓好工作总结提炼。示范引领党组织和党员在弘扬红色旋律、融入发展大局等方面找准定位、把握方向。

注重党建工作活动创新。针对兼职书记多，党务知识欠缺的实际问题，组织党组织书记、党务工作者积极参与上级组织的各类主题示范培训班。为锤炼党性，每年带队组织红色之旅，开展专题党日活动。

注重党建理论研究创新。注重调查研究，用理论指导实践、推动工作。坚持每年参与上级党委课题调研项目，连续获得朝阳区、北京市党建研究奖

项。朝阳区委布置总商会党委开展《北京福建企业总商会强化党组织政治功能的实践与启示》等四个重点课题调研，为社会组织提供了可推广可复制的党建工作经验。

注重区域党建共建创新。积极融入区域党建共建，融合政府公共服务资源和社会化服务资源，把党组织的政治优势和组织优势充分转化成促进会员企业健康发展的服务优势，与全国工商联宣教部党支部、省政府驻京办机关党委、朝阳区安贞街道工委、中关村金隅环贸科技商务区联合党委签订党建共建协议，构建条块结合、资源共享、优势互补、共促共建的党建工作体系。

注重党务会务融合创新。党建工作围绕中心、贴近中心、服务中心。十九大召开后，党委迅速做出学习贯彻十九大精神的工作安排。党委专门组织研讨会，邀请中央党校专家为党员作专题解读，做到会务活动与学习教育有机统一。

四、确保政治方向，凸显社会组织党建的使命价值

办实党和政府决定的大事。响应“万企帮万村”和“百企帮百村”的工作部署，主动承担第一责任，组织会员企业参与“精准扶贫”，结对全国90多个贫困村。总商会党委与中华思源工程扶贫基金会签订农村产业扶贫战略合作协议，为精准脱贫贡献力量。响应“民资回归工程”号召，大力倡导并组团回乡考察，引导会员企业回乡投资创业。全力配合非首都功能疏解工作，落实“四个中心”战略定位，总商会党委在河北永清举办加快首都疏解工作现场推进会，有序引导带动纺织服饰、鞋业等商会撤离。牵头在京28家省级商会发出了重塑新时期企业家精神的“八个带头”联合倡议。

办稳会员企业关注的要事。按照“围绕发展抓党建、抓好党建促发展”的思路，努力探索、积极践行，力争使会员企业党组织成为提升非公党建质

量、助推企业健康发展、带动履行社会责任的先行者、示范者和引领者。沟通协调莆田一中教育集团、海淀区尚丽外国语学校和莆田商会三方合作开办“创新班”，解决企业员工子女入学问题。成立闽商资本、闽商基金、海西咨询等公司，帮助会员应对经济下行、融资难、融资贵、交易成本高等各种困难。多方协调，帮助会员评定中高级职称，为会员协调各类事项出函。为驻京闽籍商会和会员企业协调在京就医、法律、工商等问题。

办妥党员群众遇到的难事。注重落实人文关怀，持续开展以“重大节日必访、生病住院必访、遭遇天灾人祸必访、逝世必访、生活困难必访、老党员老干部必访”为主要内容的“六必访”活动。引导企业家参与结对子帮困，为闽籍优秀贫困大学生每人每年资助生活费。由总商会牵头成立的北京京华公益事业基金会（公募）先后募捐善款2.3亿元，大力开展捐资助学、扶贫济困等公益事业，受益人群达千万人。

办成职工队伍关心的好事。严格落实国家有关政策，为职工交纳五险一金，逐步落实职工工资递增计划、休假制度，实行秘书处年度发展会员目标责任制、年会招商奖励方案，不断改善办公环境，与职工共享商会发展成果。

办好青年成长进步的美事。发挥闽籍青年人才的示范带头作用，成立北京福建青年人才工作委员会。组织在京二代闽商未婚企业家、闽籍企业家未婚子女参加“缘分人家、东城寻爱”“玫瑰之约”福缘筑巢相助计划等系列联谊交流活动。

"互联网+246"：彰显党建新活力

北京知诚民营企业财税与金融服务促进会

北京知诚民营企业财税与金融服务促进会是致力于为民营企业和团体会员提供财税督导、能力建设及信息化建设等专业服务的支持型社会组织，自2016年8月成立以来，知诚会党支部在北京市委、市政府领导下，在上级党组织和市工商联的大力指导下，坚持"党建带会建、会建促党建、打造服务型党组织"的工作思路，探索出一套基于"互联网+"的"246"工作法，取得较好工作成效。

一、"2"——突出"创新机制、促进融合"两个重点

随着会员服务需求专业化、个性化程度不断提升，知诚会党支部不断通过创新工作机制，促进党建工作与会建工作的有机融合。为此，党支部、理事会和秘书处先后几次召开专题会议，研究相关问题，制定针对性措施，探索出"党支部直接领导、理事会全面保障、秘书处加速助力、党员靠前服务"的党建工作新模式。党支部侧重于党建工作领导、方针政策落实、党建工作创新覆盖、党建会建融合的牵头抓总工作；理事会积极落实好协调、保障等工作，积极为党建活动提供资金、场地和其他便利；秘书处则积极联系沟通、

认真落实行动计划方案和理事会决议，为党员编印相关知识技能学习手册和会员服务指南。

为解决基层党组织组织体系不够健全、组织覆盖不够全面、作用发挥不够充分等问题，知诚会党支部先后制定《商会党建联席工作会议制度》《商会党建工作规程》《关于交叉列席培训工作会议的实施办法》等制度文件。在正式发文基础上，充分运用新媒体优势，对相关制度文件进行形象生动地解读和宣传。为促进党建会建的有机融合，知诚会党支部聘请专家教授举办《商会组织概述》《商会组织政策法规解读》等专题讲座，组织开展商会日常工作实务培训，使包括党员在内的广大员工对商协会党建工作的意义和价值有了深刻的认识，特别是促进会理事会、秘书处主要负责人以及党组织负责人之间，无论是在促进会日常业务中，还是在党建工作中，都能够做到目标一致、相互支撑、齐心协力，极大地发挥了凝聚人心、促进融合的作用。

二、“4”——提升“宣讲政策、提供便利、强化技能、整合资源”四项工作实效性

随着政府“放管服”一系列改革举措陆续出台，企业自我建设、自我管理的空间和任务越来越广泛。在此背景下，知诚会党支部充分发挥引领、示范和服务职能，招聘选拔了20名兼职党建指导员，建起4支“党员会建服务队”和50多名的党务工作人才库，积极推动党建工作融入日常工作、融入会员服务、融入促进会自身发展，有效利用网络化平台和自身工作渠道，组织开展了多种活动。一是牵头成立政策研究室，负责社会组织和民营企业发展相关政策法规的搜集、整理，线上线下同时展开宣讲工作。二是会同工会、团支部公布包含12项具体内容的“工作便利清单”，知诚会诸多外联工作、公益性活动由党员主动承担。三是邀请专业人员对党员进行急救、防火、安

全、救援等知识技能的培训，每名党员都力争成为多面手。四是定期盘点、整合发展资源，为知诚会建设发展提供建议、出力献策，营造出向新向上的工作氛围。

通过有效发挥党支部政治核心作用，知诚会在指导会员企业开展党建工作方面也实现了“四同步”，即会员单位党建情况摸底、组建党组织承诺与入会申请和诚信体系建设同步，会员单位党员与促进会党员教育培训同步，会员单位党的工作、工青妇工作与会员服务创新工作同步，会员单位联合党建活动与社会公益活动同步。

三、“6”——优化“政策法规解读员、商会发展参谋员、规章制度执行员、员工管理指导员、行政事务服务员、交流合作联络员”六种角色担当

一名党员一面旗帜。知诚会党支部十分注重加强党员队伍建设，在不断提升班子建设、团结教育、服务发展和自律规范的同时，注重调动发挥每名党员的工作热情、政治责任感，引导督促他们立足本职做贡献、着眼大局搞服务。

随着社会治理现代化进程的深入推进，不同社会组织的业务范围、经营模式、服务内容、利益关系与激励方式日益多样，党建工作“有形覆盖易、有效覆盖难”的问题既要求社会组织党组织充分发挥战斗堡垒作用，也要求党组织成员同心同德、拧成一股绳，更需要每一名党员守土尽责、自身过硬，在日常工作中担当起“政策法规解读员、商会发展参谋员、规章制度执行员、员工管理指导员、行政事务服务员、交流合作联络员”的多重角色。

通过多重工作角色的培养和带动，2017年知诚会党员在工作中做到全年零违规，共有5名党员被评为季度、年度工作先进，同时协助人事行政部化解

内部纠纷2次，组织关爱慰问活动3次，单独或协助办理外出行政事务147项。

同时，知诚会党支部从政策、程序、技能、沟通、评价等方面入手，把党建工作全方位、全过程地融入管理体系优化和转型升级发展进程中。在党支部积极推动下，知诚会在自主研发的“北京社会组织众扶平台”上增加“微党建”栏目，开设“微党建”微信公众号，通过线上推送中央声音、普及党务知识、分享党建素材、组织党建活动和提高党员能力，基本实现了知诚会党建与会员单位党建工作的高频共振。

2017年12月，受北京市民政局行业协会商会综合党委委托，知诚会积极参与了部分兼职党建指导员的招聘选拔工作，并为100家市级基金会提供党建指导服务。2018年知诚会党支部编印了《商会组织党建工作指南》《商会组织党支部书记工作指南》《商会组织党支部工作指南》《商会组织党建指导员工作指南》《商会组织会员企业党建工作指南》等党建资料和《商会组织税收宣传手册》《商会组织税收票据操作流程》等会建资料共计5000余册。

北京市顺义区、密云区、房山区燕山办事处、大兴区天宫院街道和民政有关部门主动与知诚会党支部联系，邀请知诚会参与辖区两新组织党建指导和财税督导、人才培养、风险防范、项目创新及信息化等方面能力建设工作。贵阳市群工委、深圳市宝安区委组织部及两地58家商协会党组织负责人先后到知诚会交流党建经验和做法。2017年以来，知诚会共计组织党建会建大讲堂97场，服务商协会组织1022家，参与人数2754人次，充分发挥了自身支持型社会组织的职能作用，受到了会员企业的广泛好评。

发挥商会党组织战斗堡垒作用
带领民营企业实现高质量健康发展

天津市山西商会

天津市山西商会（以下简称“商会”）始建于1997年9月，由在津晋商民营企业组成，有7个直属分会。在上级党组织和商会党委的正确领导下，商会通过发挥党组织的政治引领优势，以实实在在的作为在全国民间商会乃至全国民营企业中形成了较大影响力。2010年2月，被国家民政部评为“全国先进社会组织”和“社会组织学习实践科学发展观先进单位”。2011年6月，商会党委书记张世伦被中组部评为“全国优秀党务工作者”，并被天津市委授予“天津市优秀党务工作者标兵”光荣称号。2012年6月，商会党组织被中组部评为“全国先进基层党组织”。2013年，商会经验被中组部编入“全国青年干部培训教材”。2014年6月，商会被评为5A级社会组织。2017年7月，商会党委在“全国工商联常委会议”上做了典型发言。

商会党委一直重视做好非公经济人士的思想政治工作，不断加强并创新党建，引导非公经济人士深入学习贯彻落实十九大精神，自觉践行社会主义核心价值观，推动民营企业实现高质量健康发展。

一、加强领导班子建设，在商会中实现党的工作全覆盖

商会于2007年6月成立党支部，2010年1月改建为商会党委，会员企业中凡是具备条件的全部建立了党支部，不具备条件的，商会选派党建指导员或聘任党建联络员。商会在全国民间商会中率先实现了商会基层党组织和党的工作全覆盖，为商会及时贯彻落实党的方针政策、在民营企业中开展思想政治工作提供了可靠的政治和组织保障。同时，商会率先成立纪检委，落实全面从严治党要求，以党纪党规严格要求企业家党员。在抓实支部工作中，强调发挥企业家党员和企业高管党员的先锋模范作用，以此激发企业活力、提升企业效益，极大地促进了会员企业的高质量发展和品牌提升。

二、打造商会凝聚力向心力，团结教育会员企业健康发展

以党建工作领导商会发展是山西商会的一大创新。商会党委注重将党建工作有效融入商会工作，以党建工作形成商会工作的凝聚力、向心力，在企业中形成了战斗力、竞争力，有力推动了民营企业的"两个健康"发展。近年来，商会在党建工作上实现了多项创新。

（一）在"两学一做"学习教育中，创新设计了"四结合、五承诺"学习教育载体，促进"两个健康"，带动会员企业转型升级。

四结合：学习教育与商会持续开展的守法诚信理想信念教育相结合；针对突出问题进行整改与健全相关制度相结合；履行党员义务与履行社会责任相结合；学习教育与促进企业转型升级健康发展相结合。

五承诺：全体党员承诺不违反党的政治纪律和政治规矩；承诺不损害职工合法权益和失信客户消费者约定；承诺不违法违规经营；承诺不奢靡挥霍，

积极履行社会责任；承诺不为公职人员利用职务职权谋取不正当利益提供便利条件。

“四结合、五承诺”学习教育载体具体化、可操作、符合实际，得到了上级党委和会员企业的充分肯定，全体会员企业负责人向商会公开递交承诺书，接受社会监督，取得了明显成效。

（二）创建“守法诚信五加强”工作法，激励会员企业自觉树立社会主义法治理念，践行社会主义核心价值观。

商会党委积极发挥平台导向作用，注重不断深化“守法诚信”为重点的非公有制经济人士理想信念教育实践活动，鼓励非公经济人士和非公经济组织自觉树立社会主义法治理念，践行社会主义核心价值观，积极承担社会责任，维护非公经济领域的和谐稳定。

2014年起，商会在总结“四信”理想信念教育活动经验的基础上，创建了“守法诚信五加强”工作法长效机制。

五加强：加强对非公有制经济人士的守法诚信教育；加强企业守法诚信经营的制度建设；加强以守法诚信为重点的企业文化建设；加强企业在转型升级中融入守法诚信内容；加强商会党组织在守法诚信教育工作中的政治引领作用。

商会邀请检察院的有关部门负责人，就企业经营中防范化解风险进行了专题法律知识培训，为企业发展保驾护航。

“守法诚信五加强”工作法实施以来，商会所有会员企业做到了“四个无”，即产品质量无伪劣，安全生产无事故，企业员工无上访，诚信经营无投诉。

（三）创新开展红色之旅主题教育活动，将扶贫开发与项目对接有机结合，激励党员企业家不忘初心，砥砺前行。

商会将企业发展与社会需求有效结合，发挥企业在资金、技术、人才、信息等方面的优势，通过“红色之旅”主题教育活动，带领会员企业家深入革命老区和贫困地区，积极开展项目对接和扶贫开发。2018年先后赴左权、阳泉、太谷等地展开项目考察对接，帮助老区尽快脱贫奔小康。党委通过开展主题教育活动，旨在引领企业和企业家们健康成长和发展，企业家党员们通过探访老一辈革命家的历史足迹，重温党的光辉历程，更加珍惜今天来之不易的幸福生活，党员和企业家们受到激励，更坚定了爱国爱党爱人民的信念，纷纷表示一定要为我国的经济发展和社会繁荣做出应有贡献。

（四）创新体制机制，率先在全国社会组织中成立商会党委统战部。

商会注重发挥统战工作优势，在国内民间商会中，率先成立了商会党委统战部。由商会各级党组织书记为统战第一责任人，并创新完善了商会统战工作的9项职责。在统战工作中，商会统战部通过企业党支部，把引导教育的对象，由非公经济人士延伸到会员企业中的党外知识分子、归国留学人员和新的社会阶层人士。通过抓好统战工作，进一步凝聚人心，共同推动企业发展。

三、创新服务会员企业方式，积极搭建合作平台，实现联合发展

面对经济新常态，山西商会党委主动适应新需求，转变服务会员企业的方式，引领会员企业加快转型升级，在增强企业核心竞争力上下功夫；积极搭建会员企业合作交流平台，实现联合发展。

商会有针对性地为会员企业搭建了6大服务平台：转型论证平台、网络市场营销平台、企业融资平台、众创空间平台、信息平台和科技项目平台，全面推动企业转型升级。

商会还根据不同会员企业的具体情况，梳理并设计出7种转型模式：跳产

式转型、产业链的上下游延伸转型、盈利模式转型、企业运营模式转型、联合发展转型、连锁发展转型、由低附加值向高附加值转型，将商会服务引向深入。

目前，商会会员企业大部分成功转型或升级，很多会员企业从过去传统落后、规模小、效益低、缺乏核心竞争力的产业走上了现代产业道路，涌现出一大批国际化、科技化、规模化的品牌企业或跨国企业。商会适应会员需求，搭建合作平台，举办各种对接交流会，推动会员企业联合发展。

四、严格自律，依法治会、依法治企，护航企业持续稳定发展

积极推动“依法治会、依法治企”工作的制度化、常态化。结合《产品质量法》《安全生产法》《劳动法》《公司法》等4项与企业密切相关的法规，深入推动了“依法治企、实现四无”工作，即要求全体会员通过落实4项法规，逐个深入推动会员企业建立健全有效的机制和制度，做到“产品质量无伪劣，安全生产无事故，企业员工无上访，诚信经营无投诉”。

商会党委带领引导会员企业，通过构建和谐劳动关系、为消费者提供合格放心产品、捐困助学办学、积极安置残疾人及社会困难下岗人员、当社区志愿者等实际举措，将“为职工群众服务、为社会消费者群众服务、为社会困难群体服务”落到实处。

“不忘初心、继续前进”，党的十九大为社会组织的发展指明了方向，商会将继续发挥社会组织在服务国家、服务社会、服务群众、服务会员等方面的“助推器”作用，不负组织重托，勇于担当奉献，展现积极作为，奋力谱写新时代的壮美篇章。

主要参考文献

1.《马克思恩格斯选集》第1卷，人民出版社1995年版。

2.《马克思恩格斯选集》第2卷，人民出版社1995年版。

3.《马克思恩格斯选集》第3卷，人民出版社1995年版。

4.《马克思恩格斯选集》第4卷，人民出版社1995年版。

5.《马克思恩格斯文集》第5卷，人民出版社2009年版。

6.《马克思恩格斯全集》第22卷，人民出版社1972年版。

7.《马克思恩格斯全集》第23卷，人民出版社1972年版。

8.《马克思恩格斯全集》第30卷，人民出版社1972年版。

9.《列宁全集》第15卷，人民出版社1959年版。

10.《列宁全集》第34卷，人民出版社1985年版。

11.《列宁全集》第38卷，人民出版社1986年版。

12.《列宁全集》第41卷，人民出版社1986年版。

13.《列宁全集》第42卷，人民出版社1987年版。

14.《列宁全集》第43卷，人民出版社1987年版。

15.《列宁选集》第三卷，人民出版社1995年版。

16.《毛泽东选集》第3卷，人民出版社1991年版。

17.《毛泽东选集》第4卷，人民出版社1991年版。

18.《毛泽东文集》第6卷，人民出版社1999年版。

19.《毛泽东文集》第7卷，人民出版社1999年版。

20.《邓小平文选》第2卷，人民出版社1994年版。

21.《邓小平文选》第3卷，人民出版社1993年版。

22.《江泽民文选》第3卷，人民出版社2006年版。

23.江泽民：《论社会主义市场经济》，中央文献出版社2006年版。

24.《胡锦涛文选》第2卷，人民出版社2016年版。

25.《十六大以来重要文献选编》（下），中央文献出版社2008年版。

26.《习近平总书记在民营企业座谈会上的讲话》，人民日报2018年11月2日。

27.《习近平总书记在企业家座谈会上的讲话》，人民日报2020年7月21日。

28.中共中央文献研究室编：《习近平关于社会主义经济建设论述摘编》，中央文献出版社2017年版。

29.中共中央文献研究室编：《十四大以来重要文献选编》上，人民出版社1996年版。

30.《中国共产党第八次全国代表大会文件》，人民出版社1956年版。

31.中共中央组织部：《2017年中国共产党党内统计公报》，《共产党员网》。

32.吴慧：《中国古代商业》，中国国际广播出版社2010年版。

33.杨小凯等：《新型古典经济学与超边际分析》，中国人民大学出版社2000年版。

34.余金成：《劳动论纲》，天津社会科学院出版社1995年版。

35.商志晓等：《党的建设新布局研究》，党建读物出版社2011年版。

36.王克忠主编：《非公有制经济论》，上海人民出版社2003年版。

37.王河：《中国非公有制企业党建工作》，上海人民出版社2002年版。

38.秦朔：《文明寻思录·第一辑，我们这个时代的企业家精神和商业文明》，广西大学出版社2017年版。

39.倪正太等编：《我的社会主义市场经济观》，江苏人民出版社1993年版。

40.王建均：《新时期非公有制经济组织党的建设工作研究》，中共中央党校出版社2014年版。

41. 何伟、程鹏：《“互联网+党建”——新时代下的基层党组织建设》，北京邮电大学出版社2020年版。

42. 董辅礽：《走向市场化的中国经济》，经济科学出版社2001年版。

43. 张厚义等：《中国私营企业发展报告No.5（2003）》，社会科学文献出版社2004年版。

44. 中华全国工商业联合会、中国民（私）营经济研究会：《中国私营经济年鉴（2002年–2004年6月）》，中国致公出版社2005年版。

45. 中华全国工商业联合会宣传教育部、机关党委编：《民营企业与商会组织党建工作案例选编》，中华工商联合出版社2018年版。

46. 稻盛和夫：《企业家精神》，叶瑜译，机械工业出版社2018年版。

47. 乔·萨托利：《民主新论》，东方出版社1998年版。

48. 布罗代尔：《资本主义的动力》，三联书店2007年版。

49. 李景田：《大力加强和改进党的基层组织建设》，《党建研究》2004年第11期。

50. 董宏君：《整合有效资源形成党建合力》，《人民日报》2007年9月5日，第1版。

51. 汤正涛：《关于非公有制经济组织党建工作的两点思考》，《工商行政管理》2011年第14期。

52. 陆学艺：《“民工荒”是个伪问题》，《改革内参》2004年第34期。

53. 国家统计局企业调查总队课题组：《民营经济发展和非公有制企业成长研究》，《经济研究参考》2004年第22期。

54. 汪永成等：《关于新的社会阶层政治取向与执政党建设的调查与思考》，《体制改革》2004年第7期。